孟文强 编

XINGUANXUE

新关学

第一卷

张载千年诞辰纪念暨新关学创始卷

知识产权出版社
全国百佳图书出版单位
—北京—

图书在版编目（CIP）数据

新关学. 第一卷/孟文强编. —北京：知识产权出版社，2020. 5
ISBN 978-7-5130-6813-0

Ⅰ. ①新… Ⅱ. ①孟… Ⅲ. ①关学—研究 Ⅳ. ①B244. 45

中国版本图书馆 CIP 数据核字（2020）第 041343 号

内容提要

《新关学》旨在推进关学文献的整理和关学史的构建以及当代关学的理论和实践突破，以“关学是视角，世界是视野”的观念，关注哲学、历史、文学等相关学科的研究。本卷所收文章体裁多样，领域广阔。“文以载道”栏目所载文章对关学史进行了反思，提出了如何在当代传承和发展关学的问题。“札记题跋”以简短的篇章，呈现当代青年学者们温故知新，吉光片羽的思考。“文献整理”栏目隆重推出了晚清民国重要关学学派清麓学派的第三代传人李铭诚的两部著作，是民国关学研究的重大突破。“经史论衡”栏目，兼收文史哲，从关学的视野衡量哲学、历史、文学、宗教领域的问题。

责任编辑：李婧　　**责任印制**：孙婷婷

新关学（第一卷）

孟文强　编

出版发行：	知识产权出版社有限责任公司	网　　址：	http://www.ipph.cn
电　　话：	010-82004826		http://www.laichushu.com
社　　址：	北京市海淀区气象路 50 号院	邮　　编：	100081
责编电话：	010-82000860 转 8594	责编邮箱：	lijing@cnipr.com
发行电话：	010-82000860 转 8101	发行传真：	010-82000893
印　　刷：	北京建宏印刷有限公司	经　　销：	各大网上书店、新华书店及相关专业书店
开　　本：	720mm×1000mm　1/16	印　　张：	16. 25
版　　次：	2020 年 5 月第 1 版	印　　次：	2020 年 5 月第 1 次印刷
字　　数：	260 千字	定　　价：	68. 00 元

ISBN 978-7-5130-6813-0

《新关学》宣言

关学者，关中之理学也。理学者，近千年以来儒学之主流也。要之，关学者，关中之儒学也。昔者至圣先师以知其不可为而为之之志，遗教万世；孟子以崇正辟谬为己任，养其浩然之气，有舍我其谁之志；及夫宋世，遭残唐五代之变，天下士夫莫知所归，有濂溪先生、二程诸公横空出世，再造儒学，是曰理学。而横渠张先生，其佼佼者也。横渠先生以为天地立心，为生民立命，为往圣继绝学，为万世开太平为己任，非止为关中后学所宗师，抑且为天下有志者之所敬仰。其言与行，有益于世教人心者，殆不可量也。今世殊时异，众说并作，真伪莫辨，释、道且行其道，吾儒独失其位，有志君子未尝不为之叹息。而海内外新儒家，或汲汲焉欲别开生面，然得失之间，毁誉参半；濂洛关闽之后学，或志在发扬乡贤，然乡贤者固当以天下为己任也。当此正道式微之际，予等秉先贤往圣知其不可为而为之之心，舍我其谁之志，以横渠遗训为指归，欲扶正学于既倒，辟讹谬于沟渠，使夫失路者皆明是非，知所归，甚而助我中华复兴于万一，此则新关学之所以为也。凡我同志，其勉之哉！

岁次戊戌季夏月丙午朔十四日孟文强子真甫敬启于横渠书院

目　录

经史论衡

民国关学概论

◉ 孟文强　西安于右任书法艺术博物馆

自横渠先生张载创立关学，实际上开启了关中儒学的第二个阶段，即关学阶段，此前则可以称为前关学时代。而王心敬、牛兆濂、张元勋诸人则构建了广义的溯源自伏羲、周公的关学道统。[1] 民国关学作为接续传统关学与现代关学研究的重要阶段，无论从谱系、文献、讲学，还是更进一步的理论层面，迄未得到全局概览。庚子岁将迎来张载千年诞辰，民国关学的混沌模糊更成为横亘于整理旧关学与构建新关学之间的壁垒，为更好地传承与发扬关学，有必要对民国关学做一个全局梳理。本文旨在推进民国关学的研究，限于闻见和学养，必然有得有失，还望学界诸君予以匡正。

晚清民国期间，就思想史而言，来自西方的政治思想在推动着政治变革的同时也对主流意识形态儒家思想进行了强有力的挑战。随着科举制的废除和民国的建立，独尊儒术的思想格局不复存在，至新文化运动兴起，各种思潮百花齐放，百家争鸣。作为中国传统文化核心思想的儒家思想，在这一时

[1] 关于关学的起源和张载之前关中儒学的定位，学界有不同观点。关于关学起源的争鸣详见拙作《关学史叙事演变：以关学道统讨论为中心》（《西安航空学院学报》2018 年第 2 期）。“前关学时代”论由史飞翔最先提出，略谓：“关学虽然是在北宋时期由张载创立，但显然存在一个‘前关学时代’。因为任何一个学术流派的形成必然有其历史渊源、产生背景、学问积累等，要经历一个漫长的历史过程。”见史飞翔《关学与陕西人精神的塑造》，收入《2018 年南史学论坛暨首届关中历史文化研究学术研讨会论文集》，第 104 页。本人认同以“前关学阶段”来定位张载之前的关学。这种判断实际上是对于王心敬等构建的广义关学道统和否认张载关学的关中儒学渊源两个观点中合理部分的中和。

期经历了大起大落，从独尊地位重新回到百家争鸣的一个参与者，甚至随着西学的强势输入，变成了各家攻伐的对象，处于弱势地位。但与此同时，熊十力、马一浮、梁漱溟等人经过对人类文明的思考、对儒家的反思，推陈出新，在儒家破败的枯木上结出了新的硕果，从而别开生面地开启了持续至今的新儒学格局。此三人及其弟子辈成为自民国至今新儒学在东亚及海外华夏文化圈传承的主体线索。但应该指出的是，有别于熊十力等具有广泛社会影响的新儒家们，在同一时期的各个区域广泛存在一个由清入民国的儒家群体，他们既未留恋清朝，又对民国新文化有所保留，他们是风云激荡的民国思想界静静的旁观者，没有参与民国激烈的思想竞技场，而是安居地方思考家国天下。若从彼时思想界影响力而言，他们固然是极其边缘化、缺乏存在感的群体。若从全局来看彼时思想界的构成，忽视此群体将是空泛而不具体的。在历史研究已经从政治史、经济层面下行到社会个体的当代，思想史构建有必要将视野深入地方学者群体。今以民国时期陕西地区的关学传承为例，以见其一端，至于浙江夏震武、山东孙迺琨、河南白椿龄、朝鲜李习斋等同时代与关学传人交往密切的儒家，不在本文讨论之内。

一、民国时期关学传承谱系

民国关学诸儒皆由清入民国，他们的学术皆源于晚清关学，故论民国关学当追本溯源，对晚清关学流派予以关注。此外，随着民国时期现代学术研究方式的建立，关学不可避免地被纳入现代学术研究的范围内，并创立最早的现代关学研究范式。

（一）清麓学派与烟霞学派

1940 年，于右任在《我的青年时期》一文中曾对清末民初的关中学术传承有这样的表述：“那时关中学者有两大系：一为三原贺复斋先生（瑞麟），为理学家之领袖；一为咸阳刘古愚先生（光蕡），为经学家之领袖。贺先生学宗朱子，笃信力行……刘先生治西汉今文之学，精四通（《通典》《通志》《文献通考》《资治通鉴》），兼长历算，为味经书院山长，曾刻经史甚多，以经世之学教士，一时有南康北刘之目。”[1] 于右任在这里勾勒出清末民初关中的两大主流学派，从学术史的角度提出，清末关学由清麓学派与烟霞学派（或称为味经书院学派）构成的论断。

无独有偶，这种论断随后在1945年出版的曹冷泉所著《陕西近代人物小志》一书中得到进一步论证。该书分门别类，第一类即“理学”，对陕西近代的理学家进行了较之于右任更进一步的梳理，云：“关辅为理学昌明之区，自横渠开宗以来，世有渊源，迄未歇绝。至清季演为清麓、烟霞两派。清麓学派远绍三原学派之余绪，其宗师为三原贺复斋先生，笃守考亭家法，最严门户之见……烟霞学派以经世利民为宗，其宗师为咸阳刘古愚先生，古愚治学力反门户之见，故于古今学派皆能博观约取，撷其英华，而自成体系。且能认识西洋科学文明之价值，时代潮流之趋势，更具满腔热诚，力行实践，以救时为己任，可谓一代之人豪矣。”[2] 曹冷泉经过学术传承的考察，得出清末理学（关中理学即关学）分为以贺瑞麟为代表的清麓学派和以刘古愚为代表的烟霞学派的观点，并开列了两派学者的详细名单。

于右任与曹冷泉的双重论断还得到了另一位学者米伯让的第三重论断的验证。1988年10月22日，米伯让先生在泾阳县成立中华全国中医、中西医结合学会泾阳分会大会上发表讲话，称：“当在戊戌变法的时候，味经书院主讲、咸阳刘古愚先生与长安柏子俊先生就主张经史性理以外兼研时事，重算术，务实业，企图改良教育救国，继味经分建崇实书院，当时有‘南康北刘’之誉，为我省烟霞学派的创始人……三原贺复斋先生为反对清代科举、八股考试取材之制，创办正谊书院，研究中国儒家理学以正人心，为我省关学宗师清麓学派创始人。”[3] 由于米伯让成长于民国时期，且曾在正谊书院跟随清麓学派传人牛兆濂、张元勋求学，他对于民国时期关学派别的归类具有一定的参考价值，并且与于右任、曹冷泉的观点共同构成了清末民国关学分为两大派别的三重论证。由上基本可以得出清末民国时期关学传承分为清麓学派（以贺瑞麟为创始人）和烟霞学派（以刘古愚为创始人）的论断。

[1] 于右任. 于右任先生文集［M］. 台北：裕台公司“中华印刷厂”，1978：368.

[2] 曹冷泉. 陕西近代人物小志［M］. 西安：樊川出版社，1945：1-2.

[3] 米烈汉主编. 米伯让文集［M］. 西安：世界图书出版公司，2008：256-257.

（二）两大学派谱系

正如贺瑞麟弟子牛兆濂所称：“清麓学派，门户之学也。”其学术传承“最严门户之见”（曹冷泉语），师承谱系颇为严密。根据曹冷泉在《陕西近代人物小志》理学部分所开列的名单，清麓学派主要有如下一些学者：三原贺瑞麟、朝邑杨树椿、朝邑王会昌、高陵白遇道、蓝田牛兆濂、兴平张元勋。其中，贺瑞麟、杨树椿、王会昌三人皆师从清中期关学大儒朝邑李元春，属于同一代学者。因为杨树椿、王会昌与贺瑞麟师出同门，学理近似，皆笃守师说，故被归入清麓学派。而白遇道（1836—1926）、牛兆濂（1867—1937）则是贺瑞麟弟子。白遇道较牛兆濂年长十多岁，牛兆濂对白遇道尊称为师。而与牛兆濂同时代的张元勋实际上并未师从贺瑞麟，他其实是刘古愚弟子，但张元勋后来与牛兆濂往来密切，且张元勋长兄张元际是贺瑞麟弟子，张元勋在理学观念上非常赞赏贺瑞麟，并与牛兆濂一道执掌正谊书院，在学理上成为了清麓学派的传人。除了曹冷泉开列的名单，牛兆濂的弟子李铭诚（1880—1953）在《清麓六先生像赞》中也开列了一份六人名单，分别为：贺瑞麟（1824—1893）、杨玉清（1842—1919）、马鉴源（生卒年不详）、张元际（1851—1931）、牛兆濂（1867—1937）、张元勋（1863—1955）。与曹冷泉开列的名单略有不同的是，李铭诚开列的名单中出现了杨玉清、马鉴源、张元际三人。杨玉清，字温如，号克斋，是杨树椿之子，师从贺瑞麟。马鉴源，生卒年不详，字养之，号杨村，也是贺瑞麟弟子。而张元际，即张元勋长兄，字晓山，号仁斋，系贺瑞麟弟子。此外，杨玉清、马鉴源与同为贺瑞麟弟子的王照、谢化南并称为“贺门四先生”，因此，也可以在清麓学派的谱系中再添加上王照、谢化南二人。更进一步讲，传承牛兆濂学术使命的李铭诚，无疑也是这份名单中不可缺少的一位。此外，民国时期李铭诚与牛兆濂、张元勋往来密切，曾六入关中讲学的山东儒者孙迺琨也是贺瑞麟弟子，但他大部分时间在山东讲学，不宜列入此名单。而《清麓遗语》一书中虽然提供了数十位姓名可考的贺门弟子，但由于诸人在清末民国影响较小，且文献不足征，未见有著作传世，故虽为贺门弟子，但不宜列为清麓学派。

综上分析，可以勾勒出民国关学传承中清麓学派的名单：白遇道、牛兆濂、杨玉清、张元际、张元勋、李铭诚。

与清麓学派迥异其趣的是，刘古愚开创的烟霞学派则“力反门户之见”，虽然弟子众多，但没有形成像清麓学派那样传承至第三代的严密谱系。但梳理已有的文献，仍然可以大体勾勒出烟霞学派的主要学者名单。首先仍然是曹冷泉《陕西近代人物小志》一书所提供的线索，该书开列的烟霞学派名单有三人，分别为：咸阳刘光蕡（1843—1903）、长安柏景伟（1830—1891）、咸阳李寅（1838—1877）。此三人为同辈学者，往来密切，而李寅、柏景伟先刘古愚而逝，且刘古愚弟子众多，实以刘古愚影响最大，故名之“烟霞学派”。刘古愚讲学关中各书院，但主要在泾阳味经书院，因此烟霞学派在很大程度上是味经学派的同位语。由于烟霞学派不主门户之见，没有严密的传承谱系，民国时期烟霞学派的传人考察，需要对刘古愚弟子辈中选取较有影响者来考察。综合各种文献，可以得出如下一个松散的衍生于烟霞学派的烟霞学派后学名单，其主要人物有：三原于右任（1879—1964），李岳瑞（1862—1927），礼泉宋伯鲁（1854—1932），泾阳吴建寅（1874—1949），三原王典章（1865—1943），临潼郭希仁（1881—1923），三原陈涛（1866—1923），三原张秉枢（生卒年不详），兴平冯光裕（1867—1948），礼泉邢廷荚（1871—1901），富平张鹏一（1867—1943），榆林张季鸾（1888—1941），蒲城李仪祉（1882—1938）等。由于刘古愚为代表的烟霞学派积极主张经世致用，深度参与社会事务，因而民国时期，刘古愚及其味经书院的弟子们大都投身于政治、军事、教育、报业等领域，事功卓著，有些人甚至已经无法与学术相联系。但这个群体中的大部分人都有著作流传，提供了可与诸人的事功相印证的文献资料，从而使得从理论内涵上勾勒出一个松散的烟霞学派余绪成为可能。基于此，可知民国烟霞学派余绪的名单如下：于右任、李岳瑞、王典章、郭希仁、陈涛、张鹏一、张季鸾。而缺乏儒学价值著述者则从略。

以上二派构成了民国时期传承关学的主体。但在于右任、曹冷泉、米伯让构建起清末民国关学二派论的格局的同时，产生了一个值得思考的问题，即：不属于上述两个派别，却对关学进行研究的学者及其著述，是否属于民国关学范畴？如前文所述，贺瑞麟、刘古愚的弟子众多，而其他影响较小的弟子对关学的传承程度尚未知。这意味着，两个学派虽然不同程度存在师承谱系，且师承关系往往意味着学术的传承，但据以判断其是否同属一个学派的更重要的依据是学理依据，而不仅仅是师承依据。最明显的例子莫过于张元勋，他是刘古愚弟子，并未师从贺瑞麟，但却被曹冷泉归入了清麓学派，并被视为清麓学派的殿军。曹冷泉将张元勋作为清麓学派甚至关学殿军的判断是值得商榷的，但将张元勋归入清麓学派显然是根据学理做出的判断。学理依据也正是本文列出上述两个学派名单的主要依据。

（三）现代关学研究范式的确立

根据学理判断，重新审视民国时期陕西境内学者群体，可以发现在清麓、烟霞学派之外，还存在以曹冷泉和党晴梵为代表的研究派。

党晴梵（1885—1966），名沄，字晴梵，号待庐、灵泉村人，别署晴帆、听梵，陕西合阳人。上海中国公学毕业，中国民主同盟会成员。党晴梵研究关学的著作是《关学学案》。根据魏冬分析，《关学学案》撰写时间“主要集中在1933年8月至1935年6月之间”[1]。学案体是清初黄宗羲通过《明儒学案》创立的学术史体裁，其体例是人物传记加文摘语录。但党晴梵虽然用了学案名称，其体例却并非旧的学案体。该书所收四人学案，分别为“丰川学案”“约人诲翁学案”“双山学案”“莘野学案”，其所对应已经发表的四篇文章题目分别为《王丰川先生学术述要》《溉堂、诲翁两诗人之诗》《十八世纪中国之个人主义者（Individualism）——杨双山先生》《康乃心先生之著作及其遗迹》。此四篇皆曾单独发表在《西京日报》等报刊上。由此可见，党晴梵的叙述话语有别于《明儒学案》《关学编》为代表的传统学案体，而是现代学术话语。如魏冬所言，“《关学学案》在关学的现代研究中具有开创性的意义”[2]。党晴梵早期以诗歌见长，随后转向史学，故其在《关学学案》中研究的四个人除了王丰川（王心敬）外，都不是典型的关学传人，而具有严重的文学倾向。党晴梵在编成四人学案后直到1966年去世之间的近30年间再无补充新的学案个例，由此可见其对关学的认识缺乏传承观念，而是一种宽泛笼统的概括。且此书之外，党晴梵并无其他关学研究文献。综上可知，党晴梵并非关学传人，其关学研究是置身关学之外的研究，属于现代学术研究范畴。

[1] 魏冬. 党晴梵先生《关学学案》藁本考述——兼论党晴梵先生早期思想历程［J］. 唐都学刊，2019（2）：70.

[2] 魏冬. 党晴梵先生《关学学案》藁本考述——兼论党晴梵先生早期思想历程［J］. 唐都学刊，2019（2）：73.

在《关学学案》完成之后，另一位学者曹冷泉于民国三十四年出版了《陕西近代人物小志》一书。该书作者曹冷泉（1901—1980），原名赞卿，字襄忱，安徽颍上人，后来定居陕西，曾任陕西师范大学文学院教授。曹冷泉是较早从现代学术角度研究关学史的学者，著有《陕西近代人物小志》《刘古愚的哲学思想体系》《关学概论》等。曹冷泉并无关学师承，也不以其本人所归纳的清麓、烟霞两大学派继承者自居。相反，他在《陕西近代人物小志》一书中对民国时期的关学传承多有批评，对清麓学派批评尤甚，并且得出了“关学绵延千载，至今日已行将衰替”的结论，认为关学将伴随着张元勋的去世而终结。此外，他的《刘古愚的哲学思想体系》和《关学概论》两篇文章也用现代学术的方式对关学相关问题进行了研究。上述两位学者皆非关学传人而研究关学，较之于清麓、烟霞学派不同程度上对关学进行的传承性研究，党晴梵和曹冷泉的这种研究是解剖式的研究。而随着学术环境的变迁，这种解剖式的研究成为了关学研究的主流范式。不过这并非本文论点所在，故不赘述。

二、民国关学诸儒的学术活动

由清入民国以后，诸儒们继续对儒学的探讨，同时通过修史等方式践行“文以载道”的理念，整理先贤典籍，产生了数量可观的文献。同时，诸儒在维持原有书院的基础上，纷纷创办新的书院，使用于讲学的书院先后达到了十八所之多，使书院建设在清末书院改学堂之后迎来了局部而短暂的复兴。诸儒还积极与其他各省及外国学者进行学术交流，互相促进，使关学的影响走出关中。诸儒编著文献、创办书院、传道授业以及切磋共进，用实际行动践行着“为往圣继绝学”的信念。

（一）民国关学著述考述

对于民国时期关学文献，学界迄今没有做过全面梳理，随着陕西省古籍普查活动的开展，以及近年来魏冬和笔者的搜集，为初步梳理民国关学文献提供了可能性。现就知见所及，初步对民国关学文献做一梳理。结合前文对民国关学所作出的传承性研究和解剖式研究的范式，本文拟将民国关学文献分为关学传人著述文献和综合研究文献两大类。需要特别指出两点：首先，由于民国关学人物及其学派大都跨越晚清和民国两个时代，无法以1911年割裂，为了在分析其思想时保持完整性、系统性和连贯性，故在列举民国关学文献的同时，也将部分产生于清末的文献予以列举；其次，由于烟霞学派的青年一代作为纷纷走向社会，进入军政教育等领域，实际上作为一个学派的味经学派便已宣告解体，因此，本文对民国关学文献的梳理即以清麓学派为主，而对在彻底执行经世致用信念运动中实际上已经完成其学术使命并解体的味经学派则从略。此为初步尝试，其合理与否，还望学界批评指教。

白遇道（1937—1926），字悟斋、五斋，号心吾，晚号完穀山人，陕西高陵人，著有《完穀山房寱语钞存》三册，民国六年（1917年）印行，《安贫改过斋杂著》不分卷，光绪二十八年（1902年）稿本，《摩兜坚斋汲古集联》共五续，光绪三十年（1904年）至民国六年（1917年）陆续印行，《完穀山房课蒙草》不分卷，民国六年（1917年）印行，《完穀山房馆课诗钞》不分卷，民国六年（1917年）印行[1]。白金刚等将包括乡试、会试朱卷在内的共十四种白遇道文献汇编整理为《白遇道集》，于2017年由西北大学出版。

杨玉清（1842—1919），字温如，号克斋，陕西朝邑人，未见文集传世，曾于光绪十九年（1893年）编印其父杨树椿《损斋文钞》。

牛兆濂（1867—1937），字梦周，号蓝川，号蓝田山人陕西蓝田人，著有《蓝川文钞》十二卷，民国十一年（1922年）铅印本，《蓝川文钞续》六卷，民国二十四年（1935年）铅印本，王美凤等以上述两种为主，整理成《关学文库》本《牛兆濂集》，于2015年由西北大学出版社出版。《读近思录类编》十四卷，光绪三十一年（1905年）铅印本。王相民以上述三种为主，整理成《牛兆濂文存》，于2017年由陕西人民出版社出版。《芸阁礼记传》十六卷，宣统三年（1911年）刻本，《礼节要录》不分卷，民国十二年（1923年）印本，《续修蓝田县志》二十二卷首一卷，民国二十五年（1936年）和民国三十年（1941年）印本。该方志今有《中国方志丛书》及《中国地方志集成》

[1] 按，《完穀山房课蒙草》《完穀山房馆课诗钞》印行时间据《白遇道集》卷首白金刚撰《点校说明》。

两种影印本。此外，牛兆濂尚著有《吕氏遗书辑略》《秦关拾遗录》，今未见传本。

张元际（1851—1931），字晓山，号仁斋，陕西兴平人，著有《爱日堂前集》，《兴平县乡土志》六卷，光绪三十三年（1907年）刻本，《（民国）重修兴平县志》八卷，民国十二年（1923年）铅印本等。

张元勋（1863—1955），字鸿山，号果斋，陕西兴平人，著有《清麓年谱》二卷，民国十一年（1922年）刻本；《原道》二卷，民国八年（1919年）铅印本；《道统渊源》一卷，铅印本，年代不详，卷首有宣统二年（1910年）序，印行当在此年或稍后；《晚晦斋文集》十二卷，民国三十三年（1944年）印行，《原心》一卷，陕师大藏，版本不详。《大学传习录》一卷，民国三十六年（1947年）印本。《天元勾股迳求和较术》一卷，收入《时务斋课稿丛钞》，光绪二十三年（1897年）味经刊书处刻本。此外，张元勋及其弟子赵振灿等编有《清麓丛编》《宏仁丛钞》《正学隅见》等书，收录张元勋等人讨论学问及时事文章。

赵玉玺（1874—1953以后），字玉珊，好惕庵，陕西兴平人，其文集未刊行，今存有《书牍底稿》等稿本。

李铭诚（1880—1953），字子慊，号穆轩，河南卢氏人，著有《养蒙正教》不分卷，民国三十二年（1943年）印本，《庇荫轩存稿》不分卷，民国三十五年（1946年）印本。《庇荫轩存稿》与《养蒙正教》今收入《新关学》第一卷，予以刊布。

张骥（1874—1951），字先识，四川双流人，曾在陕西游宦，著有《关学宗传》五十六卷，民国十年（1921年）排印本，后由王美凤整理点校，收入《关学史文献辑校》，由西北大学出版社于2015年出版。该书所收人物始于张载，止于刘古愚，未及民国诸儒，但此书编纂于民国年间，属于民国关学文献范畴。

郭希仁（1881—1923），原名忠清，字时斋，又字思斋，后改字希仁，辛亥后以字行，著有《诸子派别》《近思记》《政术丛谭》《水利谭》《读春秋随笔》等，皆见传世。

张鹏一（1867—1943），字扶万，号在山主人，陕西富平人，著述宏富，儒学领域著作有《颜李学考》《刘古愚年谱》等。

党晴梵（1885—1966），名沄，字晴梵，号待庐、灵泉村人，陕西合阳人，著有《关学学案》《冯翊耆旧传》，以上两种未刊稿本。《先秦思想史论略》，陕西人民出版社1959年出版。《关学学案》，成书于1933—1935年。该书所收人物只有清代王心敬、孙枝蔚、屈复、杨屾、康乃心五人，且多文学之士，非民国关学范畴。但此书在民国时期运用现代学术话语研究关学，开此先河，是民国关学研究类文献的代表，具有特殊意义。❶

曹冷泉（1901—1980），原名赞卿，字襄忱，安徽颍上人，著有《陕西近代人物小志》，民国三十四年（1945年）樊川出版社印行，其中专列《理学》一门，卷末附《刘古愚的哲学体系》长文，另有《关学概论》，刊于《西北文化月刊》1943年第3期。

以上诸人中郭希仁、张鹏一属于从传统学术范畴向现代学术范畴过渡的人物，虽然对于孔子及儒学基本上予以肯定，但其研究领域已不限于儒学，研究范式已接近现代学术范式。而党晴梵、曹冷泉则从未以儒家自居，关学研究只是其学术成果中很小的一部分。此外，如毛昌杰、宋联奎、宋伯鲁等近代陕西学人与关学诸儒亦有往来，但多为文人学者，不以儒家自居，鲜少论学，诸人文献可资考证，此处从略。

此外，民国关学诸儒积极参与的陕西省孔教会编有《陕西省孔教会公牍摘要》和《陕西省孔教会汇志》，分别印行于民国十八年（1929年）和民国二十一年（1932年），其中所收诸儒讲话及公牍对于研究民国关学具有特殊价值。

（二）讲学活动概述

民国时期关学传人的讲学活动贯穿民国三十八年始终。由于民国存在时间相对短暂，这一时期讲学的主力基本全部来自清末，也就是说民国关学的讲学活动是清末关学讲学活动的延续。这一时期开展讲学活动的许多书院、学舍，有不少即创自清末。与此同时，随着社会形势的巨变，民国时期关学讲学活动也呈现出一些新的特点。

1. 书院讲学

抗战即将胜利结束的民国三十三年（1944年），赵振灿编辑的《清麓丛

❶ 详参魏冬《党晴梵先生〈关学学案〉稿本考述》一文。

编》第一期附有《关中讲学地址》名录，这些书院遍布关中各地，系当时关中各地讲学的单位，分别是："三原：正谊书院。长安：鲁斋书院。兴平：宏仁书院。临潼：零川学舍。蓝田：芸阁学舍。凤翔：凤鸣书院。眉县：横渠书院。扶风：贤山书院。临潼：宗圣精舍。岐山：岐阳书院。盩厔：遵孔学舍。麟游：祥麟书院。"❶

三原正谊书院，主讲为贺瑞麟、牛兆濂、张元际、张元勋、李铭诚等，讲学时间为同治九年（1870年）至民国三十七年（1948年）。清同治九年（1870年）夏，贺瑞麟买山清凉原之麓，建造清麓精舍，六月兴工，八月竣工，正式开讲。光绪七年（1881年），三原知县焦云龙捐集资金扩建，建成正谊书院。由于正谊书院与清麓精舍一脉相承，文献中有时也以"清麓正谊书院"（如《清麓正谊书院藏书目录》）或"清麓书院"（如《张仁斋先生行状》）称之。光绪十九年（1893年）九月，贺瑞麟卒，其后，正谊书院继续在贺瑞麟门人和私淑张元际、张元勋、牛兆濂、李铭诚等人的维持下传承关学。牛兆濂于民国二年（1913年）至民国民国六年（1917年）在正谊书院连续主讲五年。此后，牛兆濂时或前往正谊书院短暂讲学或参加贺瑞麟的会祭活动，最后一次是民国二十四年（1935年）。民国二十五年（1936年），时在正谊书院主讲的张元勋将前来参加会祭的李铭诚留作助教，李铭诚便与其师张元勋在此讲学，直到民国三十三年（1944年），李铭诚应凤翔士绅邀请前往主持新成立的凤鸣书院。张元勋在民国时间主讲正谊书院的时间不详，但根据相关记载，可以推测其大致。李铭诚《上张溥泉中委书》云："年来老成凋谢，师门荒凉，硕果仅存，惟张鸿山先生而已。共相推尊，永久主讲正谊书院。"此信中有"刘君允臣养疴山斋"语，刘允丞即刘守中（1882—1941），字允臣，亦作允丞，陕西富平人，民国三十年十月二十三日卒于三原，此前皆在各地奔走，可知李铭诚此书信约作于民国三十年上半年。这说明在民国三十年左右，张元勋仍经常在正谊书院讲学，不过，他还要同时管理宏仁书院，因此应当在两处兼任主讲。曹冷泉在民国三十四年（1945年）出版的《陕西近代人物小志》一书中为张元勋立传，谓"先生兴平人，

---

❶ 见赵振灿编辑《清麓丛编》第一期附录，此书为民国三十三年（1944年）石印本。赵振灿是三原人，曾于民国十三年（1924年）任乾县县长。

现犹讲学清麓书院”，可知张元勋在民国三十四年仍在正谊书院讲学。新修《三原县志》载：“（正谊）书院一直办至1948年。”❶ 可知正谊书院的讲学活动当止于民国三十七年（1948年）。综此，在牛兆濂、李铭诚相继离开正谊书院之后，正谊书院的讲学活动主要由张元勋及其门人维持，直到民国三十七年。

长安鲁斋书院，主讲为牛兆濂等，讲学时间为光绪十一年（1885年）至民国初年。鲁斋书院由黄嗣东等人于光绪十一年（1885年）重修。光绪十三年（1887年），贺瑞麟应邀来此讲学。鲁斋书院“不仅设坛讲学，且与各地书院互易讲义。清末，三原县北有‘玉口山学会’，刻版印经书及理学文稿，亦常选鲁斋书院讲义，印发关中各地书院。其刻版盈屋充栋，达数室之多。每至农历九月九日‘重九’节，各地理学家咸集于此，研讨性理之学，鲁斋书院主事及咸、长两县之理学先生届时偕往，以‘道’会士，并议院事。会期达数日之久，被誉为书院盛事”❷。至民国建立，“书院废弃，乡众集资设立私塾，间有理学家借址宣教，但不若往昔之盛矣！闻蓝田牛兆濂曾莅院讲学，而与会者寥寥。其后公私学校林立，私塾停办，书院屋舍悉为管家朋眷占住，临街四间出租于商铺。”❸

兴平宏仁书院，主讲为张元际、张元勋、牛兆濂等，讲学时间为光绪十八年至建国后。宏仁书院系由张元际于光绪十九年（1893年）创办，“原名‘尊经堂’，后取志士爱惜时光之意，改为‘爱日堂’”❹。抗日战争全面爆发的民国二十六年（1937年），因担心“爱日堂”名称产生误会，遂将爱日堂改为宏仁书院。❺ 宏仁书院规模宏大，占地十五亩，有“房舍约45间，堂前

---

❶ 三原县志编纂委员会. 三原县志［M］. 西安：陕西人民出版社，2000：785.

❷ 黄云兴、郭述贤. 鲁斋书院记略［M］//碑林文史资料（第2辑），1987：109-110.

❸ 同❷110.

❹ 兴平县地方志编纂委员会编. 兴平县志［M］. 西安：陕西人民出版社，1994：661. 按，张正纲《宏仁书院简介》云：“宏仁书院在庄头村南，建立于清光绪十八年。”又云：“从此师生共处，济济一堂，弦诵之声，悠扬其间，因名其舍曰‘爱日堂’，盖取孝子爱日之意也。”（见《兴平文史资料》第8辑，1990年，第19页）张过《关中宿儒张元际》云：“光绪十九年（1893年），这所私塾建成，取名‘爱日堂’。”（见《兴平文史资料》第10辑，1991年，第77页）盖爱日堂经始于光绪十八年，而成于十九年，故有两说，实无矛盾。

❺ 兴平百年大事记（1887—1988年）［M］//兴平文史资料（第9辑），1990：2.

分立八斋，以朱子‘立志、居敬、明理、反身’八字为区别。”❶ 书院设施十分齐全，“堂左右两翼为经义、治事二斋，分别是藏书处和灶房。堂后有三益斋是来宾休息之所。又有二养馆，待客饮食之用”。“宏仁书院以培养贫寒有志之士为宗旨。”❷ “宏仁书院前后经历 60 余年，全国解放后才停办。”❸

宏仁书院的讲学时间持续达半个世纪，极一时之盛，据张正纲回忆：“每岁四月朔日为该堂讲学大会，邀集四方友朋，于此日祀圣、习礼、歌诗，古冠深衣，升降跪拜，彬彬秩秩，足然有三代之风，再现于今日。凡来与祭者，恒达数百人之多，莫不肃然起敬，景慕油生。祭讫，即安排讲座，公推山东孙仲玉、山西任遵义、河南许鼎臣、阎春台、韩振岐及蓝田牛梦周、泾阳杨厚甫、渭南杨华亭、合阳王性之、周至李萃亭、南孝九、凤翔张伯绳、长安王子中、潼关任贯卿、及邑人徐奉伯、冯孝伯、赵宝山等各老师宿儒，或讲心得、或发经义，不一而足，凡来听讲者，无不心旷神怡……余大祖父鸿山公，亦由省中辞大学堂之聘，督导其中，大倡关学，以横渠张子之余绪，发扬光大，研穷性理，继往开来，不事帖括，不慕荣利，专以修身养性为宗旨。堂内一切制度，取法清麓规则为遵守，躬践实行，辄以第一等人为期许。西安每来大献，频送关聘，一概却之而不应命。惟淡泊自甘，诗书自娱。兄弟怡怡乐道其中，闭门著书，共有七十余种。迨抗日战争爆发，恐有误会，因改‘爱日’为‘宏仁’之称。六十余年之历史，至解放后，该院告终。”❹

临潼宗圣精舍、零川书院，主讲为杨茂春、张元勋、牛兆濂等，讲学时间为民国二十八年（1939 年）至中华人民共和国成立前。宗圣精舍、零川书院均系临潼人王宝第所建。王宝第字耀先，是张元勋弟子，早年经商致富，后来“无意商贾之业，遂卸却经商责任，常住西安攻读百家之书，辄至深夜，并与兴平之张元勋、三原之贺伯箴、蓝田牛兆濂、渭南之杨春茂等理学名儒，频频往来，读书质疑，以求教益”❺。王宝第“感少时失学之苦，遂捐资兴学，以启后生，造福后代。他在原籍纪王村修建了‘宗圣精舍’，在零口东头

❶ 兴平县地方志编纂委员会编. 兴平县志［M］. 西安：陕西人民出版社，1994：661.
❷ 同❶.
❸ 同❶.
❹ 张正纲. 宏仁书院简介［M］//兴平文史资料（第 8 辑），1990：19-20.
❺ 叶学俭. 王钱办学［M］//临潼文史资料（第 3 辑），1988：76.

修建了‘零川寺书院’，以纪念王零川。在泾阳峰王村也修建一座书院，解放后改为新民小学”[1]。宗圣精舍的修建，“始于一九三五年”[2]，“从破土到竣工，历时两年半，花现金三万三千余元”[3]。宗圣精舍布局仿照文庙，有大成殿一座，有教室七间，讲堂五间等。宗圣精舍的办学主旨本来是为宣讲理学，但“后来因形势发展，又请来新教师，于是有念新书的，有念老书的，可谓新旧合流”[4]。又据李俊民《王耀先苦心兴学》载：“民国二十四年（1935年），王耀先在家乡纪王村修建了一所规模宏大的小学，名为‘宗圣精舍’；于泾阳县峰王村修建了一座书院，取名‘新民小学’；又于零口镇王零川祠修建了‘零川书院’。”[5] 这两处记载互有出入，综合可知，宗圣精舍始建于民国二十四年（1935年），历时两年半，当于民国二十七年建成。既然王宝第在临潼所建皆为书院，则在泾阳所建当为书院，而非“新民小学”，小学当系1949年后所改。零川寺书院即零川书院，亦即《关中讲学地址》中所记“临潼零川学舍”。又，牛兆濂逝世于民国二十六年，此时宗圣精舍初创，所以牛兆濂在此讲学时间十分有限，倒是杨茂春、张元勋等人具有合适的条件来此讲学，尤其是被聘为院长的杨茂春。

蓝田芸阁学舍，主讲为牛兆濂等，讲学时间为民国七年（1918年）至民国二十六年（1937年）。芸阁学舍初名芸阁精舍，原本为孙真人祠，系芸阁书院故址，因而名为芸阁学舍。在民国初年，牛兆濂、张元际、张元勋等重修芸阁书院。牛兆濂在光绪二十七年（1901年）曾短暂在此讲学，后去鲁斋书院等处讲学，直到民国七年（1918年），牛兆濂归讲芸阁，此后除了临时外出外，长期在此讲学，直到民国二十六年（1937年）去世。牛兆濂于“一九一八年讲学芸阁，芸阁盛期学生数百人，遍及陇、陕、晋、豫各省以及邻邦[6]朝鲜。先生以芸阁为据点，常往三原清麓、兴平爱尔[7]、西安鲁斋书院、

[1] 叶学俭．王钱办学［M］//临潼文史资料（第3辑），1988：76.
[2] 同[1].
[3] 叶学俭．王钱办学［M］//临潼文史资料（第3辑），1988：78.
[4] 同[3].
[5] 李俊民．王耀先苦心兴学［M］//临潼文史资料（第14集），2002：141.
[6] 按：邦，原文误做“帮”。
[7] 按，疑当作“爱日”。

关洛学舍、山西宋谦学舍等处，及省县文庙、乡贤祠定期会祭会讲”❶。芸阁学舍之讲学盛况可见一斑。

凤翔凤鸣书院、宗铭书院，主讲为李铭诚等，讲学时间为民国三十二年（1943年）至新中国成立前。据樊宏纲《庇荫轩存稿跋》载：“癸未冬，李君复初成立凤鸣书院，延先生主讲其中。次年，敝邑官绅恢复宗铭书院，敦聘先生重开讲席。”❷ 癸未即民国三十二年（1943年），李复初即李源，先生指李铭诚，可知凤鸣书院建成于民国三十二年（1943年）冬，随后便邀请李铭诚主讲。次年即民国三十三年（1944年），可知宗铭书院重建于是年。民国三十四年（1945年）李铭诚在《祭至圣先师孔子告文》一文载：“客冬，小子因李源之聘，成立凤鸣。邑中士绅若贾宗谊、张根正、胥俊卿、张次屏、刘筱浦、侯俊猷、李居安、任道文、魏懋功、谭致和、郭载阳、戴希颜等，慨当时之情况，念旧有之掌故，遂会商各界，恢复宗铭。”❸ 客冬即去年冬天，指民国三十三年（1944年）冬。据此，则凤鸣书院虽然成立于民国三十二年冬，而李铭诚赴书院主讲则在民国三十三年（1944年）冬。民国三十三年（1944年），李铭诚又同时兼任宗铭书院主讲。李铭诚在两书院的讲学情况颇为兴盛，“四方学者源源而来，至庠舍不能容”❹。

眉县横渠书院，情况比较复杂，据张世敏考证：“约在民国初年，张子祠内横渠书院改为‘学堂’，并编有校歌。民国十二、十三年（1923—1924）‘学堂’又改名‘眉县横渠高等小学堂’。民国二十一年（1932年）朱子桥将军来陕西扶风、眉县等地救济灾民，来横渠张子祠书院，观后题写‘学究天人’匾额挂于横渠学堂。民国二十二年（1933年）于右任由陕西省长邵力子陪同登太白山，下山后来张子祠谒拜后，题写‘母校千秋’，并撰联一副：‘忠孝仁爱信义和平，礼义廉耻国之四维。’民国二十五年（1936年），横渠高等学堂又改名为‘眉县横渠镇中心小学’。中华人民共和国成立后，张子祠内的‘中心小学’改名为‘眉县横渠小学’。”❺ 据此记载，横渠

❶ 魏应斌．理学名宿蓝川先生简介［M］//蓝田文史资料（第5辑），1985：102.

❷ 见李铭诚《庇荫轩存稿》卷末樊宏纲《庇荫轩存稿跋》。

❸ 李铭诚．庇荫轩存稿［M］．1946：19-20.

❹ 史道明．李穆轩先生行状．1953：4.

❺ 张世敏．张载学说及其影响［M］．西安：三秦出版社，2015：161.

书院在民国初年便已改为新式学堂，已不同于鲁斋书院、芸阁学舍等传统形式的书院。新式学堂不仅有校歌，其讲学内容当在政府规划下。但《关中讲学地址》将其列入，又说明横渠书院在当时具备讲学的条件，至少具备不定期请牛兆濂等学者举行讲座的条件。

凤翔灵麓精舍、灵麓书院，宝鸡罗慕愚学舍，岐山卷阿学舍，主讲分别为樊宏纲、李思仁、罗慕愚、李春山及往来各书院主讲的李铭诚等，讲学时间约为民国三十三年以后。《李穆轩先生行状》载："门人樊宏纲辟灵麓精舍于灵山，李思仁建灵麓书院于陈村镇，宝鸡罗慕愚设学舍于贾村镇，岐山李春山亦有卷阿学舍，一本清麓成规。先生随时莅止，诱掖奖劝，士风丕变，所至争睹其仪采。"灵山、陈村镇位于凤翔县，贾村镇位于宝鸡县（今位于陈仓区），卷阿学舍位于岐山县。樊宏纲为李铭诚门人，其他诸人事迹不详，根据樊宏纲将诸人排列于其后，当与其辈分相仿。这些书院"一本清麓成规"，恪守着自贺瑞麟至牛兆濂、李铭诚的关学传承。李铭诚作为长辈学者，已经主讲于凤鸣、宗铭两书院，自不能同时主讲地涉凤翔、宝鸡、岐山三地的各书院，但他"随时莅止，诱掖奖劝"，俨然成为领袖群伦的名儒耆宿。

扶风贤山书院，主讲为王元中等，讲学时间始于民国二十八年，其后事迹不详。据李俊《宝鸡地区古代私学论略》载："民国二十八年（1939 年）扶风绛帐王元中与友人卢向离还在午井镇的贤山寺创办贤山书院，学生远来关中、陕南等地"❶，"鼎盛时期有学生二百多名"❷。关于王元中创立的贤山书院，仅见于这两处文献记载。但贤山书院实际与关学创始人张载还颇有渊源。张载曾在宋熙宁七年（1074 年）在"扶风贤山寺一边试办井田，一边著书，《经学理窟》在此完成，后学为了怀念先生，几度将贤山寺改为'贤山书院'"❸。

岐阳书院、遵孔学舍、祥麟书院，事迹不详。

泾阳明德书院，主讲待考，讲学时间约为民国三十六年（1947 年）前后。李铭诚《后四书序》云："近王君耀先于泾阳建筑景贤书院，以祀宋五贤，是有意于濂、洛、关、闽之学者也。"❹ 此序作于民国三十六年（1947

❶ 李俊. 宝鸡地区古代私学论略［M］//宝鸡文史资料（第 22 辑），2010：163.

❷ 阎良区政协文史法制侨务委员会编. 关中山东移民［M］. 西安：三秦出版社，2015：447.

❸ 张世敏. 张载学说及其影响［M］. 西安：三秦出版社，2015：199.

❹ 李铭诚. 庇荫轩存稿［M］. 1946：4.

年)。按，李铭诚此序在收入民国三十六年（1947年）排印本《后四书》时置于书尾，题作《跋后四书》，文字略有出入，云："近王君耀先与介弟端儒在泾阳复建明德书院，其主尊仍以至圣为宗，以周、程、张、朱为配，乃深有意乎濂、洛、关、闽之学者也。"[1]《后四书序》收入于《庇荫轩存稿》，该书于民国三十五年（1946年）七月排印，而《跋后四书》落款为"丁亥年夏六月"，可知《跋后四书》系在《后四书序》的基础上修改而成。且《后四书》系由王宝第（即王耀先）出资付印，卷首王宝第序中谓将《后四书》"近储所建之宗圣精舍、明德书院、关学祠、零川祠以及西京各书院"[2]，牌记亦云"关中明德书院翻印"、版心亦镌"明德书院藏书"，王宝第不至于在书尾李铭诚跋文中出现事实错误，故相关叙述当以《跋后四书》为准，即王宝第兄弟在泾阳所建乃明德书院。

以上共考得民国时期关学人物主持讲学的书院约十八所，讲学时间贯穿于民国三十八年之间，即使在抗战维艰时期，也有至少十二所书院进行正常的讲学活动。

2. 其他讲学活动

孔教会：陕西省孔教会时常在西安文庙（即今碑林博物馆）举行大规模会讲，民国二十一年（1932年）年三月二十一日（即壬申年夏历二月望日），陕西省孔教会邀请省内外政、学各界人士百余人参加在西安孔庙举行的会讲大会，发表演讲的依次有赵玉玺、孙迺琨、牛兆濂、张元勋、徐怀璋、范紫东等人，前来听讲者达千余人。牛兆濂在演讲中深入浅出地讲解了仁、义、孝、悌等概念，并提到了演讲前一个月刚刚发生的"一·二八"淞沪抗战。张元勋演讲主要阐发《大学》要旨，并表示"吾人生长关中，即应提倡关学"。诸人演讲内容及相关文章收入《陕西省孔教会汇志》一书，于同年八月印行。

关学祠：冯萌猷《兴平赋》云："故址在今骡马市的西京关学祠联。"[3]可知关学祠位于今西安市东大街南边的骡马市。王宝第《后四书序》云："近储所建之宗圣精舍、明德书院、关学祠、零川祠以及西京各书院。"[4] 可知王

---

[1] 李铭诚. 跋后四书［M］//张伯行. 后四书（第四册）. 西安：克兴印书馆，1947：3.
[2] 王宝第. 后四书序［M］//张伯行. 后四书（第一册）. 西安：克兴印书馆，1947：1.
[3] 冯萌猷. 冯萌猷文集·卷一·兴平赋［M］. 西安：太白文艺出版社，2014：403.
[4] 王宝第. 后四书序［M］//张伯行. 后四书（第一册）. 西安：克兴印书馆，1947：1.

宝第是修建关学祠的重要人物，王宝第之所以能兴修多所书院及关学祠，原因是其早年经商致富，颇富财力。韩振岐《后四书跋》落款云：“项城后学韩振岐跋于西安市关学祠。”❶ 张元勋《西安文庙讲义》云：“今天关学祠祭毕，又来圣庙会祭讲书。”❷ 张元勋又有《关学祠祭文》，文末附有王宝第所绘《关学祀位图》，共收录伏羲至贺瑞麟共七十八人。综合可知，关学祠是与文庙性质类似的祭祀儒家道统中的圣贤的单位，但区别在于关学祠的创建是对关学的张目，其中所祭祀先贤除了孔子、朱子等集大成者之外，祭祀的主要是关中儒者及对关中儒学产生重大影响的学者。张元勋等人时常在关学祠举行会祭和演讲。

（三）学术交流

民国关学诸儒除曾往山东拜谒孔庙、孟庙，以及偶尔应邀到临近的山西临时讲学外，基本在关中地区活动，但这并不妨碍诸儒与其他各省甚至外国学者的学术交流，这种学术交流主要通过尺牍往还的传统形式来进行，其次则是相约到各地书院讲学。讲学活动已见于前文，兹以诸儒的尺牍论学为中心，略述彼时学术交流概况。

孙迺琨（1861—1940），字仲玉，山东淄川人，贺瑞麟弟子，与牛兆濂同为清麓学派第二代传人。孙迺琨“曾先后六次入陕”❸，其初次入陕为光绪十六年（1890 年）至十九年（1893 年），拜贺瑞麟为师。第二、第三次入陕为光绪后期，为拜祭贺瑞麟墓及主讲正谊书院。第四次入陕为民国十二年（1923 年）至十五年（1926 年），在关中各地讲学。第五次入陕为民国二十年（1931 年）冬至民国二十一年（1932 年）冬。此次入陕，孙迺琨与牛兆濂、李铭诚等于民国二十一年（1932 年）四月赴户县参加明道祠参加程颢诞辰九百周年活动，并发表演讲。同年九月，孙迺琨与牛兆濂、张元勋等参加陕西省孔教会在西安文庙举行的会讲，并发表演讲。第六次入陕为民国二十五年（1936 年）一月至七月，其间曾在正谊书院等地讲学。牛兆濂、张元勋诸人与孙迺琨时相论学，牛兆濂曾四次致书孙迺琨，与其探讨夏震武对贺瑞麟的

---

❶ 韩振岐. 后四书跋［M］//张伯行. 后四书（第四册）. 西安：克兴印书馆，1947：6.

❷ 张元勋. 西安文庙讲义［M］. 清麓丛编（第一期），敬义堂，1944：1.

❸ 石峰. 孙迺琨研究［D］. 济南：山东大学，2014：31.

批评、西安围城、第五次入陕、共同维持清麓学统等事。张元勋多次致信孙迺琨，讨论在爱日精舍（后来的宏仁书院）、正谊书院和芸阁学舍会讲事宜及贺瑞麟为学宗旨。

李习斋，生卒年不详，朝鲜人，民国间流寓中国，与张绍价交往颇深，曾至关中与诸儒论学。李习斋将朝鲜学者柳重教（1832—1893）的著作带入中国，与牛兆濂、张元勋等人交流。牛兆濂曾致信李习斋，对柳重教的学说深表赞同，认为其与贺瑞麟观念相近。柳重教对于仕元的许衡（1209—1281）进行贬抑，同时又奉南明永历政权为正统。张元勋对此持有不同看法，认为许衡仕元有“以夏变夷”之功，而永历政权是乱世，“不愿一朝立乎其朝”❶。张元勋亦曾与张绍价围绕柳重教论“明德”展开讨论。

夏震武（1853—1930），字伯定，号涤庵，浙江富阳人，同治十三年（1874 年）进士，清末民国间儒学传人，晚年讲学于浙江灵峰精舍，时称灵峰先生。夏震武曾于光绪二十六年（1900 年）赴关中向避难于此的慈禧太后上疏陈言，并在次年到三原正谊书院拜访，为贺瑞麟文集作序。夏震武对贺瑞麟“非孔、孟之书不读，非程、朱之学不言，汉学、西学之说，一扫而绝之”十分赞赏。但夏震武后来却对贺瑞麟的学说颇有批评，认为“《清麓文集》多陈言而少心得，于汉学、西学盛行之日，不能出一言以救正，亦异于程朱之学矣”❷，批评可谓相当严厉。牛兆濂作为清麓学派的传人，不得不对此作出回应。1917 年，牛兆濂分别致信张元勋、夏震武，对夏震武的批评做出回应，在致张元勋的信中，牛兆濂认为夏震武对贺瑞麟的批评“殊乖公允”，贺瑞麟其实是“不尚文词，不矜著述”，其“所力辟者，科举也，陆、王也，功利也，皆所以救时而拔本塞源之论”❸。在致夏震武的信中，牛兆濂再次肯定了贺瑞麟在“科举盛行、异学淆乱”之际“以身倡导”的贡献，对夏震武“以一言滋其疑”的做法“甚无取”。张元勋则在致白寿庭的信中认为夏震武等人“好议论古今人”，“几若古今无一完人”，是“好胜自是”❹ 之病，而夏震武的批评非但无损于贺瑞麟学说，反而通过批评更加凸显了贺瑞

❶ 张元勋. 华东合编贬鲁斋以永历为正统辨［M］. 宏仁丛钞，1945：10.

❷ 王美凤，高华夏，牛瑞，点校. 牛兆濂集［M］. 西安：西北大学出版社，2015：72.

❸ 同❷.

❹ 张元勋. 晚晦斋文集（卷三）［M］. 1944：15.

麟学说的合理性。张元勋同时还对夏震武与牛兆濂予以调和，希望“两贤各取其长，无或各庇其短”❶。

白椿龄（1874—1937），字寿庭，号汝滨，河南郏县人，洛学传人，曾“杖履入关”❷，与关中诸儒论学。牛兆濂曾多次与白寿庭书信往来，讨论学问，《牛兆濂集》中现存二人论学信札四通。白寿庭对牛兆濂颇为赞赏，“引为同气”❸，牛兆濂与白寿庭讨论问题经常“往复数四”，所讨论的主题有《中庸》“未发谓中”、孟子“特提‘性善’不及‘气禀’”❹等问题。张元勋亦频与白寿庭论学，其《晚晦斋文集》存有致白寿庭书札五通，讨论讲学、传承学统、太极及彼此论著事宜。

张绍价（1861—1941），字范卿，山东即墨人，光绪十九年（1893年）举人，著有《中西学说通辨》《近思录解义》《居安轩存稿》等书。张绍价“道貌岸然，服饰似道士”，“对康有为首倡的维新变法及所著《新学伪经考》《孔子改制考》等书，都斥之为‘异端邪说’……在‘七七’事变前两三年，他全家离开青岛，跟随他的经商的学生迁往陕西眉县居住，始终没有受到日寇蹂躏”❺。牛兆濂有《答张范卿第一书》和《答张范卿第二书》，讨论二人论著。张绍价、任正卿等人对于牛兆濂于清末刊行的《读近思录类编》提出意见，牛兆濂表示虽“知非已久”，“而书已印行，无可追悔”，“耿耿逾三年矣”❻。张元勋与张绍价皆著有易学著作，并相互交流，张元勋对张绍价的易学体例总体肯定之余，提出商榷意见。张绍价对朝鲜学者柳重教论“明德”之说甚为推崇，认为在薛瑄（1389—1464）、胡居仁（1434—1484）之上，张元勋对此提出商榷意见。

此外，为李铭诚《庇荫轩存稿》题签书名的甘肃崇信学者秦敬修（1910—2004）曾跟随牛兆濂、张元勋、张绍价、孙迺琨诸儒学习，著有《周易卦解》《小学通俗解义》及数量众多的医学著作，也是关学学术交流密切的例证。

---

❶ 张元勋. 晚晦斋文集（卷三）[M]. 1944：30.

❷ 张元勋. 晚晦斋文集（卷三）[M]. 1944：2.

❸ 牛兆濂. 牛兆濂集 [M]. 王美凤，高华夏，牛瑞，点校. 西安：西北大学出版社，2015：145.

❹ 同❸187.

❺ 刘诗谱. 忆先祖刘廷琛之晚年 [M] //青岛文史资料（第7辑），1986：160-161.

❻ 牛兆濂. 牛兆濂集 [M]. 王美凤，高华夏，牛瑞，点校. 西安：西北大学出版社，2015：203.

三、对革命及战争的认识

儒学作为诞生于春秋百家争鸣时代的学说，从孔、孟初创时起，就兼具个人指向的人格塑造和社会指向的政治理想，而《大学》之道更是建立起“不可须臾离也”的从格物致知（认知的开端）到诚心正意（正确的态度）以至修身（儒家理想型人格的塑造）齐家（对理想家庭，即最基本的社会生活单位的塑造），终至治国（儒家政治理想在中国的实践）平天下（儒家人类社会秩序的建立），其终极指归是政治理想的实践。因此，无论先秦抑或民国，政治认识是考察当时儒学思想不可回避的一个重要维度。诸儒们虽然未深度参与政权建设，但对于殃及百姓的军事冲突从不回避，而是勇于担当，积极弭兵，这正是“为生民立命”的体现。

（一）辛亥之际的彷徨

辛亥革命推翻了清朝，终结了帝制时代，根据当时人们对于清朝覆亡的认识，可以判定其对清朝覆亡和帝制终结的态度。牛兆濂、张元际、张元勋、李铭诚等民国关学诸儒皆由清入民国，且如白遇道、牛兆濂、张元际者，已经在清代取得了功名，诸人对于清亡的态度，可以以同时期的关学之外的学者作为参照来考察。清朝灭亡后，以罗振玉、郑孝胥、胡嗣瑗、康有为为代表的保皇派们，先是积极积极参与张勋复辟，后来除康有为早逝外，诸人皆追随溥仪到东北，成为伪满洲国的要员。而牛兆濂、张元际、张元勋早在清亡前便放弃仕途，不参加会试，专心于讲学、刻书、赈灾等事。清亡后，除时年已七十五岁的白遇道以“神州陆沉”[1]形容清亡，颇为同情之外，其余诚诸人著述中尚未见类似倾向，更没有罗振玉、郑孝胥那样的复辟思想。相反，辛亥革命在陕西成功后，前陕甘总督升允集结重兵反攻革命政权，试图重建清政府在陕西的统治，而与升允素有往来的牛兆濂却应革命政府代表郭希仁等人所请，与张元勋等人冒着生命风险前往升允军营去劝说罢兵，并取得成功。这说明清朝的覆亡对于牛兆濂、张元勋等人并非不可接受，他们也反对复辟尝试。

[1] 白遇道. 清完穀山人墓志铭［M］//白金刚. 白遇道集卷首. 西安：西北大学出版社，2017：12.

民国元年，“天下鼎沸”，牛兆濂与张元勋避身三原正谊书院，“守义不出”，开始思考儒家经典命题“出处”问题。这些思考见于张元勋《晚晦斋文集》卷四《出处问答》一文，在该文中，二人“设为问答，彼此诘难”，回应了许多重大问题。第四个问题是，明末诸老宁死不仕满清，是由于“夷夏之防”之故，而牛兆濂、张元勋等则不仕恢复汉人统治秩序的中华民国，难道是“宁死不为汉人乎？”该问题相当犀利，而回答则是：“夷狄而进于中国，则中国矣；中国而沦于夷狄，则夷狄矣。以德不以地也。今我汉不汉矣。君臣之义如之何？其废之。”❶ 大意是清朝虽然为被明末人视为夷狄的满族所建立，但他们认同了中国汉族固有的文化，而辛亥革命虽然颠覆了满族建立的清朝，但汉人建立的新政权中华民国则是“汉不汉”，即破坏了汉族固有的文化传统，这一点（注意，是文化层面的变革，而不是指推翻清朝）使牛兆濂、张元勋们非常不满。因此，尽管辛亥革命时曾以颇能激起汉族民族主义的“驱除鞑虏，恢复中华”来争取汉族人心，并成功“恢复中华”，建立政权，但中华民国所恢复的中华却不是牛兆濂、张元勋们愿意看到的中华。

至于中华民国的什么现象招致二人“汉不汉”的责难，二人在随后的答问中予以揭示：“存发，汉制也。明末诸大老以死力争之，尚留得中心一点。大清不夷我族，而我甘自隶于外洋，为渊驱鱼，此类是也。感大清存留之恩，窃欲全复先朝之制，可乎？旦夕瓜分中国，尽输于洋矣。思之心悸。”❷ 原来，“汉不汉”的指责是针对头发的问题。《孝经》有云：“身体发肤，受之父母，不敢毁伤，孝之始也。”头发在儒家观念中是具有作为孝的起点的重要意义。在牛兆濂和张元勋看来，存发是汉人文明的重要内容，清朝虽然强迫汉人剃发留辫子，但毕竟“尚留得中心一点”，而辛亥前后的剪辫运动剪去的不只是清朝后人的象征的辫子，更因为剪发过甚而突破了汉制“存发”和不敢毁伤的理念。更进一步，牛兆濂和张元勋认为剪辫运动后的发型源自“外洋”，将中国传统的发型按照西方的标准加以“改造”，是“甘自隶于外洋”，是为列强侵略瓜分中国助力，具有导致侵略者“旦夕瓜分中国”，从而使中国“尽输于洋”，即被彻底征服的风险。因此，牛兆濂和张元勋并非忠于清朝，而是他

❶ 张元勋. 晚晦斋文集（卷四）［M］. 1944：3.

❷ 同❶.

们对于民国政权具有不同政见。正如同时期的梁漱溟所言："旧派只是新派的一种反动，他并没有倡导旧化。"❶ 牛兆濂、张元勋们从未像康有为、罗振玉那样倡导恢复帝制，他们不是旧政权的追随者，也不是新政权的建设者，他们只是对辛亥革命及民国时期的政治理念和实践持有不同看法。这一点与在新文化运动时期作为反对派而倡导文言文的章士钊、吴宓一样，可以被视为民国多元化思想界版图的一块。

（二）对战争的认识

牛兆濂、张元际、张元勋关于战争态度的第一次体现是上文提到的劝说升允退兵，而民国时期战争频仍，就陕西而言，在辛亥革命之后，相继发生军阀混战、陕西靖国军战事、镇嵩军围困西安、西安事变，以及全国性的抗日战争和解放战争。牛兆濂、张元勋诸人不止一次面对战争，战争与和平也是诸人思考中不可回避的主题。

民国十三年（1924年），陕西蓝田地方绅团武装与陕西督军刘镇华的镇嵩军发生冲突，刘镇华欲"发兵屠蓝"，牛兆濂约蓝田县长李惟人，"急以书请见"❷，"陈《治安策十二条》"❸，得以避免战事。民国十五年（1926年），西安被镇嵩军刘镇华围困达十月之久，在蓝田的镇嵩军以军礼接见牛兆濂，为牛兆濂所感动，但由于镇嵩军对西安志在必得，难以动摇。牛兆濂"慨然以请命自任，即日手谕县区，令各具保"❹，对于维持人心稳定起到了一定的作用。该军官又请牛兆濂对兵士训话，牛兆濂以"礼仪纲常、中国何分你我详示，闻者莫不感动"❺。

"九一八"事变后，东北沦陷，牛兆濂对时局感到非常担忧，曾作《感时诗》十二首明志，并号召国人团结起来，一致抗日。牛兆濂认为当时的局势已经恶化到了"死亡危在呼吸，诚无生存之望"的地步，"生存之机，实即决于呼吸"。他认为"为今之计，除却'拼死并力'四字，更无别法。盖不舍命，决不能偷生，不并力，决不能御敌"。牛兆濂呼吁父老子弟"破除苟安偷

---

❶ 梁漱溟．东西文化及其哲学［M］．北京：商务印书馆，2012：208.
❷ 牛兆濂．牛兆濂集［M］．王美凤，高华夏，牛瑞，点校．西安：西北大学出版社，2015：364.
❸ 同❷386.
❹ 同❸.
❺ 同❸.

生私见，勿受人愚弄，从此协力，誓决一死，喋血东洋，以雪国耻”。如果能在战场幸存，“则可为中国图一日之存”，即使“身死沙场”，亦能“名垂青史”，“不使后人唾骂谓中国无人”。虽然与日寇短兵相接的是中国军队，但抗战是全体中华民族共同的事业，只是各行各业有其相应的方式。作为传道讲学之人，牛兆濂通过诗歌“以固人心，以作士气”，希望外界“勿谓讲学人无爱国心”。此《感时诗》十二首曾以单行文书一纸的形式印行，以便宣传。

其后，张元际、张元勋兄弟组织义勇数百人，准备赴前线抗敌。牛兆濂在听闻好友的壮举之后，曾以诗相赠，予以激励，诗前小序云：“兹闻果斋仁仲激于义愤，有抗敌之壮举，诚堪启我国仇之慨。但恨鄙人年迈体弱，耳目昏聩，不克同赴疆场杀贼，以身殉国，为愧多矣。聊以救国俚句十二章抄出呈奉，以示见志，且饯其行，还祈斧正为祷。”❶

虽然没能实现战场报国的壮志，但张元勋等人始终保持着对抗战时局的关注。张元勋《答日本侵略》一文记载了他面对门人关于日本侵略诸问题时的回答。张元勋勉励诸生“他日效命疆场，即藏此躯于失地丧身之所，如被日人发掘，犹能以雄鬼杀贼”❷，呼吁国人团结，“只要四万万人一心也，应把倭奴吓死”❸。

而此时国民党政府仍然消耗一定精力致力于内战，牛兆濂作《阋墙诗》，“呼吁国、共两党和各民主党派消除政见，共同抗日”。张元勋也认为抗战期间当“专御外侮，不问内忧”，“无论各党派、各军阀，凡有兵权者，以及官商军民所有兵力财力，半急国难，半顾后防”❹。西安事变得以和平解决，国共两党共同抗日，也是以牛兆濂、张元勋为代表的关学诸儒所期望的。

四、民国关学的理论突破

辛亥革命后，儒学在思想界失去独尊地位，再度成为百家争鸣中的一家，

❶ 牛兆濂．牛兆濂集［M］．王美凤，高华夏，牛瑞，点校．西安：西北大学出版社，2015：328.
❷ 张元勋．晚晦斋文集（卷四）［M］．1944：8.
❸ 张元勋．晚晦斋文集（卷四）［M］．1944：9.
❹ 张元勋．晚晦斋文集（卷四）［M］．1944：10.

与三民主义、社会主义、无政府主义等各种思潮进行角逐。这一时期，从全国范围内刊，对儒学进行继往开来的典型代表有熊十力、梁漱溟、马一浮、钱穆等人及其弟子辈，诸人构建了被后来学术界称为新儒家的民国新儒家群体。相比之下，同样作为儒学传人的民国关学诸儒虽然如上文所述，在继续著述、讲学、开办书院，但在思想史上并未留下光辉的形象。这一点固然主要是由于作为地域性学派的关学在全国的辐射性不强，在儒学衰落的情况下更显得难以为继，甚至因为文献不足征而难以进入思想史专家的视野。但对于某个学派思想的评价尺度是与政治、军事领域的成王败寇不同的，随着民国关学文献的逐渐发现，重新评价民国关学的时机正在成熟。这里首先需要剖析的便是民国关学的理论边界问题，即它是否始终保守，故步自封，不知今世是何年，若是，它有多保守，若非，它又突破到何种程度？诸儒立足于儒家学说，对西学批判地吸收，同时又放眼世界，构想出涵盖各国的世界性政治组织，为“为万世开太平”注入了新的内涵。

（一）对西学的认识

1945 年，曹冷泉对当时仍然古冠古服、固守儒学的张元勋等人不以为然，大加讥讽，云：“清麓之学……力反时代潮流。日持敬于所谓已发未发之间，不知今世是何年，而犹以身荷道统自任，可谓迂矣。闻近日清麓书院之师徒，皆古服古冠，日咕哔考亭遗言，诚不知其何说也。”在曹冷泉为代表的现代研究者看来，在民国时期还坚持以礼教、已发未发为特征的关学是迂腐而落后的。曹冷泉显然不是儒学或关学系统中人，故认为关学衰落便衰落，应当与时俱进，改弦更张。但问题是对于“今世是何年”，以及何为“时代潮流”，基于不同的立场，其认识往往会大相径庭。在时代潮流面前，儒者们是否没有选择的权利，而只能强行随波逐流，才是与时俱进？

“今世”指的是晚清至民国时期，这一时期的中国社会最突出的两大问题，在政治上是英、法、俄、日等列强的侵略，在思想上是西学东渐所引发的不同层次的中西体用之争。关学诸人并非“不知今世是何年”，以思想而言，李铭诚云：“厥后欧风东渐，美雨西来，不啻清麓之道学不行于世，即吾夫子之道学亦不见齿于人口。”[1] 又云：“无何欧风东渐，美雨西来，中国变

[1] 李铭诚．庇荫轩存稿［M］．1946：19.

于夷狄，人类及乎禽兽，天地易位，人命草菅，往圣之学不传，太平之开无望，天下岌岌乎殆哉！”❶ 就政治而言，张元勋在抗战期间云：“艰难启圣，多难兴邦，当兹抗战维严之会，慨世运之滔滔，痛人心之泄泄，风会日降而日非，邦畿日削而益甚，前防以汤、武御外寇，后防即当以羲皇、文、周控国基。”又于抗战胜利的民国三十四年作《日本臣服中国颂》，略谓中国之战胜日本，在于文化上的征服。又作《共和弭兵刍言》，放眼全世界，对于世界各国的战乱表示担忧，云：“望世界人赶紧醒来，上体天心，下恤人命，速谋以道德统一全球。”此话或许会被目为迂腐，然无独有偶，梁漱溟在 1921 年出版的《东西文化及其哲学》中便断言：“世界未来文化就是中国文化的复兴。”❷ 作为新儒家代表的梁漱溟的观点自成一家之言，张元勋的观点理应得到尊重和评价。

张元勋曾于光绪三十年（1904 年）撰《原道》一书，书中将西方不同于中国之处“主要概括为两个大的方面：一方面是西方的器物制造，另一方面是西方的纲常伦理”❸。张元勋认为：“西方在器物制造方面比较先进，而中国在纲常伦理方面有其殊胜之处”❹，双方应该互相学习，而以维护儒家纲常伦理为主。刘宗镐认为张元勋在《原道》中的思想“是关学最新的理论成果，对关学的理论发展做出了重大贡献”❺。张元勋对西学的认识代表了民国关学诸儒对西学的认识，诸儒并不排斥西学，其总体主张接近于“中体西用”，较之于彼时出现的诸儒全盘西化论之类的激进主张，张元勋等人在面对西学时形成了与新儒家梁漱溟等人类似的态度，可以说民国关学实际构成了民国新儒学理论版图的构成版块。

（二）从天下观到世界观

先秦时期，“天下”一词对应着当今的“世界”概念，是历史时期中国人对世界的认知。天下观代表了一种世界秩序，该秩序在大地上构建的政治

---

❶ 李铭诚. 庇荫轩存稿［M］. 1946：21.

❷ 梁漱溟. 东西文化及其哲学［M］. 北京：商务印书馆，1999：202.

❸ 刘宗镐. 试析张元勋《原道》的哲学思想［J］. 宝鸡文理学院学报（社会科学版），2016（6）：46.

❹ 同❸.

❺ 同❸50.

坐标系中，坐标原点是中国，而由此原点向四方延伸，无论远近为中亚或欧洲，无论具体名称为匈奴、大秦、大夏、乌孙，皆以夷、狄、胡、羌、蛮、戎等概念统称之。儒家经典《周礼》中所描绘的政治制度中便有“职方氏”一职，其职责是掌管四方属国和外邦的“职贡”，职贡则指的是属国和外邦对中国的进贡，这种进贡并非纯粹的物产交流，而是王朝时代的一种外交礼仪。在天下体系中，“贡”的含义是下级向上级进献，反映的是一种不平等的国际关系。这种天下观反映的是一种类似于近代欧洲中心论、西方中心论的中国中心论，西方中心论产生的背景是近数百年以来西方国家通过文艺复兴、工业革命等变革逐渐在社会发展上领先于非西方世界。与此类似，中国中心论式的天下观产生的背景是两千年间中国相对于其周边的民族、国家在人口、领土、文化、技术等领域具有绝对优势，而周边民族和国家往往也在心理上认同以中国为中心的天下观并居于天下体系中的相应位置，因此，在特定的历史阶段具有一定的合理性。

但随着近代中西思想的激烈碰撞，面对强大的西方国家，中国屡战屡败，中国人的优越感自然也受到挑战。在有识之士的观念中，从“开眼看世界”的先驱林则徐、魏源，到维新变法时期的康有为、梁启超，再到辛亥革命的孙中山，走出天下心态，借助政治影响，使天下观逐渐被消解。与此同时，从晚清到民国，贺瑞麟、夏震武、梁漱溟、马一浮以及牛兆濂、张元勋等人却逆时而动，在努力维持中国传统文化的核心儒学，曹冷泉更是讥讽张元勋为“不知今世是何年”，被视为顽固、保守。这实际上是缺乏文献解读的非此即彼式思维的产物。以张元勋为例，其文《共和弭兵刍言》中，屡见“世界”“万国”“各国”一词，如“要合万国之人心，须合万国人之知识以研穷之”“以与世界共证焉”“为此言者，须思世界人民”“今各国皆有超群出众之人”“人人皆有世界眼光”“是招世界公愤也”“望世界人赶紧醒来”等，显而易见，至少在此文中，世界观已经替代了中国中心论性质的“天下”话语。至于张元勋书中同时还存在“天下”话语，则是其身处易代之际新旧交替时期的反映。可以这样说，1936 年，即牛兆濂去世的前一年，关学传人张元勋的天下观已经很大程度上演变成世界观，这也是他进一步设计全球性政治组织的先决条件。

（三）张元勋的全球治理设想

1936年印行的《正学隅见》一书中，收录有张元勋《共和弭兵刍言》一文。在该文中，针对当时包括中国等国陷入战争泥潭的现实，张元勋构思了一个全球性的政治组织。首先，张元勋认为“各国皆有超群出众之人，皆有学问优长、阅历宏富之人”[1]，在此基础上，各国内部通过“上由君长选择，下由民众推举”（分别对应着当时的君主制和共和制两种主要政体？）的方式，“每国约举三、五十人”[2]，构成议会性质的全球政治组织。鉴于1936年大部分殖民地尚未独立，彼时国家数量较少，张元勋权宜性地“以三十国计”，按照一定标准，划分为大国、次国、小国三个层次，按照“大国五十，小国三十，次国四十”[3]的比例选举出代表，大约能得到“千数百人”。这“千数百人”代表各自国家，组成议会形式的世界政治组织，处理世界各国相互间的政治、军事事务（张元勋未设想其他领域，但可以举一反三）。

作为一个世界性的政治组织，必然要有其工作地址，张元勋以疑问的语气说：“现时美国便算大国，统集华盛顿何如？”[4]将华盛顿考虑为大会的选址地。张元勋为何首先想到华盛顿，文章中未作说明。但结合近代中国的历史与现实，选择华盛顿是有一定的道理的。首先，彼时国民政府处理国内政治分歧和应对日本侵略乏力，而国民政府又与美国的关系比较密切，美国出于防范苏联和日本以及防止中国倒向苏联，因而对国民政府实行扶持策略。从第一次国共合作破裂的1927年直到1936年12月12日前，国民政府一直在镇压中国共产党及其军队，这一立场与美国政府立场接近。其次，张元勋在文章中说道：“……此国联之所以虚设也。”[5]国联指的是总部位于瑞士日内瓦的国际联盟，成立于1920年，是联合国成立前最大的政府间国际组织。国际联盟长期受到英、法两国操纵，最多时成员国也只有58国，其决议在后期往往缺乏执行力。1931年，“九一八”事变发生后，国民政府要求国联进行调节。1932年年初，国联组成以英国人李顿为首的调查团前往中国东北进行

---

[1] 张元勋. 共和弭兵刍言［M］. 正学隅见，1936：2.
[2] 同[1].
[3] 同[1].
[4] 同[1].
[5] 同[1].

调查，此时伪满洲国已经成立。同年10月，调查团发布《国联调查团报告书》，认为中国东北主权属于中华民国，但由于英、法等列强的操纵，据报告书制定的《关于中日争端的决议》却要求中、日两国军队都撤出东北，主张东北建立受国际共管的制度。此决议不仅受到中国人民的强烈反对，日本也不满意，并随即退出国联，使得决议成为一纸空文。这就是张元勋谓“国联之所以虚设”的原因。

综上可知，当时的中国不具备成为国际组织总部的条件，同时鉴于与中国素有积怨的英、法操纵国联使之成为虚设组织的现实，又不能将总部设立在欧洲，因而设立在与国民政府交好的美国成为相对可行的选择。

鉴于国联形同虚设，“有公理而无强权”，缺乏执行力，会发生日本那样“强横之可以随意出入”的情况，张元勋设想“再设一集权之法，以护持公理”❶，即设立类似现在的联合国维和部队性质的受世界大会指挥的军事力量。“凡此三十国，每国各选精兵五六万（陆军、海军、空军酌量选集），统集选员集会之区，以为扶理护法之用。”❷ 以三十国为例，每国各精选兵力（可以理解为现在的特种部队性质）五六万（海陆空三军总计五六万，三军分配比例由各国自行分配），总计可得兵力达一百五十万到一百八十万的“特种部队”。这支规模庞大的特种部队隶属于世界大会，是执行大会决议的武装力量。张元勋没有给出“特种部队”内部的权力等级和决策层次，因此，可以理解为特种部队在具备常规建置之外，只听命于世界大会。

虽然“特种部队”实质上是世界大会用来确保大会的决议得到有效执行的暴力手段，但在张元勋的设计中，暴力的使用并非优先选项。当大会就某国涉及的问题召开讨论时，当事国“恐有偏执”，“不必参议”。作出决议之后，如果决议针对的当事国“少有违言”，即持有异议，“必要说出理由”。“如终无理由，且滥施横强手段”，其性质“是动天下之兵也，是招世界公愤也”，对于无正当理由而无视、藐视、抵制决议的行为，大会有权“以万国之选兵驱而逐之”❸，即通过暴力来强制当事国执行决议。当这种强制执行的行为发生时，为免当事国以武力相抗，“施残害人类的战具”，因而要求“不必

❶ 张元勋. 共和弭兵刍言［M］. 正学隅见，1936：2.

❷ 同❶2-3.

❸ 张元勋. 共和弭兵刍言［M］. 正学隅见，1936：3.

干预战事”❶。因为强制执行决议本质是“伸公理”，而非私见。张元勋认为，“现时各国练陆军、练海军、练空军”，本质上“皆是谋杀杀人之具”❷，而其设想中的军队的本质则是“代天宣化”，秉持着“上天好生不好杀”的天理。特种部队的存在意义在于使大会决议得到有效执行，它本身并非杀人之具。

最后，张元勋向全世界发出呼吁：“望世界人赶紧醒来，上体天心，下恤人命，速谋以道德统一全球。”❸

余论

民国三十八年（1949 年），以牛兆濂、张元勋、李铭诚为代表的关学传人们始终坚持着关学传承，诸儒遗留的著述达数十种儒学、史学著作，创办了至少十八所书院，并通过孔教会、关学祠等形式强化传承。与此同时，诸儒与河南、山东、山西、浙江以及朝鲜的儒士们交流频繁，取长补短，使关学的影响走出关中，影响及于全国。诸儒秉持关学精神，积极调解军事冲突，并呼吁国共合作，团结抗日。在理论上，诸儒从儒学理念出发，对西学保持谨慎，坚持“中体西用”“东道西器”式的理念，但通过观察世界局势，构想了一个平等、包容的世界性政治组织，在关学理论上取得了重大突破。民国关学在事实上与梁漱溟、马一浮等新儒家共同构成了民国儒学的版图。此外，更有于右任、李岳瑞、郭希仁等秉承刘古愚、柏景伟经世致用的理念，积极投身于政治、军事、教育、报业，事功卓著，对近代陕西做出了重要贡献。民国关学的研究方兴未艾，本文各方面的论述旨在抛砖引玉，促进民国关学的研究。而随着学界对民国关学文献和理论的发掘和解读的深入，新关学的构建才能在温故的基础上别开生面。

❶ 张元勋. 共和弭兵刍言［M］. 正学隅见，1936：3.
❷ 张元勋. 共和弭兵刍言［M］. 正学隅见，1936：2.
❸ 同❷.

文以载道

正学愚见

◉ 孟文强　西安于右任书法艺术博物馆

戊戌季夏，值横渠书院关学会讲，群贤论道，极一时之盛，予有幸与焉。时诸君各有陈说，予亦略陈浅见。然众说各有所长，时有启悟。遇有所得，辄笔之于卷端。又尝集往岁读书管见，择其可堪入目者，汇于一编。昔王山史有《正学隅见述》，张果斋有《正学隅见》，余慕其意，因名之曰《正学愚见》。

正名

自丁酉岁不自量倡新关学，众皆讶然，谓为不可。或嘲以故作新奇，或讥以不务正业，类多冷眼看客，实乏同道之士。予之倡新关学者，皆发乎中而本于道，一不为名，二不射利，毁誉褒贬，于我何有哉？然新关学旨在扶持正学，温故知新，固非予一人之私学也。子曰："必也正名乎！"又曰："名不正则言不顺，言不顺则事不成。"今学刊将创，请先正名，曰：所谓新关学云者，新固非陈言，亦非故作新奇，乃自温故而来。温故知新，固吾儒自新之道也。今之学者多汲汲于温故，独于知新鲜有致意，不免贻人为道日损之忧。凡读经史子集，泰西东瀛，有独立之思想，而以吾儒为指归者，皆可为新关学之内涵。新论之立言，务在有得，长短不拘，当以文言为体，以符吾儒立言之道。所以文言者，盖言不尽意，言多必失，喋喋不休，去实至远也。此新之第一义也。

吾中华浩浩五千载，备载乎史志，修史纂志，固吾中华士人之传统也，责任也。今世殊时异，学者但事研究，不务著述，一易中天出而修史，独得先贤遗意，俗儒不知其苦心，竟讥嘲之。昔孔子叹文献不足，固三代不务著述之故耳。今洛阳纸砚非贵，关中士子实多，吾辈岂可毫无作为，贻后人文献不足之悲哉？然则或谓信息爆炸，修史何易？夫史以述往事思来者也，若乡邦之先贤，一邑之沿革，村里之氏族，道路之变迁，工程之颠末，斯皆足载诸史志，以为后人参考之用。是则杏花村、峨眉山、味经书院，皆有志之故也。此新之第二义也。

吾尝与诸生跋涉三秦，遍观馆藏数十家，始知先贤遗编，贮在馆阁，特世人未之知耳。吾中华文明悠久，文献厚重，冠乎宇宙，凡此皆有文献为证，诚非虚誉也。然文献载体，代有兴替，孔子病三代文献繁芜，取用实难，因退而整理，斯为六经，垂宪万世。汉世刘中垒父子掌国家文献，殷勤校雠，肇始《汉志》，郁郁乎文。清季贺复斋先生固守儒理，集关中有志之士刊成《清麓丛书》，张果斋因谓之集群儒之大成。此皆文献整理以幸后世之典范也。吾辈日夜欲为往圣继绝学，文献整理，固继绝学之始也。若放任先贤文献散佚，不惟贻后人文献不足之悲，更何谈为往圣继绝学哉！是曰欲为往圣继绝学，请以文献整理为先。此则新之第三义也。

其次当代学术繁华，各体兼备，而以新体论文为其尤。时文自成一体，有得有失，欲矫之则力所不能，不如善加引导，自能弘道也。凡经史论衡之文，无论文、史、哲，要皆以儒学为指归，斯可矣。此新之第四义也。

新关学以儒学视野，衡量寰宇，重估中西，求同存异，与时俱进，良有以也！

名既正矣，讥嘲者可以休矣！凡我同道，其勉之哉！

辩疑

《黄氏日抄》曰："横渠先生精思力践，毅然以圣人之事为己任，凡所议论，率多超卓。"此语可辨儒之真伪。孟子以辟杨、墨为己任，舍我其谁；张子以天地、生民、往圣、万世为志之所在。凡有如孟、张之志者，皆真儒也；

若昔之耽于帖括、诗词，与夫今之徒事经疏者，皆小儒、伪儒也。此非无益即有害。唯真儒可为万世法。

吾国之言哲学者，自清末民初而始。时西学东渐，论者多托西人之说，所用概念非洋即倭。百年以还，名目繁多。而西人素善创说，性好标新，可谓法令滋多矣。吾国学者既失信于国统，以自卑之心志仰视西人，遂皆目为惊人之论，趋之如不及。然世间事理本生于道，焉有其多？若谓名之新奇即为新知，则先秦诸子、希腊罗马诸子盖最无知者矣。夫岂然乎哉？予谓不然。窃谓西人所创，名胜于实，必勘破其名，方能归纳其理。夫哲学也者，思想也者，皆理也，皆道也。道无常名，而随时可名之。谚曰："东海西海，心同理同。"其言近之矣。从此观之，诸子非旧，洋倭非新，可等而论之，岂得以新旧判之哉？吾以此罕言异名，只论道理。非我不能，乃不为也。

或曰："何谓关学？"曰："儒学也。"复问："何谓洛学？"曰："儒学也。"复问曰："何谓蜀学、濂学、闽学？"曰："皆儒学也。"曰："先生谓关、洛各派皆儒学，儒学固孔、孟所创，历久弥新之学，然可谓儒学即关学乎？"曰："未可。""可谓儒学即洛学乎？"曰："未可。""小子不敏，请先生释之。"曰："关学者，儒学之在关中者也。洛学者，儒学之在中州者也。今海外有新儒家，儒学之在海外者也。儒乃江河，关、洛乃其支流。支流之水源于云水，云水源自河之气，可谓支流源于河，而复归于河。然源与归之间，自更新矣。支流，皆河之派属，谓之河无不可，而谓河为支流，则大不可。"问曰："然则儒学可谓经学乎？可谓理学乎？可谓心学乎？"曰："未可。夫经学者，儒学之在两汉者也。理学者，儒学之在宋明者也。心学者，儒学之在明季者也。圣人之道，无往而不名。虽有经、理之称，汉、宋之别，要皆儒学也。然儒学至大，固不止于经、理一端也。小子慎勿惑于名目之繁，其归于经典，可不至歧路。"曰："小子识之。然犹有疑焉。凡关、洛之派，经、理之阶段，既皆为儒，且先生以名之繁多为戒，去诸名可乎？"曰："未可。所以然者，盖时殊世异，先贤应时而动，为世解纷。此即温故知新也。"曰："小子识之矣！"

论学

夫学有流派，自古而然，或以持论不合，或以地域宗族，此天下之大，人心不同，势所必然也。自禹划九州，风俗已殊；自列朝兴替，学问斯变，皆系乎势也。且夫势也者，时有古今，地隔东西也。然上下千载，四时系之，莫非时也，其之为时，一也。坤维八方，山川系之，莫非地也，其之为地，一也。夫时也者，地也者，道之行也。道化万物，惟原其本，始明道之恒且一也。须知草木鱼虫，万物之一端，时之片刻，地之一隅，学之一派，皆道所造化，皆所以彰道之行也。若以道之化与行之一端而固陋自蔽，固不足语道也。然则，邹鲁也者，洙泗也者，濂洛关闽也者，象山阳明也者，清麓味经也者，其为学一也，皆道之行也，以此言之，何异之有？夫徒知其异，未为知道，徒知其同，亦未知道，惟兼知其同与异，斯可谓知道矣。

关学不当断自横渠论

或谓关学自横渠始，予独谓不然。盖关学者，关中之儒学也。夫儒学者，由来尚矣，乃夫子立其根本，而祖述尧舜，宪章文武者也。自夫子至于横渠，盖已千五百年矣。而关者，关中也，此关故非自横渠始，乃先秦古已有之也。夫关与正学皆上古而来，则关中之儒学亦自上古而来，而可谓关学自横渠始乎？始乎横渠者，横渠之说也，濂洛关闽之关也，此关学之狭义者也，及横渠门人卒，即式微矣。而后元明清继起者，非尽能承横渠遗说，遵朱遵王者纷呈，而可谓横渠之后续哉？然明清诸儒，固众口一词，目为关学，试观诸编可知矣。夫横渠之后关中之学，既无终始之师承，又未悉遵横渠遗说，尚可谓之关学而无异词，则横渠之前关中之学，乃正大光明，百世所遵，胡不可名之关学哉？故张子以降之关学，名实兼具者也，张子以前之关学，有实无名者也。此意深矣，冯少墟尚犹豫不决，存而不论，其余诸儒徒知墨守遗说，毫无创见，独王丰川、张果斋诸儒能发明之，可谓关学之功臣矣。

关学辨

关者，地域之谓也。无论濂洛关闽，皆以地域名其学，固非关学独然也。夫学可以地域名乎？曰：可也，又不可也。胡曰可？曰：我华夏天地之中，自大禹划九州区而别之，列朝设郡县分而治之，百里不同风，千里不同俗，此固因地制宜，物之情也。风俗既殊，则生于斯长于斯之士民莫能自外，固关东出相，关西出将，自古已然。至于学，虽经典流传，而人心不同，异说纷纭，党同伐异，何时何地不其然哉？人心之不同，厥初已然；一时一地之不同，由来尚矣；而秦楚燕越之不同，固非空穴来风也。是曰：学，可以地域名也。胡曰不可？曰：地有秦越之隔，然莫非华夏天下；风有彼此之异，然莫非生民之情；人有习性之殊，然莫非衣冠士民；时有四时古今，然莫非天道之行。道惟一，恒不变，而无所不变；道至大，无所不包，万物皆其一时一地之象耳。居天地四方，习静动有差，其本于道，则一也；其习经典，又曷尝异哉？然则学所以弘道，而学岂可以地域名之哉？是曰：学，不可以地域名也。然则关学之谓宜乎？曰：学未可以地域名，以地域名则舍我皆非，是党同伐异也。关学之谓，非名其学也，乃名一邦之儒也。儒者不言怪力乱神，非偶像木主，皆人也。人固有地域之别，故曰周公制礼于关中，孔子垂教于东鲁。先贤之名濂洛关闽者，乃各述所见，阐发精微之谓也。是故濂洛关闽皆天下之学，皆万世之学也。而《关学编》者，乃就一地之先儒与其学问述而传之，犹一方之志耳，岂自外于天下万世之学哉？今末学惑而不能自明，乃谓关学即关中之学，乃独有之学，迥异其他，诚非先贤之意也。

读书论

或问曰：吾将有志关学，但不知读何书也。尝思之，必《关学编》中言行斯为正道也。曰：非也。夫《关学编》者，特以网罗关中先儒耳，以为千载传绪，使夫斯道不坠也。关中先儒何尝只读关中著作哉？若孔、孟先师，天下万世之师，天覆地载，舟车所及，皆被其教化，关中自不能外。至于程、朱、陆、王，或得立官学，或沉潜在野，要皆遗教百代，堪与日月争光，君子不可不读也。且若宋明诸子，何尝不读释道？读释道，所以破之也，所以维持正道也。自关学有编以来，先儒皆读天下书，交天下友，何尝固陋自封，坐井观天哉？至刘古愚夫子、张果斋夫子，乃能融会西学，汲其长处，剔其糟粕，以为维持正道之资，视诸宋明，彼一时也，此一时也。赖夫先贤与日俱进，而知所坚守，故斯道得以不坠，此将欲取之，必先纵之之理也。今世殊时异，正道衰微，如不能知彼原委，将何以缀续正道哉？故曰，有志关学者，无所不读，知有所守，始可谓得其门径也。此二条必兼得始得入于正道，不然，仍不免不知进取、不知所守之讥也。

文言论

为往圣继绝学者，需读圣贤所读之书，行圣贤所行之事，为咏圣贤所当咏，述圣贤所述，其最紧迫者莫过于先复圣贤文字，夫不能为古人而曰吾将振兴正学，与圣贤讨论，吾不信也。求其小者尚不可得，焉能求其大者而可致？徒以圣贤为一己名利之途径，殊可悲矣。

或曰：吾所以不用古文者，难尽意也。白话适能尽吾意。曰：不然。夫意者，存乎心者也。厥初无文，生民始以刻画表意，结绳记意，呼唤传意。及夫书契之作，则文以表意，语以表意。其为文也，虽无人读之，而传诸万载之后，仍不碍后人读之也。其为语也，虽无人相语，而行诸千里之外，仍不碍路人相语也。沧海桑田，此宇宙之运行也，而宇宙运行之道固一也。是故千万载后，今人犹能明先师遗训，而天覆地载，舟车所及，亦无碍其明圣人之教。而人之初也，不言不语，呱呱而泣，此欲表其意耳。及夫受教，乃能语能文，亦表其意耳。至于著述立言，皆表意也。此道古今中外概莫能外也。然则文言、白话，虽章法殊异，其旨皆表意，固未尝异之。或曰：然则文言、白话表意既同，子胡为固执文言哉？曰：不然。非止文言、白话其表意之旨不异，即天下各族语言，其表意之旨，概不异焉。凡一切语言文字、言语著述，皆表意耳。而吾特持文言一端者，非执着也，实不执之执也。今白话大行已久，此固数百年酝酿之局，四民行用之甚宜，不待置论。可叹者今时学者之治国学、古史者，亦以白话表意，而不知其所究心之经典，皆文言也。若必以过时、难尽意故淘汰文言，则吾行见有以替代白话者矣。且夫古人辛苦经营，言简意赅，而能行之久远，今人著述繁多，不知底止，其能行之一世者几何哉？而已不谙文言，隔阂非浅，而敢曰国学大师也哉？且夫文以表意者，在真不在多也。能表其意，一字非少，能尽其意，二字已多。而语言表意之实，乃将不可要说之意转化为可读可诵之语与文也。此转化必最初转化为最真，而此最真固最近于真者，非意之原本也。此最初转化，已失真之十一。如二次、三次转化，复失其真之十二、十三，已至于不能尽意。恒见白话行文者删改涂抹，不知底止，此犹二次、三次转化，愈失其真也。而文言虽弊在难晓，而贵在言简意赅，表意近真。且文言非不能删改，特不待删改自能成文耳。盖文言，所以文也，白话，所以话也，此先人分别名之文言、白话之深意也。

原 礼

◉泊静子　湖南科技大学人文学院

夫礼者，履也，所以节制人之动静周旋也。故颜子问仁，子答以克己复礼；再问其目，曰：非礼勿视、听、言、动；颜子闻之，请事斯语。由是言之，礼者，下所以规范人之言行，而上所以致仁之方也。孔门诸子，以颜子最为近道。何以知之？哀公问好学，子对以颜回；又曰：其心三月不违仁。是以知之。以颜子之资质，于所谓仁者，犹事于礼，此其卓然有所成也。又仲弓问仁，子曰：出门如见大宾，使民如承大祭；己所不欲，勿施于人；在邦无怨，在家无怨。所谓见大宾、承大祭、不欲勿施及无怨者，能舍礼而得诸？

故弃礼而行，仁失其所矣。考之古史，在在有征。佛有所谓经、律、论三藏者，皆所以载释迦氏之言也。而所谓律者，正佛氏之礼也。流衍中华，有禅宗之起，以为成祖成佛，与夫三藏者无涉，当直指本心，即性见佛。风习所及，废经去禅者有之，劈像火书者有之，呵佛骂祖者有之，饮酒食肉者有之，凡三藏之所以约束者，皆为彼辈所犯矣。又如理学，感佛道之高明，振儒家之余烈，接踪孔孟，排绝荀卿，起理气之论，明天人之辨，亦可谓泱泱大者矣。至阳明氏出，以良知为宗，禀四句而教，谓心外无所谓理物者，尚知行正所以合一矣。于是后学者出，非圣废经，静坐空谈，直谓满街皆为尧舜、人人无非圣贤。及至清朝，则假道学所在多有矣。如此，则明朱子数十载精研于礼经之所由，亦明其晚年何其致勤乎礼矣。盖有见于理学之所偏，欲立根乎礼也。

故程子曰：在天为命，在义为理，在人为性，主于身为心，其实一也。又曰：视听言动，非理不为，即是礼，礼即是理也。礼即是理，则礼即是生人之根本，而无须求之于幽隐缥缈处矣。然有以理为孤悬之天心、神性者，以为人之本在神，欲得心安，必皈依于神、上帝不可。此不知吾儒之宗旨，极矣！

林放问礼之本，子答以宁俭宁戚。则所谓本者，非所谓天心、神性，明矣。准之史籍，咸谓礼本人情。何谓人情？喜怒哀惧爱恶欲者也。《中庸》曰：喜怒哀乐之未发，谓之中；发而皆中节，谓之和。然则何谓和耶？有子曰：礼之用，和为贵。则人情之发而中节者，依礼以判也。子所谓宁俭宁戚者，溯本于人情也。

子夏问礼后，子赞之。此所谓后者，非后于所谓天心、神性者也。绘事后素，谓绘画之事须前有素底也。《论语·八佾》曰：文质彬彬，然后君子。礼者，所以文饰君子之言行也。则所谓质者，为君子之本来所具也。故所谓礼后者，于君子本来所具，而以礼文饰之也。至若君子之质，准诸夫子性近习远、不知之义，则吾不得而妄言之也。

《礼记》曰：毋不敬。则礼之宗旨在敬耳。礼仪三百，威仪三千，观其所用，皆在导人言行，而心生敬意也。孔子固言祭神如神在矣，然审其宗旨，欲以神灵之威，以加乎与祭者之心，使其动静周旋，皆合法度；而其根本，在由外而内，以养内心之敬耳。然则所谓神者，存而不论可也。于兹之上，乃必冠一神字，实为添足。

何则？敬之所由出，其道殊途，非止神之一法也。由基督、真主固可以成敬，由礼乐亦足以生敬。中华礼乐之邦，于彼宗教之外，正所以成敬者之一途也。故《大学》于诚意，必亟言君子必慎其独也；《中庸》于率性，亦必曰君子慎其独也；而《论语》亦以学而时习之始教。所谓者何？言学礼之后，当如履薄冰，时时由之以言行，此之谓也。故曰：非礼勿视，非礼勿听，非礼勿言，非礼勿动。能由礼以视听言动，则自然敬矣，何必有待于神、上帝哉！

然此敬尚未及于道也，以其有所待也。何待焉？有待于虚设之神也，有待于外塑之礼也，有待于所敬之人也，故未达孔子为仁由己之旨。子谓颜回：

其心三月不违仁。哀公问好学，子答以颜回不迁怒、不贰过。然则颜回之能不违仁者，以其好学耳；其所学者，当在礼也。颜回较诸子为先进于仁，则其依礼以进，渐臻于道，故能不改其乐也。然则孔子之道，在依礼以进，渐达于仁，则视听言动，虽不以礼自范，而自能合于礼，此之谓为仁由己也。其所以如此者，在依礼修身，内生其敬，善加扶持，则此敬长存而不衰矣。因其外无所待，故得长存。

吾国精神，宗旨乃在于道。而究几千年求道之理，无非居敬养敬。其先乃在于学礼，然后日日习行之，久而后内化于心，以成吾敬。学礼习礼，皆有所对，以礼约束吾之言行，以敬于人也。然行之日久，此敬已内在于心，无待于人矣；而敬犹存者，以敬于己也。人人皆知当以礼待人，然皆昧于以礼待己。故所谓求道，乃在时时事事处处存养个敬字，知敬于己也；能敬于己，始知敬于人、敬于物；能敬于人、物，则善吾道也。

或斥乾嘉汉学，以为止于学问，非圣贤之门径。殊不知此门户之见，其害亦大矣。何哉？清儒之功，在层层破袭，直指先秦，于经之外，认取诸子，又求理于礼，合诸上下，无门户之囿，有见道之功，此先贤梁启超辈已言之甚明。而现代新儒学诸贤，以为清无哲学，固欲除之而后快，故学宗程朱，接绪道统。其所论说，固有启迪民心、振奋华夏之功，然尚有数弊焉：去清儒之宏阔，入孔孟之独尊，其弊一也；倡欧西之哲学，堕中华之圣道，其弊二也；于混浊之恶世，申性善之高论，其弊三也；弃重礼之意，法空谈心性，其弊四也。有此数弊，吾知其必无所用于当世矣。

何者？夫柏拉图灵魂说者，欲以理性统摄激情与欲望也。然欧西之所谓近代文明者，实穷奢极欲之所起。积威所至，他族以随，故吾国不得不蹑其踪，于今百七十余岁矣。及至当世，物欲横流，富者以贾资相羡于人，贵者以权阀侵夺于世，几无尚德之人，惟余贪求之心，道德沦丧，法令不行，于兹世而说天心、神性，以为先立乎其大者，直是痴人说梦耳。彼非不欲进于道也，非不欲得于心也，所求者在入道之门径耳。空口以谈，谓当求之天心、神性，则听者惶惑，闻者迷离。固当导之以政，齐之以刑，使夫违德乱纪者，生不得安其寝，死不得享其祀，则万民自安，人心稳固矣。由是而进于德礼，何远乎有耻且格哉？

故知：礼者，民之所履也，政之所正也。上焉者一由于礼，故上率以道，下成以敬；中焉者分立德法，故或由或违，上下交谇；下焉者有法无状，故乱由四起，禽兽食人。礼之于人于政，其要如此，而知之者鲜矣！

颂曰：依礼求道，视听言动。上求于神，下受于众。始达条畅，二者皆空。天地共鉴，存敬吾衷。文明以止，天下大同。

札记题跋

《九国志》人名、地名及其他事项索引（卷一）*

◉胡耀飞　陕西师范大学历史文化学院

《九国志》是五代十国史研究必不可少的基本典籍，但长期以来缺乏完善的整理。笔者近年因在研究过程中频繁使用《九国志》，故产生了将之进一步整理的计划，本文即其中一部分内容。关于索引，大致而言以人名索引、地名索引最多，方便学者利用。但古代史领域大部分史料除了中华书局版二十四史有索引外，其余付诸阙如。因此，有一份好的索引非常有必要，本索引即基于此而展开，其体例如下。

（1）本索引为内容索引，故不列页码。目前《九国志》有《二十五别史》本（齐鲁书社，2000 年）、《五代史书汇编》本（杭州出版社，2004 年）的点校，但皆不甚理想，笔者拟近期笺注一个新的版本，本索引即为未来新的笺注做准备。

（2）本索引分人名索引、地名索引、其他事项索引三部分，按拼音排序，每条内容具列《九国志》卷数和传记编号，以便覆按。

对于《九国志》的编号，由于今本《九国志》本身就是辑本，皆以邵晋涵辑本为始，以周梦棠的编次为准，故而并无差别。需要说明的是，《二十五别史》本和《五代史书汇编》本都将每卷关于各政权君主的内容纳入正文，但这是周梦棠从其他书中掺入，原本《九国志》是否有此，尚不清楚，故暂

* 本文系国家社科基金重大项目“五代十国历史文献的整理与研究”阶段性成果之一，编号 14ZDB032

不纳入统计。经过对比，可将《九国志》卷一编号列下，卷二及以下限于篇幅，另文处理。

卷一：袁袭（0101）、刘威（0102）、陶雅（0103）、李神福（0104）、台蒙（0105）、张训（0106）、李遇（0107）、刘金（0108）、秦裴（0109）、马珣（0110）、刘存（0111）、李简（0112）、柴再用（0113）、陈璋（0114）、侯瓒（0115）、朱景（0116）、张崇（0117）、王绾（0118）、王稔（0119）、李厚（0120）、陈知新（0121）、朱虔祐（0122）。

一、人名索引

A	
安仁义	0102、0107、0117
B	
鲍唐	0112
毕师铎	0101、0102、0104、0105、0107、0110、0111、0121
边镐	0111
C	
蔡俦	0104
柴誗	0113
柴再用（柴存）	0107、0113、0119
陈汉宾	0118
陈可儿	0106
陈儒	0104
陈询	0103、0114
陈璋	0114
陈知新	0121
成及	0112
成汭	0104、0109
D	
刁镕	0117

续表

续表

李从立	0105
李宏	0104
李厚	0120
李简（陈简）	0112
李进金	0116
李仁义	0107
李神福	0104、0106、0109、0111
李儇（唐僖宗）	0115
李遇	0107
李章	0108
刘崇（后梁将领）	0115
刘崇景	0113、0119
刘楚	0109
刘存	0109、0111、0113、0121
刘建锋	0102、0106
刘金	0104、0108
刘仁规	0108
刘威	0102
刘知俊	0106
鲁部	0103
吕师造	0104、0110
吕用之	0101、0110
M	
马敬言	0105
马爽	0106
马珣	0110
马殷	0111、0121
苗潾	0114
N	
聂金	0115

续表

续表

汪武	0103
王重	0104
王茂章（王景仁）	0103、0106、0107、0112、0114、0115、0116、0117、0122
王稔	0119
王赏	0104
王师范	0115、0118
王绶	0103
王坛	0104、0107、0111
王绾	0118
王言	0117
王彦章	0114
王振	0113
危全讽	0102、0110
韦安道	0117
吴迥	0103
X	
咸知进	0110
徐温	0102、0107、0115、0119
许勍	0103
许渥	0103
许再用	0114
许真（许贞）	0113、0119、0121
Y	
严可求	0114
杨隆演（杨渭）	0102、0107（新王）、
杨溥	0114、0120
杨渥	0108、0112、0113
杨行密	0101、0102、0103、0104、0105、0106、0107、0108、0109、0110、0111、0112、0113、0114、0115、0116、0117、0118、0119、0120、0121、0122
杨行密女（嫁李承鼎）	0104

续表

二、地名索引

州名	县名	镇及以下	
关内道			
长安（京师）			0103
灵州			0103
夏州			0103
河东道（太原）			0115
昭义军			
潞州（上党）			0104
洺州			0104
河北道			
贝州（清河）			0117
河阳军			0103
宣武军			0111
平卢军			0114、0118
青州（青社）			0112、0115、0118、0122
天平军（郓）			0113、0115
郓州			0115、0118
曹州			0115
濮州			0115
	城濮		0115
泰宁军（兖）			0115、0120
兖州			0115、0118
海州（东海）			0105、0106、0115、0118
	朐山		0105
沂州			0118
密州			0106、0118
武宁军			

续表

州名	县名	镇及以下	
徐州			0115
宿州			0115
泗州			0115
	涟水（州）		0105、0106、0110、0118
		石砀	0106
忠武军（陈蔡）			0112
陈州			0111
蔡州			0103、0113、0120
	上蔡		0112
	汝南		0113
颍州（颍川）			0114、0115、0122
山南东道			
襄州（襄汉）			0113
荆南军			
荆州			0117
淮南道			0102、0107、0111、0112、0116
（淮海）			0104、0106
（江淮）			0108、0115
（淮上）			0113
扬州（广陵、江都）			0101、0105、0106、0108、0109、0111、0113、0114、0119
	江都		0104、0106、0110、0112
	江阳		0114
	海陵		0101
	天长		0101
	扬子		0109
	高邮		0109
楚州（淮阴）			0105、0108、0112
	洪泽		0108
		青口	0106、0112、0115

续表

州名	县名	镇及以下	
	盱眙		0104
		曲谿	0104、0108
清淮军			0108、0119
濠州（锺离）			0108、0112、0118、0120
		濠水	0112
		涡口（过口）	0108
光州（光山）			0104、0113、0116、0117
		田梁	0104
寿州（寿阳、寿春）			0104、0111、0112、0113、0115、0116、0119、0120
	寿春		0113
		淠河（淠水）	0111、0112、0115
	霍邱		0116
		山南	0119
德胜军			0113、0117
庐州			0102、0103、0104、0105、0117、0118
（淝上）			0102、0103、0104
	合淝		0101、0103、0105、0106、0107、0109、0111
	庐江		0101、0110、0118、0121
		金牛镇	0105
	慎县		0102、0107、0109
		楮城（褚城）	0104、0106
		青斗山	0104
		同川	0106
滁州			0103、0106、0108、0115、0116、0119
	清流		0106
和州（历阳）			0106
		沥池几	0111
舒州			0103、0104、0110、0111
	同安		0104

续表

州名	县名	镇及以下	
	桐城		0103
		柳子山	0103
武昌军（鄂岳）			0103、0109、0111、0112、
鄂州（武昌）			0103、0104、0109、0109、0111、0112、0113
		黄鹤楼	0109
		滠口	0104
	江夏		0111
		大别山	0104
		夏口	0109
		青山大冶	0109
黄州			0106、0110、0120
复州			0112
安州			0117
岳州			0109、0114、0121
		江口	0114
		邑陵	0121
		浏阳江	0121
宁国军			0114
宣州（宛陵、宣城）			0101、0103、0104、0105、0106、0107、0108、0111、0112、0120
		东谿	0105
		陵阳	0105、0108
		鲁江五堰	0105
		昌山	0106
		吉阳矶	0109
		采石江	0112
	泾县		0104
	太平		0104
		人头山	0103
	广德		0105、0106、0112

续表

州名	县名	镇及以下	
		黄池	0106
歙州（新安、黟川）			0103
	婺源		0103
池州（池阳）			0103、0104、0114
		铜官	0102、0104
		皖口	0104
镇海军			0114
润州			0107
升州（金陵）			0104、0109、0120
	溧水		0104
		要山寨	0104
常州（毗陵）			0103、0106、0107、0112、0117
		毗陵西桥	0106
	武进		0102
	无锡		0109、0112、0113
		东洲（东州）	0113、0114
		海曲	0114
	义兴		0122
苏州			0105、0112、0114、0115、0117、0118
		黄天荡	0115
		崑山镇	0109
		松江九谿	0114
		洞庭	0114
		小白	0117
湖州			0114
	安吉		0106
		马头	0106
杭州			0114
	临安		0104、0109

续表

州名	县名	镇及以下	
		青山路	0104
睦州			0103、0114
镇东军			
越州			0103
温州			0106
婺州			0103、0114
衢州			0103、0114
镇南军			
洪州			0103、0109
（锺陵）			0102
		象牙潭	0102
		蓼州（洲）	0109
	分宁		0110
江州			0109
		湖口	0109
		湓中	0109
饶州			0103、0114
	弋阳		0113
信州（上饶）			0102、0114
吉州			0102
袁州（宜春）			0113、0119、0120
		万胜冈	0113
抚州			0102、0110
百胜军			0118
虔州			0102、0118（误作处州）
潭州			0111
	浏阳		0111
剑南西川			
（蜀）			0115
岭南道			

续表

州名	县名	镇及以下	
窦州			0102、0114
平南军			0117

注：加粗为道、藩镇名，加括号为别称

三、其他事项索引

官爵（按首字拼音）	
安西大将军	0117
八营主将	0103
百胜军节度使	0118
常州刺史	0103、0107、0112、0117
池州刺史	0103
池州团练使	0103、0114
冲山指挥使	0103
滁州刺史	0103、0108、0115、0116、0119
楚州刺史	0105、0113
楚州团练使	0112
楚王	0121
大将军	0103
德胜军节度使	0113、0117
典客	0107
定南大将军	0118
东西行营副都统	0102
窦州刺史	0114
鄂帅	0109
鄂岳都团练使	0111
鄂岳观察使	0109、0112
高邮令	0109

续表

官爵（按首字拼音）	
光州刺史	0113、0116
光州团练使	0104
过口两城使	0108
海州刺史	0105、0118
濠州刺史	0108、0112
濠州团练使	0108
黑云队长	0112、0120
黑云都指挥使	0112、0120
洪州制置使	0109
淮海游奕使	0106
淮南节度副使	0102、0114
淮南马步诸军都尉	0107
淮南行军司马	0107、0111
淮南右厢马步军都虞候	0112
淮南左厢步军都指挥使	0113
黄州刺史	0106、0120
给事中	0103
检校兵部尚书	0120
检校太保	0105、0113
检校太傅	0117
检校左仆射	0118
检校左散骑常侍	0109
江南都招讨	0103
江州刺史	0109
金牛镇将	0105
涟水防遏使	0118
涟水（涟州）制置使	0105、0118
庐州刺史	0102、0104
庐州团练观察处置等使	0117
马军副指挥使	0107

续表

官爵（按首字拼音）	
密州刺史	0106
宁国军节度使	0114
平卢军节度使	0114、0118
平南军节度使	0117
虔州防御使	0118（误作处州）
清河郡王	0117
清淮军节度使	0108、0119
衢睦团练使	0103
衢婺州诸军事	0114
（衢婺州）都招讨副使	0114
衢州刺史	0114
使相	0102、0114
歙州刺史	0103
（知）歙州观察	0103
（知）歙州团练	0103
升州刺史	0104、0109
寿州团练都押衙	0113
寿州团练副使	0113
寿州团练使	0119
寿州马军都尉	0111
舒州刺史	0103、0104、0110、0111
舒州团练使	0111
水陆行营都招讨使	0114
顺义军使	0103
苏州刺史	0112
苏州防遏使	0117
踏白使	0114
泰宁军节度使	0120
天平军节度使	0113
同平章事	0103

续表

官爵（按首字拼音）	
同中书门下平章事	0120
铜官镇遏使	0104
温州刺史	0106
无锡令	0109
武昌军节度使	0103、0109、0112
武卫上将军	0111
武勇都指挥使	0114
伍长	0107
西面行营招讨使	0104、0111（代为招讨使）
西南面行营招讨	0109
西南面招讨使	0103、0112
先锋马军指挥使	0113
先锋指挥使	0121
县令	0107
县宰	0109
行军司马	0101、0102
行营诸军都尉	0118
宣池两路都游奕使	0104
宣武军节度使	0111
宣州副使	0103
宣州观察使	0105
宣州团练使	0107
沂密兖郓诸州副使	0118
义兴令	0122
应援招讨使	0117
岳州刺史	0114、0121
岳州团练使	0121
越州刺史	0103
员外	0117
镇北大将军	0114

续表

官爵（按首字拼音）	
镇东将军	0114
镇南军节度使	0102
镇西大将军	0112
镇西将军	0113
知光州军州事	0113
知扬子县	0109
知复州	0112
中书令	0113、0117
诸道行营都统	0104
诸将都尉	0117
诸军都尉	0109
左千牛卫将军	0104
左衙都校	0104
左游奕将	0104
左右黄头都尉	0104
左右黄头指挥使	0106
左右随从骑军副使	0115
左右雄武统军	0119
佐忠去伪功臣	0114

年号（按起元顺序）	
乾符	0103
中和	0104、0105
光启	0103、0104、0107、0108、0113、0117、0118
文德	0103、0108
龙纪	0104、0112
大顺	0102、0103、0104、0105、0108、0109、0112
乾宁	0102、0105、0106、0109、0110、0111、0112、0113、0114、0115、0117、0119、0120
景福	0104、0106、0114

续表

年号（按起元顺序）	
光化	0105、0118
天复	0103、0104（误作天福）、0105、0106（误作天福）、0107、0109、0111、0114、0117、0118、0120
天祐	0102、0103、0105、0106、0107、0108、0109、0111、0112、0113、0114、0117、0118、0120、0121
武义	0112、0113、0117
顺义	0118
乾贞	0108、0112、0114、0118、0119
大和	0114、0115、0117
保大	0111

政权、部族（按首字拼音）	
楚（潭、湖南、湖湘）	0109、0111、0113、0114、0117、0119、0121
荆南（荆）	0104、0109、0114
梁	0104、0106、0107、0110、0111、0112、0113、0115、0119、0120、0122
沙陀	0103
唐	0104
唐（南唐）	0111
吴	0106、0115
吴越（越、杭）	0103、0104、0105、0107、0109、0112、0113、0114、0117
西蕃	0103
西南夷獠	0110

其他（按首字拼音）	
褒衣博带	0119
柴黑子	0113
昌山兵	0106
长槊	0119
冲山（都）	0103
重午	0109

续表

其他（按首字拼音）	
大将旗	0109
大王	0105
殿后	0122
舵工	0114
藩镇	0113、0117
方册	0113
佛	0113
佛经	0109
鼓箧待问者	0119
黑云都	0112
后土	0117
后土庙	0117
候者	0119
护军白马	0114
滑稽	0110
淮	0115、0116
黄头军	0104、0106
妓乐歌舞	0110
讲肄	0119
金彩	0114
京观	0116
经籍	0119
警夜	0119
巨舭	0114
卷旗	0109
军籍	0117
军令	0113
列仙	0117
六丁	0117
龙	0113

续表

续表

其他（按首字拼音）	
衙将	0113、0115
鹰犬	0113
掌奏	0117
帐下亲信	0112
旨酒	0119
执事	0117
左氏春秋	0113

《经义述闻》卷二十一“从逸”至“不敢左右”条辨析

◉苏　浩　北京师范大学历史学院

一、从逸

《吴语》：“故婉约其辞，以从逸王志，使淫乐于诸夏之国，以自伤也。”韦昭注：“从，随也。”❶ 汪远孙曰：“从，读为‘纵败礼’之‘纵’。《论语》‘为政’篇：‘七十而从心所欲。’皇侃读从为纵。”❷《经义述闻》引王念孙：“从，读为纵，纵逸犹放逸也。韦以为顺随，则误分从逸为二义。”❸

按：此处“从”读“纵”虽可通，但此处当如字读为宜。从逸王志，显然是个动宾结构的短语，从逸显然是应作为动词解。

首先，“从”字，韦昭训为顺、随是可通的。《说文解字》：“從，随行也。”段注：“《齐风》‘并驱从两肩兮’，《传》曰：‘从，逐也。’逐亦随也。《释诂》曰：‘从，自也’，其引申之义也，又引申训顺。”❹ “从”与“志”本可连用成意，“从志”“从欲”史籍多有，如《尚书·盘庚》“亦惟汝故，以丕从厥志”❺ 本身即有从其欲之意，又如《国语·楚语上》有“芋尹申亥

❶ 徐元诰. 国语集解（修订本）［M］. 北京：中华书局，2002：540.

❷ 参上注，徐元诰引汪远孙说。

❸ 王引之. 经义述闻［M］. 南京：江苏古籍出版社，1985：518.

❹ 段玉裁. 说文解字注［M］. 北京：中华书局，2013：390.

❺ 顾颉刚，刘起釪. 尚书校释译论［M］. 北京：中华书局，2005：904.

从灵王之欲，以陨于干谿。君子曰：‘从而逆。’君子之行，欲其道也，故进退周旋，唯道是从”❶。这里，明言“从灵王之欲”，语境与此处越王“以从逸王志”很相似。虽然此处之“从”假如训为“纵”，恰合“纵欲”这一习语，然而细绎文意，这句要表述的是芋尹申亥不违背即顺从灵王的欲望，最后陨于干谿。君子之行，不应该从欲，而应该从道。“从欲”和下文的“从道”是相对而言的，既然“从道”之“从”如字训，那么这里的“从欲”之“从”也应当如字训，而无须训为“纵”。《论语·为政》有“七十而从心所欲不逾矩”❷，“从心所欲”的“从”，按照注家常解，训为随，乃为较晓畅的解释，即顺随心之所欲。这是孔子总结自己一生不同阶段达到的境界，到七十岁了，才能达到从心所欲而不逾矩的境界，圣人且如此，说明对一般常人而言，从心所欲往往是会做出出格之事的。皇侃读“从”为“纵”，“训”为“放”，而放纵心之欲望，而不逾矩，显得突兀不通。所以，这里“从逸王志”，也是表示顺从王之心欲，使其安逸沉沦的意思。

其次，纵作为放纵人之欲望，多为上对下，对自己而言，如《楚辞·离骚》“夏康娱以自纵”，《国语·晋语》“纵惑不疚”，韦注“纵其淫惑，不以为病”。而少见下级对上级言放纵。此时，勾践兵败，卑辞请降，伍子胥针对这种情况，对夫差提出忠告，认为此时勾践婉约其辞，来顺从并使王心志逸乐，从而放松警惕。而似乎不应该是放纵王的心志。吴王夫差此时气势正盛，如放纵其心，似乎应该理解为满足其不断征伐的欲望，而不是使其陷于逸乐。

关于逸字，本为逃失之意，后引申为安逸、逸乐，先秦典籍这种用法不胜枚举，如《尚书·无逸》“君子所其无逸”“先知稼穑之艰难乃逸”❸等均作此解。《吴语》本篇之中，即有“而又不自安恬逸”“莫如此淫逸不可禁也”之句，作动词解，当为使动用法，即使其逸乐、安逸。

最后，如从逸解为放逸，则依王念孙之意，从、逸两字实为一意（《经义述闻》：韦以为顺随，则误分从逸为二义）。本篇之中，“而又不自安恬逸”，此逸韦昭解为“乐”，而在“以从逸王志”之下，紧接“使淫乐于诸夏之国”可以作为“逸”解为“乐”，释为逸乐的一个直接内证。

---

❶ 徐元诰．国语集解（修订本）［M］．北京：中华书局，2002.

❷ 刘宝楠．论语正义［M］．北京：中华书局，1990：43.

❸ 顾颉刚，刘起釪．尚书校释译论［M］．北京：中华书局，2005：1530.

因此，从有顺从其欲的意思，从逸不当为一义，而是表示具有前后逻辑关系的两个行为，从逸王志可以解为顺从王之志并使王心逸乐。

二、于其心也戚然

《吴语》：“夫越王之不忘败吴，于其心也戚然。”韦昭注：“戚，犹惕也。”[1] 王念孙：“诸书无训‘戚’为‘惕’者。《说文》：‘悈，惕也。《春秋国语》曰：于其心也悈然。’然则今本作‘戚’者，乃‘悈’字之误。而韦所见本正作‘悈’，不作‘戚’，故与《说文》同训为‘惕’也。《广雅》曰：‘悈，慎，愼也。’《玉篇》曰：‘愼，心动也。’《广韵》曰：‘悈，意慎悈也。’义与惕并相近。”[2]

按：戚如字读亦可通，无须改字为训。

首先，用“戚”或“戚然”形容人忧惧的心情，为古文献常见语例。例如，《诗经·小雅·小明》有“心之忧矣，自诒伊戚”[3]，《论语·八佾》有“丧，与其易也，宁戚”[4]，《论语·述而》有“小人长戚戚”[5]，《大戴礼记·曾子立事》有“杀人而不戚焉，贼也”[6]，甚至《孟子·梁惠王上》有“于我心有戚戚焉”[7] 的语例，与此处“于其心也戚然”表述极为相似，说明形容人心戚然为当时比较习用的俗语。以上诸“戚”字，注家多训为“尤”，表示一种担心忧虑的心情。

其次，关于“戚”字，若训为“惕”的话，于语意不顺畅。“惕”字，《说文解字》有“惕，敬也”[8]。上句说越王不忘败吴，其心中如何是敬呢？相比较之下，如戚字，训为尤，可能更符合文意。此句为伍子胥向吴王夫差

[1] 徐元诰. 国语集解》（修订本）[M]. 北京：中华书局，2002：541.
[2] 王引之. 经义述闻 [M]. 南京：江苏古籍出版社，1985：518.
[3] 程俊英，蒋见元. 诗经注析 [M]. 北京：中华书局，1991：650.
[4] 刘宝楠. 论语正义 [M]. 北京：中华书局，1990：82.
[5] 同[4]284.
[6] 王聘珍. 大戴礼记解诂 [M]. 北京：中华书局，1983：76.
[7] 杨伯峻. 孟子译注 [M]. 北京：中华书局，2010：14.
[8] 段玉裁. 说文解字注 [M]. 北京：中华书局，2013：519.

陈述越王勾践不忘败吴之志，表达的应该是越王勾践时刻以灭吴为尤，而不是时刻心怀恭敬。下文伍子胥紧接着又说："今王非越是图，而齐、鲁以为尤。"❶ 连起来看，说勾践不忘败吴，时刻以败吴为尤，而吴王夫差却不图越，反而以齐、鲁为尤。上下文意正合。

最后，忒字，《说文解字》："忒，惕也。"段玉裁注："忒者，敬也……《吴语》申胥曰：夫越王之不忘败吴，与其心也戚然，服士以司吾间。韦注曰：戚，犹惕也。按：韦本盖亦作忒，转写伪之耳。许云惕，韦云犹惕者，韦拟此字本义不训惕也。"❷ 如果韦昭所见本为"忒"，说明韦昭训此字时，已经怀疑了此处忒的训释。韦注极为简洁，其训释格式常为"某，某也"，此"犹惕也"表示其对"忒"字训释意思的不是很确信。如果这样可信，完全可以反推，此字本即作"戚"，后讹为"忒"，故依字训为"惕"。另外，古字在传写过程中，有简化和繁体两种情况，但为适应日益增加的书写任务，文字的简化是一种主流的趋势，这也可以为此字由"戚"讹为"忒"，而不是由"忒"讹为"戚"提供一条间接证据。

因此，"于其心也戚然"如字读亦可通，在没有足够的证据下，当以不改动各本原"戚"字为妥。

三、不敢左右

《吴语》："吴王夫差既胜齐人于艾陵，乃使行人奚斯释言于齐，曰：'寡人帅不腆吴国之役，遵汶之上，不敢左右，唯好之故。'"此处"不敢左右"，韦昭注"不敢左右暴掠齐民，唯有恩好之故也"❸。王念孙有"《广雅》：'敢，犯也。'言不犯君之左右，唯有恩好之故也。韦注失之"。俞樾曰："韦解未得'左右'二字之义。此'左右'二字，即承上文'遵'字而言，谓遵循汶水而行，不敢左右迤邪以犯猎齐地也。"❹

---

❶ 徐元诰. 国语集解（修订本）[M]. 北京：中华书局，2002：541.

❷ 段玉裁. 说文解字注 [M]. 北京：中华书局，2013：376.

❸ 徐元诰. 国语集解（修订本）[M]. 北京：中华书局，2002：543.

❹ 王引之. 经义述闻 [M]. 南京：江苏古籍出版社，1985：518.

按：俞樾说更胜。

首先，本篇《吴语》出现多次“敢”字，意思均如字解，如下文吴王夫差曰“孤岂敢自多”“敢告于大夫”“进则不敢，退则不可”，均为吴王夫差之语，唯独此处“敢”字训“犯”，语例不一。

其次，“犯”字通常为下对上所言，且常用以表示对方侵犯自己而不说自己侵犯别人。《论语》有“其为人也孝弟，而好犯上者鲜矣”[1]，《孟子·离娄上》有“君子犯义”，焦循正义引韦昭注“自下触之曰犯”。而此处是吴王夫差使人“释言于齐”，正是吴国称霸时期，吴之地位与国力当在齐国之上，不当自言在齐地“不犯左右”。

最后，前文即言“释言于齐”，当是极力归咎于齐的。如果依王念孙读为“犯”，那么，就是吴国到齐地不犯齐君左右。在齐地不侵犯左右是吴国理应履行的义务，而不是在齐国面前应该诉的委屈。如训为敢，则表达了吴国入齐之后的敬畏与谨慎，表达了吴与齐交好的恭敬的心情。并且，不敢本身即包含了不犯的意思，不敢左右自然不会行侵犯之事。

另外，关于“左右”二字，王引之说是“君之左右”，引申过多，句义没看出是君之左右的意思。如俞樾结合上下文意，释为“遵循汶水而行，不敢左右迤邪以犯猎齐地也”更为贴切。

---

[1] 刘宝楠．论语正义［M］．北京：中华书局，1990：5.

《梁书》辨误一则

◉左凯文　南京师范大学社会发展学院

《梁书》卷二三《萧憺传》载："郦州在南岸，数百家见水长惊走，登屋缘树，憺募人救之，一口赏一万，估客数十人应募救焉，州民乃以免。"[1]《南史》卷四二《萧憺传》亦有相似记载："郦洲在南岸，数百家见水长惊走，登屋缘树。憺募人救之，一口赏一万。估客数十人应募，洲人皆以免，吏人叹服，咸称神勇。"[2]但《梁书》作"郦州""州民乃以免"，而《南史》作"郦洲""洲人皆以免"。"州"为当时一级行政区划，"洲"则是河流中的小块陆地，两者不应当相互代替使用，那么《梁书》和《南史》究竟哪一个是正确的记载?

检《晋书·地理志》《宋书·州郡志》《南齐书·州郡志》及《隋书·地理志》，均没有关于"郦州"的记载。可见"郦州"并非当时的一个行政区划。

现在南京市栖霞区十月村，保存有梁代始兴忠武王萧憺的神道碑，碑文记载："嘉禾一茎九穗，生于郦洲，甘露降于府桐树。"《梁书·萧憺传》记载："嘉禾生于州界，吏民归美，憺谦让不受。"[3]《南史·萧憺传》亦记载："嘉禾生，一茎六穗，甘露降于黄閤。"[4]据萧憺神道碑碑文、《梁书》及《南

---

[1] 姚思廉. 梁书·萧憺传［M］. 北京：中华书局，1973：354.
[2] 李延寿. 南史·萧憺传［M］. 北京：中华书局，1975：1301.
[3] 姚思廉. 梁书·萧憺传［M］. 北京：中华书局，1973：354.
[4] 李延寿. 南史·萧憺传［M］. 北京：中华书局，1975：1301.

史》，当时萧憺被任命为荆州刺史，可见“邴洲”当属荆州辖地。

《太平御览》卷九七〇中记载：“伍瑞休《江陵记》曰：洪亭村下有白藉洲，东南得邴洲，上头有枚回村。旧云是梅槐合生成树，是以名之，音讹，谓之‘梅回’。”❶ 按《南齐书》卷一五《州郡志》，江陵属荆州南郡所统六县之一❷。根据《南史》“邴洲在南岸”之记载，结合谭其骧先生主编的《中国历史地图集》❸，可推测邴洲是当时荆州江陵县内靠近长江南岸的一块水中陆地，其面积较大，洲上还有村落。萧梁时之江陵县即今天荆州市荆州区，现在邴洲可能已与陆地连为一体。

综上，根据与其他文献相互对照，《梁书·萧憺传》中“邴州”“州民乃以免”的记载有误，应当是“邴洲”“洲民乃以免”。

---

❶ 李昉，等. 太平御览·景印文渊阁四库全书［M］. 台北：“商务印书馆”，1986：570.

❷ 萧子显. 南齐书·州郡志［M］. 北京：中华书局，1972：273-274.

❸ 谭其骧. 中国历史地图集·南朝齐·荆州、郢州、湘州［M］. 北京：中国地图出版社，1982：34-35.

梧雨堂题跋四则

◉仝龙伟　陕西师范大学历史文化学院

跋岳麓书社本《四书集注》

先圣之教于昨夜恭览一过。夫圣人作以化万民，圣言立以垂万世，乾坤运转，纲纪维衡，此亘古不易之道也。观孔孟之言，则想尧舜之治，知仁义之道，上下同心，四海咸平，此真正之王道也。后世先贤先儒因世事之变，由外求治道转而内求修齐，尤于近世孔孟之治道似亦不言。而余以为，先圣所言者，惟治天下与治自我之两端耳，举凡今日之天下，凡得民心者所施之政，不亦孔孟之所孜孜以求者乎？惟形式异耳。孔孟之时代，治国者未如今日之开明，故孔孟特为创言托古以言之谕之，而今日之民已尽知其意，则退而修齐可矣。

乙未年十月廿九日

跋《南宋孝宗词坛研究》

《南宋孝宗词坛研究》为作者之博士毕业论文，其以南宋孝宗词坛为研究对象，可知其用心处当在欲结合词与彼时之世运而做深入之探索也。孝宗之世，多有高宗朝之反正，士气砥砺，中原似已在目，故多有慷慨之歌；既然，亦随之而多失望之词，甚或有怨愤之语，此皆其世势由之耳，可为后世深悼也。又余读本科时，教材言辛稼轩词为词作之最高水平，余初不解其意，盖由其与讽刺传统相结合之标准言之耳。余谓词本词，非诗也，若以治道强要之，则辛词之最高水平适为宋词渐行渐亡之界限也。故而宋词之消隐，岂非由其性情渐隐、音律尽失而言治道者骤隆而致之耶？

丙申年九月二十日

跋《陇州志（校注本）》

此本乃康熙五十二年《陇州志》之新注本。大凡古方志之存于今者，多未尝校点，今人或得以一览，每囿于诸端而不克爽洽，故而新校新注之付梓，其功不啻于旧修者也。每感于今人之学识，其校其注未必皆能尽臻佳境，颉颃古人，故注书为难，校书为尤难。此书稿即先由陇县诸方家草毕，后付诸三秦出版社并顺利刊出，其负最后总校之任者，实孟兄也，若无孟兄数月之苦阅，此本非将有愧于前贤，亦将贻笑于今人也远矣。是故，孟兄文强先生斯役也，功在其陇，泽惠后来。昨蒙仁兄惠赐此本，是以予为可教之才，不胜感激，遂乃纪之。

岁次丁酉秋九月初三日

跋《商州旧志古诗文校注》

旧方志中所收古诗文附名者多矣。如偶涉及其邑名，则竟言：“此乃吾乡邦之文献。”乃径喜而汇编之。此情况往往见于文化固浅或析置未久之地，其志则不得不为此耳，何也？增乡邦之令誉，托梓运于久远，实人情之当然者也。然此商州，近毗长安，通衢中夏，实辐辏之要冲，文化繁盛，自不必言。故其旧志所收之诗文，多副其实；而其所收近世廊庙碑记诸文尤为可喜，以其或可有补于史，以此观之，其邑之艺文是足可称焉。此本乃汇当今可见方志四种之诗文而校注之，其功不愧前贤，其用足补后来，谓其功伟或不为过。

师兄呼啸先生乃此本之责任编辑，为其雠校所付之辛劳多矣，兄亦尝详告其经过，余闻之亦叹其不易也。前蒙兄惠赐该本并附题小记，捧读之馀，亦钦兄业务之精审，非此，则该志之付梓或将遥无定期，而其诸诗文之辉光亦且阒寂无闻矣。

戊戌冬十月廿八日

西北有高楼题跋四则

◉孟文强　西安于右任书法艺术博物馆

跋《词诠》

《词诠》者，杨遇夫树达所著也。自序称：“凡读书者有二事焉，一曰明训诂，二曰通文法。训诂治其实，文法求其虚。”遂“因仿《经传释词》之体，辑为是书”。序于民国十七年五月二十日，是年十月商务印书馆初版。吾所购非初版，乃二十一年版，费二百元网购于沈阳若若书屋。初疑其不值如许，颇以为憾，及见书，版权页有记云：“民国二十一年一月二十九日，敝公司突遭国难，总务处、印刷所、编译所、书栈房均被炸毁，附设之涵芬楼、东方图书馆、尚公小学亦遭殃及，尽付焚如，三十五载之经营隳于一旦。迭蒙各界慰问督望，速图恢复，词意恳切，衔感何穷。敝馆虽处境艰困，不敢不勉为其难，因将需要较切各书先行覆印，其他各书亦将次第出版。惟是图版装制不能尽如原式，事势所限，想荷鉴原，谨布下忱，统祈垂督。”又注版次云：“民国二十一年九月印行·国难后第一版。”然则此版之珍贵不待言也。书布面精装，完备无损，无批注，几乎原貌。计是书印行至今，八十有七载矣。昔者东洋逞凶，文明涂炭，涵芬一劫，典籍荡然。每览张菊生、周越然劫后遗篇，未尝不痛心而叹，以为古来之耻，于斯为甚。今时闻竖子辈有甚赞东洋者，诚不知耻也。昔览杨君《积微翁回忆录》，知君非章句学究之徒，实乃慷慨有志之士，肃然起敬。陈寅恪亦有诗云："群趋东邻受国史，神州士夫羞欲死。"[1] 视今之时辈，何啻霄壤。复仇大义，载诸《礼记》，虽未能行之，亦不当忘焉。既非遁心逃名之士，固当有所担当，书此"国难后第一版"以为记。

乙未冬十二月十一日，书于师大馆中文学库

跋《戆叟诗钞》

戆叟者，纪映钟伯紫也。初，吾尝稽考历代高士之传，得康熙时高兆云客《续高士传》，前有序五，其一题纪映钟。时以寡闻，查无所得，遂疑五子者无名之辈。其后以周亮工栎园《尺牍新钞》有录云客二札，因发视之，竟得时人与纪伯紫往来书札十余通，且为高云客、胡旅堂、龚鼎孳甚所称誉，至是始大奇之，以为必非凡人。遂查诸孔网，以求遗文，则仅得丛书集成初编本《戆叟诗钞》一册耳。征诸史籍，则戆叟仕宦非显，作客实多。然其所以名动易代之际者，岂非以其言行耶？既得《诗钞》，则某日清晨快读一过，其平生经行，仿佛亲临。怀古伤时，长歌短调，皆足叹赏。吾不觉中心为之澄净，游思为之专一，若与先贤异世晤言，何其幸哉！掩卷之余，欣然走笔记之，时丙申仲冬初六日。

重订《文心雕龙》记

予素有藏书之癖，每见昔人题跋、掌故始末，辄欣然神会。复观时人惨淡经营，斯风难继，未尝不废书而叹，痛恨难已。偶亦言之同好，恒唱也频频，和则寥寥。或曰："影印本甚善，何必惟线装是取？"对曰："线装旧籍，本源也；影印本，末流也。舍本逐末，先贤所诫。源之不存，流将焉出？古今藏书家甚众，何尝以影抄便废古籍哉？是知线装书之不可废也。"或曰：

[1] 陈寅恪集·诗集（附唐篔诗存）［M］. 北京：生活·读书·新知三联书店，2015：19.

“线装虽善，其奈贵何？”对曰：“在人不在物。恒见诸生劳心费神购衣置履，朝夕聚会，何曾以数十百元为意？是知衣不光鲜、食不精细之为耻也。奈何独不知箧中无古籍之为耻之大者也！苟能稍减衣食之费于万一，则一册线装书不过数十元，何贵之有？且衣履者身外之物，典籍者文明之所维系，舍身外之物而取文明之经典，何乐而不为？此而不能为者，不足语道也。”或曰：“君言虽善，然君所收皆残编，未见其利。”对曰：“子独不闻‘利，诚乱之始也’乎？今所得虽多残本，此时殊世异耳。焉知今之残编，非向之善本，抑后之秘籍耶？昔者孔壁汲冢，一代之典，汉简甲骨，学问渊薮，清儒辑佚，字句必究，又何尝以其残缺而弃之哉？是故予所得者非残编，乃先贤存亡继绝之精神也。设今日吾辈不收之，其奈来日后生何？”

予遂立誓一一修缮，虑存久远，以备观览。或曰：“修书自有专人为之，非君所能。”对曰：“万事皆有专人为之，专人岂有常？为之则专，否之则非耳。小子何知。”顷自书院门购宣纸及书皮用纸若干，费百余元。值前所购《文心雕龙》一册二卷在手，且多文章精义，爱其刻划精美，即以此书为修书之始。先去其穿线脱断者，复去其书皮无以为继者，则见有纸捻在孔，乃知古人穿线多以纸捻固之也。次将所裁书皮依次覆上，据旧孔贯之，务求整齐。旋穿针引线，谨慎翼翼，从其旧孔引入，往返出入，不一刻而告成。向之残缺，倏然足新，随意展阅，翻卷无碍。从今且将箧中残卷一一修缮，使先人湮没之遗篇，化而为经世之文章，所补益于学者，何可胜言！

跋《陈寅恪先生年谱长编》

戊戌岁仲春，吾与友人仝龙伟往京师应试，所投考者北师大也。初在洛阳时，吾与友人苏浩甚善，后各投考陕师大与北师大，遂各负笈秦、燕，于今三载矣。其间亦时相问询，尺牍往来。丁酉岁夏，苏君至青门，适吾从泾阳校书归，遂同往韩城谒太史公故里。此吾二人之夙愿也，徒以多事迁延至今耳。苏君尝劝我投考北师大，吾亦知今之考博非尽纯粹，其有关节或发核心者不乏其人。惟自给自足如我者不敢等闲，非报三四家不可，因报北师大、川大、西大及陕师大。后以西大细则至烦琐而弃之，北师大是为首役也。将发长安，尝告于苏。既至，苏及众故交同学备极周至，吾甚感焉。初九日午后，时在苏舍小憩，预备晚间复试。苏取《陈寅恪先生年谱长编》一册见赠，且曰：“吾知君素爱读传记谱录，特赠是书。”苏君可谓知我者矣。吾尝谓人之有传、记、谱者，犹国之有史，郡之有志也。如将知人论世，舍此焉有二选？是以颇重此类也。若吾所藏之黄淳耀、杨树达、梁漱溟、顾颉刚、刘节及梵高、卢梭、陀翁、托翁夫人之传记、日记，皆此中之善者也。吾曰：“此书之赠甚有意义，请题之以为纪念。”苏初以不善书而辞之。吾坚持曰：“所贵者情意，非文也。”苏乃欣然题之。夫陈寅恪之为史学大师，固不待浅学之言也。唯一切大师，其所以出于众人而异乎众人者，盖有所为而有所不为也。夫取舍之间，人之常情，若无大干系，然所为者何，不为者何，贤愚之判在此矣。昔者先生尝见邀出任中科院中古史所所长，而先生以不奉马列为执，事遂不果。❶ 又，其受业中有改宗甚且著文批判先生者，先生曰：“从我之说即是我的学生，否则即不是。”先生之风尚可见矣。不知者或谓先生顽固，而不知先生所持者，独立自由之志也。子不云乎？三军可夺帅，匹夫不可夺志也。夫匹夫之志尚不可夺，况唯志是守之士乎？先生尝以独立之精神，自由之思想许王观堂，亦先生及一切真学者之自期也。今之学界士风浇漓，谈学术者十九为名利计，非止有违先师遗训，抑且目前辈为木偶，适自欺欺人也。虽然，独立自由之志乃天地间正气，岁寒然后知，时穷节乃见，终不为浊氛所侵蚀也。唯持此志，知所取舍，乃是真学问之径，此盖先生之本心也。愿与苏君及众同志共勉之。

时戊戌仲春十一日，古岷孟文强子真书于陕师大图书馆文学库

---

❶ 详参陆键东. 陈寅恪的最后二十年［M］. 北京：生活·读书·新知三联书店，1995：96-97，102.

文献整理

牛兆濂佚诗文十七则

◉牛兆濂　撰；孟文强　整理

孟文强　西安于右任书法艺术博物馆

牛兆濂是晚清至民国间关学的重要传人，曾短暂地师从清麓学派创始人贺瑞麟。在贺瑞麟去世之后，牛兆濂与张元勋等人举起关学旗帜，创办书院，讲学授徒。牛兆濂弟子李铭诚继承牛兆濂之志，在1937年牛兆濂去世以后继续讲学，直到1949年。牛兆濂与张元勋可谓是将关学薪火从封建时代带入民国新时代的中坚人物。牛兆濂的文集在其生前已经印行，有1922年芸阁学舍排印本《蓝川文钞》十二卷，1923年芸阁学舍排印本《蓝川文钞续》不分卷，1935年芸阁学舍排印本《蓝川文钞续》六卷。牛兆濂的其他著作多为文献编纂整理，如《读近思录类编》《芸阁礼记传》《续修蓝田县志》等。学界目前整理的牛兆濂文集有两种：首先是2015年西北大学出版社出版的《关学文库·牛兆濂集》。该版本由王美凤、高华夏、牛锐整理，收入牛兆濂《蓝川文钞》《蓝川文钞续》（该书编者不分卷本将《蓝川文钞续》作为《蓝川文钞》的附卷收入）及乡试朱卷。其次是2017年陕西人民出版社出版的由王相民整理的《牛兆濂文存》。该版本在《关学文库》本的基础上又收入了牛兆濂的《读近思录类编》，以及从其他渠道获得的一些佚文。这两个版本都是牛兆濂文献整理的重要成果，但由于牛兆濂所处时代较近，其去世距今尚未及百年，故牛兆濂相关文献迄未获得全面普查，加之牛兆濂亦以书法闻名关中，其佚文、墨迹时有发现。本人曾在泾阳博物馆及陕西师范大学图书馆普查古籍期间曾过眼一些稿本和印本，其中即不乏《牛兆濂文集》失载的佚诗佚文。

由于稿本辨识困难，要判断其是否牛兆濂作品须慎之又慎，而印本不存在辨识困难，并且有明确的署名，故本文从印本和稿本中各取其准确无误，而不为《牛兆濂集》《牛兆濂文存》所载者，公诸于世，为牛兆濂及关学研究尽绵薄之力。

《壬申仲春西安文庙会讲语录要》一文录自1932年出版的《陕西省孔教会汇志》，系当年春天牛兆濂在西安文庙会讲解稿。一同参加此次会讲的尚有张元勋、赵玉玺、孙迺琨、徐怀璋等人。该文名称“录要”，可知并非演讲全文，而是演讲内容的精华。

《牛蓝川先生感时诗十二首》系排印本文书一纸，见之陕西师范大学图书馆。此十二首诗亦见于整理本《牛兆濂集》《牛兆濂文存》，题“酬张鸿山诗”，且有牛兆濂小序曰：“兹闻果斋仁仲激于义愤，有抗敌之壮举，诚堪启我国仇之慨。但恨鄙人年迈体弱，耳目昏聩，不克同赴疆场杀贼，以身殉国，为愧多矣。聊以救国俚句十二章抄出呈奉，以示见志，且饯其行，还祈斧正为祷。”《酬张鸿山诗》与《感时诗》俱十二首，内容大同小异，仅有个别字词出入，详见本篇注释。《酬张鸿山诗》前小序与《感时诗》小序文字全异，各成一文。而《感时诗》后李铭诚跋，不见于《酬张鸿山诗》。二者必有先后，窃以《感时诗》先于《酬张鸿山诗》，请试论之：《感时诗》之李铭诚跋云“此吾师蓝田牛蓝川先生感时生忿、惓惓于国之作”，可见牛兆濂作诗初衷，且行文不及张元勋，可知十二首之作，实系感于国事艰难，非酬张元勋也。又云“因拭泪缮述”，可知牛兆濂十二首成，即由弟子李铭诚缮写并付梓宣传，不待多年而后也。《酬张鸿山诗》小序谓“聊以救国俚句十二章抄出呈奉，以示见志，且饯其行”，“救国俚句”“抄出呈奉”云者，可知即从旧作中抄出，非特为饯行而作也。综上可知，《感时诗》先于《酬张鸿山诗》行世。此特辨章学术，考镜源流，非儒者初衷。《中庸》谓道不可须臾离，《论语》曰造次必于仁，颠沛必于仁，张元勋抗敌壮举，与牛兆濂救国俚句，殊途同致，皆儒者为生民立命，以天下为己任，人能弘道者也。此吾民族之精神之砥柱也，学者切勿徒事考据，而遗其大旨。

《牛兆濂吊张席卿诗三首》录自赵玉玺的《书牍底稿》，该底稿为写本形态，今藏陕西师范大学，未为学界重视。此三首诗不仅可补文集之缺，且能正文集之脱漏。《牛梦周来函》亦录自《书牍底稿》，为保持文献原貌，依照底稿命名，仍题为《牛梦周来函》。牛兆濂此函稍短，但关系重大，其中与张元勋、赵玉玺讨论了书院维持等情况，是研究民国陕西书院的重要文献。联系牛兆濂、张元勋及赵玉玺等人其他往来书函，可以做进一步研究。

壬申仲春西安文庙会讲语录要

果斋❶同学蒿目时艰，以为救时根本之务，非大正人心不可，欲正人心，非除功利、崇仁义不可。此吾孔孟之教，所以不可不极力推广。今日之会，所以不容于已也。故于去冬，即由同志赵宝珊❷君以孔教会名义屡书相约，又亲请山东孙灵泉先生，与外县及省会诸耆宿参神会讲，以庶几吾孔孟之教本于人心之所固有与其所同然者，有所感发兴起于以去邪慝而固人心，未必无毫发之影响也。

孙先生讲尧舜之道，孝弟而已，人人亲其亲，长其长，而天下平。学者须认得一个“道”字，道即是路，天下古今人人所共由者也。尧舜之圣，不过先知先觉乎此道而已。孔子祖述尧舜，朱子以为远宗其道，则孔子之道，即尧舜之道也。韩子言，尧以是传之舜，历代递传以至文、武、周公，以至孔子。故三代以上集群圣之大成者，孔子也。孔子传孟子，孟子学孔子者也，故三代以上言道者，必折中于孔孟。尧舜之道大矣，因何只说个孝弟，又加“而已矣”三字来？要知这条路，才叫正路，这个道，才是正道。向来人多误认，一切神奇怪诞以为得了道的人。今日与列位说明，“道”字只有《中庸》中分析得透彻，一处说“率性之谓道”，一处说“天下之达道五”。道之源即是性，性就是仁义礼智信，顺这性行出来，到君臣、父子、夫妇、兄弟、朋友间，各有当然之理。父子则有亲，君臣则有义，以至夫妇、昆弟、朋友之有别、有序、有信，皆是道之条目。古来叫五伦，人道便该括尽了，约而言

---

❶ 果斋，指张元勋。张元勋（1863—1955），字鸿山，号果斋，陕西兴平人，初受教于刘古愚先生，后转而与牛兆濂一起传承贺瑞麟清麓学派，被称为“关学巨子”。张元勋与其兄张元际长期在兴平爱日精舍（抗战爆发后改为宏仁书院）讲学，著有《晚晦斋文集》《原道》《原心》《道统渊源》等，编印《宏仁丛编》等。

❷ 赵宝珊，即赵玉玺，陕西兴平人，民国时期学者，与牛兆濂、张元勋等交游。

之，则曰三纲。仁义礼智信之性，原来叫做五常，常者，言亘古不磨也。《中庸》又约为三达德，没有德，便行不了这道。

今说尧舜之道，孝弟而已，为何五伦中只提这两件？然则这如何能该括尽一个道字幺？孟子说仁义之实，就在事亲从兄。能将这行得有节文，就是礼。能知之真，守得定，就是知。能以诚心实实做去，就是信。说这两件，都要从五常中做出来，那三件就可以类而推。故“道”字讲到孝弟，便是行仁之本，本立而道生，便可使仁义达之天下矣。

仁义二字，如何尽得五常？孔子只说一个“仁”字，这就包尽五常之性了。孟子又添出“义”字，要知恻隐之心，乃仁之端，仁便有慈爱的意思。羞恶之心，乃义之端，义便有刚断的意思。存之心，则仁是体，措之事，则义为用。犹之天有四时，单言春秋，则大纲已举了。

人人读孔孟之书，讲行孔孟之道，从爱亲敬兄，推之忠君弟长，便是未有仁而遗其亲者也，未有义而后其君者也。修其孝弟忠信，入以事其父兄，出以事其长上，可使制挺，以打秦楚之坚甲利兵矣。

就前此上海一战看来，前后胜负殊势，岂不确信得圣贤这道理，是丝毫不差的幺？刻下人人要知道一时义气，如何接续得上。要全国人民，将这私利二字，铲除净尽，放开度量，破偏党之见，同心合力，尊崇国教，为根本上之解决。倘孔教不灭，则人心不死，中国就敢保其不至灭亡。大众醒来！

牛蓝川先生感时诗十二首

敬告吾国四万万同胞：我等死亡危在呼吸，诚无生存之望矣。然而生存之机，实即决于呼吸。为今之计，除却“拼死并力”四字，更无别法。盖不舍命，决不能偷生，不并力，决不能御敌。此不待智者而知也。万望父老子弟认定此义，破除苟安偷生私见，勿受人愚弄，从此协力，誓决一死，喋血东洋，以雪国耻。万一幸生，则可为中国图一日之存，不幸而身死沙场，名垂青史，亦不使后人唾骂谓中国果无人也。鄙人年近七十，穷山僻处久矣，理乱不闻，兹因死亡切身，耻为朝鲜之续，窃不自揣，口占俗歌若干首以固人心，以作士气。倘中国幸存，则哀吟呼吁，未为无补，勿谓讲学人无爱国心也。

（一）

洪荒开罢几千年，前有神灵后[1]有贤。茫茫天意知何许，那能一旦化腥羶。

（二）

誓死万一得生路，贪生却与死相寻。王蠋一死何轻重，感得全齐忠义心。

（三）

天外飞机势莫当，兵船密布满江乡。中朝[2]倘有人如蠋，也算国亡心未亡。

（四）

覆辙三韩恨未休，老翁七十更何求。神州誓[3]与相终始，屈志倭奴死亦羞。

（五）

名教纲常亘古馨，千秋义烈炳丹青。要留正气还真宰，不染东洋半点腥。

（六）

莫道从容就义难，死能得所亦心安[4]。九原含笑飘然去，不怕风萧雪海寒。

---

❶ “后”，《牛兆濂文存》同，《牛兆濂集》作“没”。子真按：《感时诗》与《酬张鸿山诗》字词互异者，只以关系文意者出注，他如“那”“哪”“他”“它”，古诗文时相通用，此类从略可也。

❷ “中朝”，《牛兆濂集》《牛兆濂文存》俱作“中原”。子真按：“中朝”“中原”俱通。“中原”含义较之“中朝”宽泛，可兼指当时抗日前线河南与中央政府，而“中朝”含义明确，即中央政府。“中朝倘有人如蠋”直指国民政府消极抗战，儒者经世之怀，于此可见。

❸ “誓”，《牛兆濂集》同，《牛兆濂文存》作“哲”。子真按：作“誓”是，表决心，作“哲”于意未通。本篇乃单行本，而《牛兆濂集》《牛兆濂文存》所载皆题“酬张鸿山”，知其同出一源，且《牛兆濂集》先出，于此处未作说明，知其所见与本篇同，可知《牛兆濂文存》本作“哲”非是。推其致误之由，或系“誓”“哲”二字形近使然也。

❹ “安”，《牛兆濂集》《牛兆濂文存》俱作“甘”。

（七）

破釜沉舟尽向东，车辚驷驖❶有遗风。纵无毅力降禽兽，死后犹能作鬼雄。

（八）

血溅飞花死亦香，纵横万里卧沙场。任他一炬摧残尽，始信倭奴真道强。

（九）

惨报辽阳未忍听，钢条贯口尚❷非刑。那能更与龟蛇种，共戴❸长空一道青。

（十）

覆巢旦夕死相连，一死只争后与先。莫道为奴须幸免，古来卖国几人全。

（十一）

叹息中原尽散沙，要❹将性命换身家。散沙此日成团体，龙虎凭教试爪牙。

（十二）

阋墙谁肯念同胞，气到东洋更不豪。一旦捐躯能为❺国，泰山那得比鸿毛。

此吾师蓝田牛蓝川先生感时生忿、惓惓于国之作，诚御倭奴第一要旨。窃痛国势之濒危，不禁潸然而泣下，因拭泪缮述。卢氏李子慊跋。

---

❶ “驖”，《牛兆濂集》《牛兆濂文存》俱作“铁”。子真按：本篇原亦作“铁”，而字上有批改，以金字旁为“马”。或即李铭诚所批改也。驖，意为赤黑色马。

❷ “尚”，《牛兆濂集》《牛兆濂文存》俱作“上”。

❸ “戴”，《牛兆濂集》《牛兆濂文存》俱作“载”。子真按：《礼记·曲礼》谓“父之仇，弗与共戴天”，国之仇，有甚焉者，作“戴”于义尤长。

❹ “要”，《牛兆濂集》《牛兆濂文存》俱作“更”。

❺ “为”，《牛兆濂集》《牛兆濂文存》俱作“卫”。

牛蓝川吊张席卿[1]诗三首

西河西望泪盈襟，孝友伊谁讬嗣音？母墓三春哀寸草，父书只字宝兼金。老怀无那隔蓝水，至痛何堪问竹林。赖是清原正邱首，泉台犹不负初心。

辛酉四月望后闻席卿贤世讲溘逝，为诗告哀，兼慰仁斋大哥西河之痛

残灯老泪带冰流，爱日多年忆旧游。心醉人师甘拜马，肩随父执任呼牛君少予二岁，尊我比之马杨村先生。芸编呵冻从头写予辑《芸阁礼记解》，属君校订并为手录终篇，鸿爪和泥为我收于予手书无不贮藏珍录。肠断茂陵哀孝友，痛君期许在千秋。[2]

予既为诗，情不自已，复为和泪书此，右上席卿世讲灵筵。蓝田山人牛兆濂。

几回陟岵为君怜，谷口魂归霜满天。却喜灵椿经雪茂，更闻瓜瓞待秋绵。含饴大慰曾王父，主器重来继世贤。此去埙篪将母日，也应融泄到黄泉。

席卿身后有抱孙之庆，于其返葬也，同人丐濂为诗奉慰，挥泣书此，奠之几筵。九京有知，当心慰也。

---

❶ 张席卿，即张元际张子张廷珍。据张元际《长男廷珍事略》及张元勋《清廪贡生张席卿先生事略》，张廷珍生于清同治八年（1869 年），卒于民国十年（1921 年），年五十有三。

❷ 按：此诗亦见牛兆濂著，李铭诚编辑《蓝川文钞续》卷一，题曰《挽张席卿（二首选一）》，然止前三联，且“残”字作“寒”。《蓝川文钞续》之编成，时为 1935 年。而张席卿逝于 1921 年，则此诗即作于是年也。牛兆濂既作诗而为道友赵玉玺所录，其为文献，固在《蓝川文钞续》之先。故此诗当以本文所录为准，《文钞》本改一字固非讹误，而短一联实缺漏也。

牛梦周来函

宝珊老弟足下：

果斋来函云，欲以歇业存项拨付鲁斋，为守院人食用之计。恐亦忙中未及深思耳。如果存项尽数落空，则千人共见，濂岂漫无酌夺而专函向茂陵告急，所以然□冀□❶甲及守院人之日用不可不及支给。义在则然，非区区一人私情已也。除函复果斋外，特此奉告。际兹百无可为，仅此寻文地为吾道饩羊所系，务须同心协力，极意保存。若五千元之存项不能支一人薪水之用，以情以理，岂可谓乎？希与锡三世讲妥商，无论如何为难，火速设法接济，无令屡空以重吾党之耻。

至祷至祷。溽暑，近能偕至芸阁乘凉，并携贤郎以东。尤盼奉伯、锡九二先生道意深衣考者可商此，幸示及。能偕至，幸甚！

❶ 按：此处二字稿本字迹漫漶，难以辨识。

庇荫轩存稿*

◉李铭诚　撰；李均宏、孟文强　整理
李均宏　长安大学图书馆；孟文强　西安于右任书法艺术博物馆

《庇荫轩存稿》一册，不分卷，卢氏李铭诚穆轩所著也。李穆轩初在中州发扬正学，后闻关中诸先生讲学盛况，乃负笈入关，随牛蓝川、张仁斋、张果斋诸先生学习。牛蓝川逝后，李穆轩遵先师遗志，往西府传承正学，先后主讲于宗铭、凤鸣书院，造就甚众。《庇荫轩存稿》排印本一册，牌记曰“岁在丙戌孟秋/凤宝诸生排印”，知为民国三十五年（1946年）排印本，而内封题“第一期”，知非先生文集之全璧也。今遍索公共馆藏，迄未见有第一期之后者，则此第一期，固先生文集之硕果仅存者也，亦叩问先生言行所不可或缺者也。珍贵如斯，而湮没久远，一旦经予等刊布，重见天日，为关学文献贡献绵薄，小子何幸哉！先是，偶与李均宏师言及李穆轩，李师谓有《庇荫轩存稿》及《养蒙正教》，系得自李穆轩贤孙李劲民先生。予闻之雀跃，旋与李师议定校雠事宜，拟刊布于《新关学》，以为有志者研习之资。此册不分卷，以文体类编，凡七类十九篇，首尾各有赵惕庵、樊宏纲序跋。末有捐资印书者名录一纸，向为当代校雠家所删，窃谓此虽无关义理紧要，焉知非治版本、出版史者之所需哉？以是依样存之，以备采择。

嗟乎，关学源远流长，而文献存亡，湮没实多。或谓关学止于辛亥，或

* 《庇荫轩存稿》内封题“第一期/庇荫轩存稿/平凉秦汝斋署”，牌记题“岁在丙戌孟秋/凤宝诸生排印”。“凤宝诸生”，即凤翔、宝鸡两地从李铭诚问学之诸生。

谓止于蓝川，皆非也。张果斋、李穆轩讲学兴平、凤翔，著述实多，岂曰不足征，特深埋馆阁，乏人问津耳。今以穆轩遗编重新刊布，自谓关学史必重写，请于斯编验之。

《庇荫轩存稿》序

岁壬午夏，予往清麓共学。李君子慊教授山麓西洞，颜其居轩曰庇荫，意取讬庇先贤之荫，潜修于此而终老焉，予已为之记矣。兹复邮致此轩记载，又嘱为序，以资刊行。噫，余文曷足重君哉？然益念君之造诣为不可量也！忆昔蓝川与予共话西京，谓君颇明于事，芸阁实利赖之。

予与君交久，知君之明于事，非惟性敏，亦学有以致之也。盖学为治事之本，古之人格致以穷事理，诚正以谨事几，修齐治平，靡不由此以善其用。是以世多通材，其邃于学者，未有不达于事者也。君盖有力于此矣。而值夫异学争鸣，尤慎重于师承无误。盖虽上圣，尤必有所祖述，矧在末学，讵可漫无所主乎？

今观是编记载，以清麓为正宗，以上追洛闽，溯源洙泗，其余各目皆渊源此学而出者也。惟其学之纯懿，故其见于纪述，有伦有要，而亲切有味，所由西方学者爱玩不置，咸为醵资刊行者也。然予重有望于吾友者，今又庇荫宗铭矣。抑知宗铭之教，前为马杨村❶、王石城❷相继宏扬，其后学风日替，莫振铎音者十余稔矣！吾友重整旗鼓，再振宗风，然试思吾之所以行教者，常以"四为"坚其志者乎？以"六有"密其功者乎？以二铭之训，时刻体验于身者乎？能如此，则以成已者成人，精思力践之所得，他年撰著，当不仅如兹编所就，未知吾友为然否？

民国三十五年夏历三月既望，兴平学友赵玉玺敬序，时年七十有二

---

❶ 即马鉴源，生卒不详，字养之，号杨村，陕西兴平人，师从贺瑞麟，贺门四先生之一。

❷ 王石城，即王照，字反之，号石城，陕西合阳人，贺门四先生之一。

序跋一

《周易正读》[1] 序

孟子称孔子集大成，而为时中之圣，于《易》概可以见矣。夫《易》之为书，伏羲以画开之，有象而无辞；文王以彖系之，有辞而□□[2]；周公以爻辞继之，则六画卦之全体备具，三百八十四爻，错综变化，亦以见焉。而天地人事万物之交易、变易、不易之易，无不彰明较著者也，尚何加之有哉？然圣圣相传，相印以心，而时势之变迁，千百不同。伏羲之心，文王虽洞鉴之，不能不少有拟议；文王之心，周公虽善体之，不能不少有阐发，此象、彖文之作，文虽不同，而意则一也。至能会通妙义，依次第而发明之，非天纵之圣，绝韦之学，不足以溯其源而竟其委。

春秋时，天生孔子，为万世立人极，为亘古端学术。其于《诗》《书》《礼》《乐》《春秋》，则删之修之，独于《易》，韦断则续之，假年以学之。卒望道而未见者，盖喜夫伏羲一画开天，八卦定位，而天地之经纬赖以立，四时之气化赖以行。然按之人事，则浑然无迹。文王演《易》，借卜筮以尽其义，系彖辞以达其蕴，夫然后人事中有《易》道焉。而《易》始可以范天地，甄万物，前民用，吉凶悔吝之见乎事物、动乎四体，天下人不至贸贸焉失其所趋避，洵伏羲一大功臣也。盖彖辞虽浑括全卦大义，先贤谓读之可思其过半，究之一爻有一爻之义，一时有一时之事，一事有一事之理。周公继述遗业，于卦爻各系以辞者，详明事理，曲尽人情，不惟有功于厥考，而且有功于伏羲矣。孔子观象玩辞，始见夫六十四卦之精蕴，按诸吉凶悔吝，亦毫发而不爽，于是作《彖传》以发挥之，终见夫三百八十四爻之变动不居，周流六虚，天下万变寓焉，于是作《爻传》以推广之。盖孔子之功，不惟有补于伏羲、文、周，而遗泽实流传于天下万世矣！惜乎手订之书无存，汉儒置《彖传》于彖辞之下，《爻传》于各爻之后，复置《象传》于彖后爻前，淆乱舛错，不足论矣！而程传踵之，本义仿东莱意，亦以象、彖、爻各传一处分列，学

[1] 《周易正读》为张元勋所编，目前仅见陕西师范大学图书馆古籍库有藏。

[2] 原文漫漶不清，难以识别，且此书版本惟一，无从对校，不得已以“□”识之。

者诵读，卒无正本。

夫《易》为群经之源，人事顷刻不可或离也。乃四圣人相承之次序，竟历秦、汉、隋、唐、宋、元、明、清而无定，后之学《易》者，亦靡所适从，岂非今昔一大憾事哉？吾师果斋先生，早岁受读，有疑于此，反复研玩，盖已有年。一旦得其要领，乃始依其次序，正其烦乱，置孔子之传于彖、象、爻三者之后，增画卦下之卦名，去彖、象、爻传若干“曰”字，然后此书之次序分明，脉络贯通，而尤便于诵读。私以斯编之作，未审与列圣之心相符若何，然破除旧例，独标新意，非有大过人之学识，不克出此。铭诚从游三十年，对此甚契于心。壬午冬，先生编讫，手示铭诚缮写，自课兼以课人。同学友梁君信甫，取付手民以广其传。谨缀数语，以志景仰，更愿世之读斯书者，濯去旧见，惟宜是从。

《后四书》序[1]

有宋五星聚奎，肇启五贤，续千载不传之学，开百代未明之惑，世以濂、洛、关、闽与邹鲁并传久矣。清麓贺子尝谓：“六经古无有也，而成于孔子；四书古无有也，而成于朱子。六经成，尧、舜、文、周之道著；四书成，孔、曾、思、孟之道传。前作后述，赓续罔替，数千年于兹矣。”清初，仪封张子恪守周、程、张、朱，以上继孔、曾、思、孟之正传也。尝纂濂、洛、关、闽书以配《学》《庸》《语》《孟》，名曰《后四书》，屡经进呈，思以颁行学校，其承前启后之心盛矣。

近王君耀先于泾阳建筑景贤书院，以祀宋五贤，是有意于濂、洛、关、闽之学者也。己卯夏，果斋先生检阅此书，嘱耀先校印以公同好，学者读而好之，周、程、张、朱之学明，即孔、曾、思、孟之道著矣。或曰：“六经炳

[1] 《后四书》，全称《后四书集解》，清初张伯行取周、张、二程、朱之书精华所编，参以己意。张伯行（1651—1725），字孝先，号恕斋，晚号敬庵，河南仪封（今河南兰考）人，理学名臣，卒后入祀孔庙。此序所云王君耀先，即临潼人王宝第（1878—1962），字耀先，陕西临潼人，张元勋弟子。王宝第初以经商起家，后折节读书，随张果斋精研正学。后于临潼创立宗圣精舍，以弘扬正学为指归，四方求学者甚众。此序云王宝第将印《后四书》，向李铭诚索序。今此书有民国三十六年铅印本，卷首有王宝第、赵玉玺、张元勋及张伯行序，书尾有杨茂春、李铭诚、韩振岐、王永清、高子贞跋。

若日星，四书昭垂天壤，学者弁髦久矣，遑言濂、洛、关、闽之《后四书》乎？”余曰：“不然，夫书，所以载道也。周、程、张、朱，实孔、曾、思、孟之嫡派。《后四书》之编，与前四书其道同、名同，体例亦同，学者不欲造道入德升堂入室则已，如不甘自弃，舍斯四书何由哉？”

先儒赞五贤曰：“周子，聪明睿知也；明道，宽裕温柔也；伊川，齐庄中正也；张子，发强刚毅也；朱子，文理密察也。”盖五贤之德，充积于内，其书亦有与之相类者，学者受而读之，由《太极》《西铭》《好学论》《定性书》《敬斋箴》上寻《大学》之纲领，《论》《孟》之仁义，《中庸》之明诚，如入门庭而升跻堂室也。况《集解》之推发，剀切详明，诚足振兴梦梦。学者潜心深求，其翼羽圣经也大矣！耀先将付手民，来索序言，不揣谫陋，谨缀数语，以志景仰云。

送渑池郑勤夫序❶

关、洛学派之渊源，始于周，盛于宋而赓续于今。周之营洛也，文、武、周公之道化被洛浦；宋之中兴也，程、邵、司马之学流传关辅。当斯时也，二程足迹蓝、鄠，四吕尽业龙门，横渠官于汴，程氏婚于秦。苏、张、吕、李诸贤，东西往来，相与倡明圣学，发扬至道，不惟晋、楚、蜀、鄂所不逮，亦亘古未有之奇遇也。自此关辅名儒辈出，代不乏人，而中州六君子、八君子，孙、汤、张、陆诸先生，亦层见叠出而不穷者也。且秦、豫只距一关，风气人情无大悬殊。其在古昔，伏羲画卦于上蔡，黄帝铸鼎于阌邑，吕氏寓于蓝，张子籍于眉，错综变化，诚天造自然之寓合。学派源委，回环交互，更非偶然而然者也。

即近今而论，清末科举盛行，圣人之学名存而实亡，文、武、周公之道不明于世，周、程、张、邵之学微耀一时。芮城薛仁斋先生，崛起三晋，设教灵、陕，西与贺复斋、杨损斋二先生结社讲学，关洛俊秀，靡然向风，由是关、洛之学派，断而复续。及渭北启正谊讲坛，汴垣建明道书院，黄曙轩

❶《庇荫轩存稿》目录作“送郑勤夫东归序”。

主讲夷门，孕育异代耆儒，可称一时之盛。然地居中原，开通早而腐化速，厌故喜新辈，急欲称雄一世，无可挽回，而一二卫道之士，或求学于异域，或闭户而不出，寥寥晨星，旋复渐渐云亡。关内自复斋崛起泾、原，近交朝坂，远友芮城，遂成鼎足之势。而世称为薛、贺、杨三先生者，朝坂、芮城时有隆替，独清麓一帜，中岩千秋，愈久而愈光显也。复斋殁，及门谢、杨、王、马诸耆老继其徽，至牛蓝川、张果斋两先生而始著，发扬光大，不仅为三秦之灵光殿，竟成吾中国文化之根据地也。

政变以来，洛中士子，西来请教肄业，不下数十名，更有及门数年而不归者。年来梁君信甫，不惜重资，遣洛中志士受业于先生之门。凡来学之士，质美者有人，学优者有人，求其志趣广大，识见高远，毅力之坚卓，未有若渑池之郑君勤夫者。勤夫，刘晴溪先生高足也，与信甫相友善，将拟并辔联镳，兴复洛学。春月入关，会祭宏仁，就学清麓，与余朝夕相聚，切磋砥砺，获益良多。旋赋白驹，谨以相劝之义赠之曰："关、洛原系一家，果斋先生胸襟阔大，不分畛域，一视陶成。足下宜久侍门墙，涵濡至德，俟其情陶性淑，深探文、周、横渠之蕴奥，求合两程之薪传，他日抱道东还，怀德返里，声教感人，速于传命。诚如是也，不惟月川之夜烛重明，凤阳之泰运复转，而龙门余韵，光耀人寰，则关、洛之精神亦吻合而无间，岂不懿欤？然斯役也，任大责重，负之诚不易易，须先立一百折不挠之志，从'六有''四为'著手，而贯通乎《西铭》一本万殊之旨，不背乎文、周之道，符合乎两程之学，则关、洛学脉，如出一辙，始见其功大完密，德性粹然耳。勤夫勉之！"

跋凤翔贾峻亭先生点批四书手书[1]

凤郡峻亭贾先生以名宿教授乡里，严毅方正，端肃恭谨，一时桃李满门，不惟科名蔚然，其弟子散在四方，皆循循雅饬，遇之不问可知为先生弟子。故亲炙其门者，至今啧啧称道不已，其教泽入人之深，可概见矣。

[1] 《庇荫轩存稿》目录作"跋凤翔贾峻亭点批四书序"。

甲申秋，余讲学斯邦，先生哲嗣宗谊[1]，极力扶助，旋以宗铭书院荒废有年，遂约邑中士绅，醵资恢复，延余主讲其中。窃谓贾君宗谊，少承庭训，长则急公好义。今于公务扰攘中，为举世不为之事，尤孜孜以振兴关学、发扬孔教为职志，知必有在矣。

乙酉春，宗铭成立，不时来院讲谈，日者偶言昨于书箧中拣得先君子点批四书遵注手书，将以昭示来许，作传家宝也。旋示阅，展读之余，则见夫字迹端严精密，丝毫不苟，手泽所在，固已挟心画而传之于不忍读之中，此孝子仁人所孺慕终身者也。最可钦者，朱批《大学章句》首章“因其所发而遂明之”节，谓“一‘因’字，见错过不得，须要察识；一‘遂’字，见停留不得，便去扩充”。即此数语，足见先生识解之高，用功之密，深得乎朱子之心矣。在科举盛行之时，非拔出俗学、独具只眼，以求切己实修者，不克出此言也。宜乎门下士矫矫不群，堂前子大异众人。虽未与清麓往来、共讲关学，以复横渠旧业，然典型犹在，垂统可继，以俟哲嗣发挥而光大之也。余既慕先生之学，而又嘉哲嗣兴学之志，欲告以善道，使其凤毛济美也，因敬缀数语，以志景仰，并以励宗谊云。

《汉川陈母于孺人节孝行略》书后

自平等自由之说竞起，士大夫朝秦暮楚，仰面事雠，捐廉耻而弃礼义者比比皆然，尚遑问巾帼中之妇人，能贞节与否耶？然秉彝之性，极天罔坠，闻有名门右族之淑女，得禀赋之异，受庭训之教，虽生长草野，而妇人一节，终身不改之，大义早明了于胸中。及于归也，不幸而遇贫乏，适孤嫠，养亲抚子，遗大投艰之责，不以富贵动心，不以威武改节，卒遂柏舟之志，而名垂史策，较若辈岂不超出万万哉？汉川陈母于孺人之节略似之。

于孺人者，武生陈远鸿之妻，于晓天之大姑母也。年及笄，适陈君，孝舅姑，事丈夫，和妯娌，恤幼弱，无一不克尽厥职。年二十余，夫亡，誓志养亲抚子，至死不嫁，几经困顿，几经挫折，而终不更其所守。既而堂上二

---

[1] 贾宗谊，贾峻亭之子，民国时曾任凤翔县参议会议长。

老以天年终，膝下子侄各授室成人，孺人年届花甲，乡党戚族咸谋称觞请旌，表彰懿徽，以报孺人之德，亦云盛矣！

乙酉岁，余讲学宝鸡贾村镇，于君晓天适作公于此，听讲之余，执贽请业。余允其请而不纳其拜，虞君之志不坚而心不诚也。旋出所作令大姑母于孺人行略，洎所在题跋诸名人词，始稔积学有素，乃旧家庭兰桂也。卒以令大姑母行略请正，并索题跋。因叹孺人之孝敬勤慈、冰霜苦节，诚可为衰世巾帼之模范矣！谨缀数语，以志景仰。

论说二

君子小人说

君子、小人之名称，至圣孔子论定之，不惟真小人不能诡避，伪君子亦不得假冒也。《论语》一书，于君子、小人，常对举而互言之。

以心术言，则曰：君子怀德，小人怀土。君子怀刑，小人怀惠。君子喻于义，小人喻于利。君子而不仁者有矣夫，未有小人而仁者也。以气象言，则曰：君子泰而不骄，小人骄而不泰。君子矜而不争，群而不党，小人反是。以接物言，则曰：君子周而不比，小人比而不周。君子成人之美，不成人之恶，小人反是。以造诣言，则曰：君子求诸己，小人求诸人。君子上达，小人下达。以器量言，则曰：君子不可小知，而可大受，小人不可大受，而可小知也。以工夫言，则曰：君子畏天命，畏大人，畏圣人之言，小人不知天命之可畏，狎大人，侮圣人之言。以待人言，则曰：君子易事而难悦，小人难事而易悦。以知过言，则曰：君子之过也，如日月食，过也人皆见之，小人之过也，必文，又从而为之辞。

以上内容，皆孔子区别君子、小人之定论，如阴阳、昼夜、寒暑之相反，不可丝毫假借也。今人闻而知之，莫不了然于心而无疑，何其立心制行、应事接物，往往舍君子之路而不由，师小人之心日益专。是犹弃美玉而求碔砆，背正道而趋邪途也。乌乎，可且即不以君子为可效，不为君子可也，乃反求得君子之名；以小人为可恶，不学小人可也，乃反务蹈小人之辙，隐恶扬善，欺世盗名，伪君子也，更为可鄙之甚。彼真小人也，甘自任为小人，而名实犹相符，虽日设陷阱，时张网罗，以害正人。行之则喜，违之则忧。其肺腹，其伎俩，其期图，诚庐山真面目也。语云："伪君子不如真小人。"岂不信然？果真君子焉，而不自知为君子。其视人也，而不轻误为小人，平居责己也严，责人也宽，自待也薄，待人也厚，利则让之趋，害则让之避。小人因之心满而意足，不惟不害君子，不防君子，而反爱君子、敬君子。孔子待阳货，孟子处王驩，皆不恶而严者也。《易》观卦九五曰"观我生"，如小人不服君子，君子必自反曰："我无礼矣，我不诚也。果有礼而诚至，小人何至而不我服？"又必自讼曰："我自任为君子，果能如孔子所言君子之实际也不能？我视人为小人，果能如孔子所言小人之实情也不能？二者一有不能，则我自称为君子，恐为伪君子，不是孔子论定之真君子也。我视人为小人，恐为假小人，不是孔子论定之真小人也。我何敢遽然怨小人，我何敢卒然为君子，即不自任为君子，亦不宜视人为小人。权利所在，胜负相形。当平其心，易其气，安命守分，而不与之争，则真小人或自悟自怨，而服我矣。我或自竞自持，而不流于伪君子矣。"先贤程子有言："圣人责己感也处多，责人应也处少。"自古真君子，未有不受制被祸于真小人。其卒也，真小人殒身灭性，覆宗绝嗣，真君子血食千秋，名垂青史。天网恢恢，疏而不漏。孔子，天地也，其言论敢不信乎？其君子、小人之名称，敢不认识清楚乎？

昨日凤翔青年团干事长宁忠武，谒余宗铭，请示待小人法，遂历引至圣孔子之言而反覆推论如此。时乙酉岁夏历阳月六日也。

克去己私复还天理说[1]

天之生人也，莫不与之以仁、义、礼、智之性矣。夫仁、义、礼、智，天理也，人得之以为性。性者，万物之一原，无物、我之间，无人、己之分，惟圣人为能尽性，视天下为一家，中国为一人。然人不尽圣人也，其下焉者，气质之禀，什百千万不同，其不同之气，非载理之气，乃客气也。其不同之质，非万物一体之本体，乃各具之形质也。气不同于理，私心起焉；体有异于人、己心生焉。苟无学力以治之，则自知有己，必不知有人；只知循私，

[1] 《庇荫轩存稿》目录作"克己私复还天理说"。

必不知循理。间尝见私、己者，其于衣食也，只求一己之饱暖，不恤他人之饥寒。其于事为也，只求一己之安逸，不念他人之劳苦。甚则率兽食人以充裕一己之需养，草菅人命，以穷极一己之奢华，推充一己之私，扩一己之私之量。其始也，害人贼民，求快一己之心。其继也，欺君罔上，求重一己之权。其终也，弑父与君，以遂一己之欲。斯人也，即古之所谓“独夫”也。名为独夫，则上不知有天地，中不知有君亲，下不知有昆弟妻子。与民同仇，与物无异，营营毕生，苟苟一世，只做得一人一己之职业，其卒也背天理、伤天心，而斲丧天性，谓之为人，可乎？且天以一理生万物，以一心育万物，以一性与万物，今悖德之子竟任一己所禀之气质，纵一己耳、目、口、鼻之欲，灭天然仁、义、礼、智之理，假位高权重，无所不为，无恶不作。蚩蚩之民，其奈彼何？只好忍之受之而已。无如昭昭之天，赫赫在上，岂能容此害我群黎之独夫、毒我同胞之逆子也！势必假手智勇之大人以歼灭之。在昔夏桀位居九重，穷奢极欲，残暴万姓，天假成汤以伐之。商纣身为天子，残害忠良，流毒四海，天假武王以讨之。其下公卿大夫、奸雄国贼，以及贪官污吏、土豪劣绅，天则各量其私心之大小、罪恶之轻重，降之灾祸，以罚殛之。仰观历古，俯察近今，天网恢恢，疏而不漏，况万事丛挫，皆由一念之私，万善之不克有终，万众之不能同心同德，亦由一己之私心害之也。《中庸》推极其义而断言之，曰：“修身以道，修道以仁。”仁也者，合天地万物为一体，道由此而宏，身由此而修。倘一己之私不去，即为不仁，万恶因之以起，何道之可言，身之可存乎？余虚度古稀，被私之害最深，愿同人以此为鉴，克去己私，复还天理，则仁、义、礼、智之性可全，不惟可以为圣贤、为豪杰，亦目前谋生活一条坦途也。

宗铭书院谕学者语

夫学者，所以学为人也。人为万物之灵，其性善，其质美，其气清，其形端，超乎万物之上，而可以为圣贤，为豪杰也。然纷纷纭纭之众人，失为人之道，而不可以人称者，何也？盖人有父子，父子不亲，非人也；人有君臣，君臣无义，非人也；人有夫妇，夫妇无别，非人也；人有长幼，长幼无序，非人也；人有朋友，朋友不信，非人也。此五者，人之大伦也。孟子曰“设为庠序学校以教之”，皆所以明人伦也。明人伦之教，即以为人之道，还治为人之身也。且人、禽之关，只在一念。如为贼子，为叛逆，为敖弟，为悍夫、损友，容貌虽端庄，衣冠虽严整，而悖德害仁，济恶逞凶，有时求为禽兽而不得，可哀之甚也。若能爱亲敬长，尊贤容众，克尽人伦之道，则仁、义、礼、智之性可复，视、听、言、貌之德可全，喜、怒、哀、乐之情可以中节，五官百骸之体可以践形。诚如是也，不失为人之道，而始可称为人矣。诸生各赋为人之实，勉全为人之道，敦伦理而尚行实，尽其性以至于命，则圣贤可学，豪杰可为，孰不以至人、大人、成人、达人目之哉？诸生勉旃！

凤鸣书院谕学者语

朱子云：“道便是无躯壳底圣人，圣人便是有躯壳底道。”窃以道，理也，圣人，人也。理必待人而后行，谓圣人为道可也。人能宏道，非道宏人，谓道为圣人，其义不亦谬乎？既思道之在天地，无物不有，无时不然。洋洋乎发育万物，峻极于天，道之极于至大而无外也，优优大哉！礼仪三百，威仪三千，道之入于至小而无间也，视之弗见，听之弗闻。然其体物而不可遗，使天下之人，斋明盛服，以承祭祀，洋洋乎如在其上，如在其左右。盖向之所谓视而弗见者，今则昭著目前矣。听而无闻者，今则处处动心而不敢少起厌怠也。圣人为人师表，其耳提面命、指示化导，亦不过如此之严厉密切，谓“道便是无躯壳底圣人”，确有明验，然不特此也。率性谓道，道也者，事物当然之理，原于性而具于心，推之可以和妻子、顺父母，极之可以位天地、育万物。道之体至难知，道之用则易见。大德敦化，小德川流，荡荡乎莫能名其妙，浩浩乎充塞天地而无间，谓“道便是无躯壳底圣人”，更有何说耶？

今之求道者，不先戒慎、恐惧、存养于不睹不闻之前，戒欺、求慊、省察于独知独觉之地，喜、怒、哀、乐发不中节，子臣弟友，行不合道，道不远人，人常远人以为道，谓之求道之君子，可乎哉？况日在名利场中，欲求世外之逍遥，势不能也。倘外伦理以求虚无，面墙壁以图自安，适探临于至静之中，常恍惚而若有若无，天伦中之真乐，奚能领取？间有持守于至动之时，心思昏惑纷扰，义理内之旨趣何得尝试？由是终身求道，终身与道相离，以有躯壳之形体，体无躯壳之妙道，不克浃洽于心，其故何哉？盖人心道心，犹一矛一盾，尝相倾轧而不宁，一方一圆，尝相背谬而难合，是故终身在道中，终身不为道所容者也，何怪之有乎？至于“圣人便是有躯壳底道”，犹有深意，更不可不为同人详言之。程子称“仲尼，天地也”，周子谓“圣人与天地合其德，与日月合其明，与四时合其序，与鬼神合其吉凶”。圣人以有躯壳之道，直与无躯壳之天地、日月、四时、鬼神同其功用耳。众人，人也，圣人，亦人也。众人不能尽为人之道，圣人则超乎众人之上，与天齐，与地平，与四时、鬼神为一体者，何也？盖其始也，实从有躯壳中做成，化除无躯壳之学问，知耳、目、鼻、口生于形气之私，为人心，礼以节之，义以裁之，不使徇乎人欲之私、荡情灭性以离道也。知仁、义、礼、智原于性命之正，为道心，精以察之，一以守之，不使背乎天理之真，以违道也。其志意超乎万物之表，其功夫全乎天命之性。以仁存心者，期与万物为一体；以义制事者，期与天下为一家。其卒也，声为律而身为度，言有教而动有法，谓圣人为有躯壳之道，不亦宜乎？且言为世法，行为世则，裁成天地之道，辅相天地之宜，过化存神、笃恭而天下平。道之范围人心、曲成万物，岂是过欤？

今之学圣人者，其志向非不专一，往往移于贫贱、淫于富贵，利之所在，不顾性命以夺之；名之所在，不顾道义以争之。间有以成人自居者，阴与道背，阳与道合，究之学不足以广其才，德不足以济其能，似脱洒也，而实沾滞；似豁达也，而实狭隘。情欲之念炽，义、礼不足以制之；暴燥之性发，学力不足以胜之。小不忍则乱大谋、失人性，不知严自责。意有所拂，方寸乱矣；情有所感，步武错矣。甚至以耳目聪明之驱，恒掷于何有何无之乡，以害理背义之事，久作戕生灭性之媒。诚如是也，躯壳之身不过行尸走肉而已，何能学至圣人而卒能得乎有躯壳之圣人之道哉？至希诸生戒除近世求道学圣人者之流弊，完成有躯壳之圣人之道，以求合无躯壳之道之圣人，则无间然矣。

年来讲学凤、宝，见夫各派各教议论纷歧，不克一致，极力以破除偏见履行中道为劝勉。既思偏不得中，乃责备贤者之意多，非私己肥己者所可比伦也。然偏由于私，私心胜则天理亡，世界永无和平之希望。前篇特以“克去己私复还天理”为说，以唤醒人心，俾一切作用悉依天理而行，则偏可渐正，正可渐中，中则不偏不倚，而各派各教亦可化除私见而趋于一是矣。吾侪果能克去己私，复还天理，作人伦表率，为士子矜式，则中国幸甚，天下幸甚。❶

书牍三

上张浦泉中委书❷

敬启者：

关学创自羲、文，盛于有宋。吕与叔讲学芸阁，张子倡道横渠，遂与洛、闽并辔联镳，东西焜耀者七百有余岁矣。其宗旨纯粹，体统正大，莫不谓为尧、舜真传，孔、孟嫡派也。由是绵绵相续，代不乏人。有清科举盛行，士骛功名利禄。贺复斋先生崛起三原，畜独立不惧之志，抱遁世无闷之怀，弃八比而讲道义，脱世累而继绝学，买山清麓，凿辟土室，不求闻达，修身见志。至诚所感，邑宰焦侯雨田就清麓地址为先生创建正谊书院。当时历任抚宪，咸为钦慕，争相推崇。

复斋先生为学，以祖述孔、孟，宪章程、朱为职志。其教人也，饬身敦伦为规矱，一时桃李满门。教泽所及，几遍天下，今已七八十年于兹矣。继起者固多明贤，其光大门户之高第，蓝田牛梦周、兴平张鸿山、淄川孙仲玉，先后主讲正谊书院，率由旧规，恪守师传。民国以来，郭希仁、杨仁天、刘允臣、胡励生❸诸名流多出其门，饮水思源，对敝院终始维护。即前陈、刘、邵、孙诸督军、诸省长、诸主席，念关中文献钟于斯土，中国国粹存于正谊，无不加意保护，以作全国文化之观感。

牛梦周、张鸿山虽一介宿儒，惓惓国家，无时或已。当沛阳❹失陷日，牛

❶ 此段为作者附记。

❷ 张浦泉即张继（1882—1947），字溥泉，河北沧县人，少时尝学于莲池书院，后赴日求学。历任国民党宣传部长、中央监察委员等职。溥、浦，音同，昔人字号时见异字，古时常例也。

❸ 诸人皆民国初年陕西革命之翘楚，学有所承，于右任有“关学之功，著于革命”之语。

❹ 今作“沈阳”。

有抗日诗十二什❶，张有起义檄文，均成简册，登诸报章，印行于世。激发一时之人心，预树抗战之先声，于国家不无小补。诸儒衣冠虽古，其爱国热诚，未尝旦夕或忘。

年来老成凋谢，师门荒凉，硕果仅存，惟张鸿山先生而已。共相推尊，永久主讲正谊书院，学规教法一本前人，不惑于异说，不染于功利。肄业分教各职员，谨遵遗训，笃守成规。讵意于闰六月望日假期，学生往山下渠中洗衣，竟被巡河游击某队伍充兵士，迄今二十余日，不得消息。适刘君允臣养疴山斋，曾浼董军长介生、张团长亮支、马县长濯江踪迹其事。而某队辗转支吾，乃诬正谊书院学生为异党云云。逖听之余，不胜骇诧。素稔先生开发西北，历有年所，曾访牛梦周于蓝田，谒复斋祠于清麓，近且访晤张先生，作半日盘桓。其崇儒重道、存古念旧之雅怀，足以光先德而励末学矣。今敝院被此不白，思维再四，惟有恳请先生向胡总司令麾下，备述正谊书院之崇尚与本分。胡总司令正直明达，有目共睹，有耳共闻。本应恪守以不辨止谤之旨，聊安所遇，但孔圣尚有微服之惧，曾母不无投杼之疑，并希速示明令，通晓附近驻军，层节维护，俾敝院不受意外风波，得保关学正宗，则感激靡涯矣。肃笺布臆，虔候崇安。

上赵次龙主席书❷

暌违至教，瞬经数周。遥瞻风范，时切斗仰。恭维节旌兆瑞，纶巾生辉，下符私祝。

敬陈者：丁卯岁❸，铭诚监正谊书院事，我公驻节东里，一再贲临。本年春月驾游，登坛讲《大学》圣经“自天子以至庶人”节，旁证曲引，发挥尽致，在座诸生，莫不俯首钦佩，拍案称奇。及公讲至修身中间，大声疾呼曰：

❶ 牛蓝川感时诗十二什，见本书《牛兆濂佚文十七则》及整理本《牛兆濂集》《牛兆濂文存》。

❷ 《庇荫轩存稿》目录作“上赵次龙山西主席书”。赵次龙，即赵戴文（1866—1943），字次陇，山西五台人，1936 年就任山西省政府主席。赵戴文平生兼治儒、释，著有《清凉山人文稿》《读经隅笔》《唯识入门》等。

❸ 丁卯岁，即民国十六年（1927 年）。

"天子能修身，则尧、舜其君；诸侯能修身，则西伯其后；卿大夫能修身，则伊、傅、望、散其臣；士庶人能修身，则孔、孟、程、朱、胡、张其民。否则天子不修身，则天下乱，诸侯不修身，则社稷亡，卿大夫、士庶人不修身，则宗庙祭祀室家不保。"反复推论，恺切训诲。环听者无不汗流夹背，感发兴起而不能自已者，皆我公之热诚激动使然也。

节届重阳，公率麾下参加会祭，临行讬鱼君存之奉付捐赐敝院国币三百元。拜领之余，私以此款系公薪俸，他项不宜动用，当与敝师张果斋院长商暂存商号，迨至十月即以此项购置原田六十亩，取租课五石，以备不虞。敝院旧存刘传经堂捐常年经费款两千银，五十余年，尚未拆阅分毫，嗣因金融变迁，早已化为乌有。田租收入，幸补其所不给。年来主讲诸先生，无枵腹之忧者，赖有水田数亩收入，暨我公润余所置之地租补助也。近因岁饥，形同破产，将复何求？往岁铭诚因疾辞职，退居院右所凿之庇荫轩，寡过自修，不问世事。顷闻我公有意向中央提一议案，请委员长蒋公予与复性书院[1]同一提倡扶助，推崇清麓而发扬圣教，用意良厚，均感莫名。敝院赵振灿已照东里贵后方办事处函指各节造册呈报，计邀清睐，曷敢再渎情。因前陈历任主讲诸先生事略，张果斋一份阙如，兹携拟成帙，随函坿上，冀浼聪听。合理与否，不胜翘企待命之至。

肃笺奉呈，恭颂政祺。统希鉴谅不备。

行状四[2]

先师牛蓝川先生行状

先生资禀粹美，而学养兼充，藏聪明于浑厚，寓严厉于和平。明诚并进，功切于下学而不骛乎高远；恪守程朱，道契其纯正而不杂乎异说。闇然潜修，以粹面盎背为实；践履笃实，以主敬行恕为依归。和而有节，恭而能温。其坐如尸也，整齐严肃，涵养于未发之前；其接物也，惠风和畅，蔼然春阳之

[1] 复性书院，乃民国三十八年（1949 年）马一浮诸儒在后方四川乐山所创，时抗战维艰，湛翁维持儒学，保存文明，功在千秋。今者新儒家方兴未艾，职此之故，论者多只知复性书院，而不知彼时关中书院实多，不让于四川。其维持国粹之功，固当与复性书院等而论之矣。

[2] "四"，原作"三"，依分类次序，当作"四"。

温。事亲务养志，以善养不以禄养；教子弗责善，以德化不以言化。亲戚故旧，虽极疏远而不失其爱敬；诸生问难，虽极困顿而不厌其训诲。平居布衣粝食，不改其乐；研精殚思，不辞其苦。

清末，当道延聘都教青门，为三秦士子端学术之本。既而退讲芸阁，为四献祠宇扩未有之局。小知似才疏，而大受颇能任重；沉潜若鲁钝，而精明不昧于毫芒。休休之量，激之不浊；渊渊之度，澄之不清。虽曰天资之美，亦以学力之至也。先生不讲事功，衔恩者不啻感再造之德。是以识与不识，闻其名，莫不起敬起爱；聆其言，莫不首肯心服。亲炙之士，受甄陶之教，潜移默化而不自觉；被化雨之泽，发荣滋长而莫名其妙。王公大人造其庐者，先生肃敬对之，未尝见往拜于公庭；穷乡僻壤来受学者，先生谆谆告诫，未尝见厌倦于容色。凡此数者，非盛德之至，何克臻此！

其他艺事，若音韵、训诂、考据、诗文、书法，无不精通。故往往诵其诗，观其字，皆疑有专门之功，盖不知先生天资高、功修敏，不经心而一见能喻，稍著手则可法可传。其穷居坐诵，慨时局之不振，常以为忧。当废经灭伦之日，大声疾呼，遵孔道以为保教存国之基；值辽阳被噬之时，痛心疾首，明人伦以为恢复失地之资。感时诸什，以忠义励人心；《我明告你》数言，以公恕激民族。五十年圣学不绝，古道犹存，先生维持之力居多也。况有清讲学之风，清献、杨园、仪封❶而后，薛、贺、杨❷三先生崛起西北，清麓博大精深，独得其宗。先生则师承清麓，德纯学粹，其克集诸先生之大成而未坠也。

铭诚从游日久，伏念无行不与之教，备述盛德难忘之忱，私以先生德泽可以河岳并寿。惜言之不文，不足状先生于万一也。愧痛曷极！兹适国难当头，葬期在即，谨书其荦荦大端，以敬求志于大君子而表彰之，无任感戴之至！

丁丑秋七月望日，受业卢氏李铭诚挥泪拜状

---

❶ 清献、杨园、仪封，分别指浙江平湖陆陇其（1630—1692）、浙江桐乡张履祥（1611—1674）、河南仪封张伯行（1651—1725），皆清初名儒。陆陇其谥号“清献”，张履祥号杨园，张伯行为河南仪封人，故有清献、杨园、仪封之代称。

❷ 薛、贺、杨，指山西芮城薛于瑛（1807—1878）、陕西三原贺瑞麟（1824—1893）、陕西朝邑杨树椿（1819—1874），皆关学大师，有“关中三学正”之称。

祭文五

祭至圣先师孔子告文

维乙酉岁二月朔壬午，越祭日己亥，后学李铭诚、贾宗谊、张次屏等谨以清酤、庶馐之仪，公祭于至圣先师之神前曰：

自吾夫子祖述尧舜，宪章文武，立万世道学之基，后世始知道之有统，学之有宗。历秦、汉以迄明、清，虽百派横流，异端争鸣，而大中至正之道，与大中至正之学，不陷于虚无，不流于功利，不矜于博杂僻怪，不炫于文彩词章，则纲常之所以极天不坠，人类之所以异于禽兽，风俗教化之所以维系人心者，未始不赖乎此也。故三代以上，折衷于吾夫子。三代而下，学绝道丧，屡失其真。至炎宋而程、朱继起，再辟“崑”仑。居敬穷理之说，依然尼山之博文约礼，虞廷之精察一守之传者也。自此斯道大明，道统之传、学术之正，显于元，著于明而推行于清也。元也，明也，清也，制度文为，礼乐刑政，虽不克尽复三代，而学宫之所尚，人道之所重，究不外乎四书、六经之道与学。其国家选贤与能，亦莫不以斯为准则也。乾、嘉而后，文胜乎质，名浮于实，高才特出之士生乎其间而不安于故习，直以时艺为腐文，以道学为无用，因噎废食，遂谋别树一帜以自雄。讲训诂，尚考据，拟驾于程、朱之上，势不得不以程、朱为劲敌。其始也，以传注之有误；其继也，以义理为不精；其终也，唾之骂之，排斥而废弃之。由是荡检踰闲，平等自由之祸机阴伏于此，而势不可救药矣。

同、光时，复斋贺子崛起三原，轻文艺而尚躬行，崇圣教而黜曲学，守程、朱之道，学程、朱之学，而又以朱子为依归，以吾夫子为仰止者也。一时学者靡然向风，而周、程、张、邵、许、薛、胡、陆❶之道与学，莫不因此发挥而广大之。复以道统之传，学术之宗任之一身而不遗余力。其刊刻诸群经、诸传注、诸语录也，反本穷源，严校密勘，折衷一是而后已，诚可与紫阳之著述、尼山之删定同一微旨矣。宜乎关中道气倡旺，甲于天下，中邦四

❶ 许，指元儒许衡（1209—1281），胡，指明儒胡居仁（1434—1484）。许衡曾在关中讲学，创办鲁斋书院，在关学史上有特殊意义。清末光绪间，黄嗣东、贺瑞麟等人重建鲁斋书院。

千余年之道统学宗不毁不灭者也，凤翔宗铭书院之有于是邦也。

光绪年间，贺门岐山武文炳承祖父遗志，慨捐邑北街故寓房舍四十八间，为讲学地，邑北乡竹园村田一顷八十亩，作讲学资。同时邑侯张公育生竭诚倡办，邑绅王锡桂、张建邦、刘源森、郃栋、周丰等相与助理，以成盛举。事蒇，延郃阳王石城先生主讲其中，推广复斋先生之教。先生每岁一临一坚众信，其鉴为斯举者之诚，因可见矣。当斯时也，岐、凤人材之盛，不亚丰镐。讲学之有裨于风教，岂浅显哉？厥后欧风东渐，美雨西来，不啻清麓之道学不行于世，即吾夫子之道学亦不见齿于人口，宗铭荒凉，已十余年矣。然天理循环，无往不复。客冬，小子因李源之聘，成立凤鸣。邑中士绅若贾宗谊、张根正、胥俊卿、张次屏、刘筱浦、侯俊猷、李居安、任道文、魏懋功、谭致和、郭载阳、戴希颜等，慨当时之情况，念旧有之掌故，遂会商各界，恢复宗铭，发扬横渠、清麓之教，即所以推广吾夫子之道学，以救今日之时弊。小子主讲教事，承命之余，惶恐万状。自以忝列蓝川、茂陵之门，为清麓再传弟子，而学浅德薄，不胜其任。兹值开学伊始，僭随诸官绅后，愿自此以往，恪守清麓之规，其教人以《小学》《近思》、四书、五经，为进修之序，不被异说所转移，期以免贻羞吾夫子之门墙足矣。至于光大斯道以待后之贤者，小子非其人也。

敬陈薄奠，神其鉴之，伏维尚飨。谨以先贤朱子、张子，先儒贺子，邑侯张公，石城王先生、敬亭武先生配享。

祭横渠先生告文[1]

维乙酉岁三月朔辛亥，越祭日戊寅，后学李铭诚奉张果斋先生命，接同学王宝第讯，与耿志介、窦应昌、贾宗谊，贤裔宗正、根正等，谨以清酤、庶羞之仪，敢昭告于明公张子横渠先生神前。

於戏！先生学贯天人，而《西铭》一篇，立天地之心见矣；道备体用而云岩政治，立生民之命著矣。有宋以前，尧、舜、禹、汤、文、武、周、孔

[1] 《庇荫轩存稿》目录作“祭张横渠先生告文”。

之道赖以不坠，先生继往之力也；有宋以后，紫阳、西山、许、薛、胡、陆之绪赖以常行，先生开来之功也。

夫天地之心立，生民之命存，生民之命存，则天地之心因以普济，往圣之学不绝，太平之治可望。太平之治有望，则历圣之道统因以不泯。诵先生“六有”之言，景先生“四为”之行，则见夫胸襟之大，抱负之阔，气象规模之悠远而博学，诚孔、孟嫡派，尧、舜、禹、汤、文、武、周公遗旨也。且《正蒙》之作，大气磅礴，充塞两间而有余；《东铭》之示，词旨惊切，流动充满而无遗。果有人焉，遵先生之道，守先生之法，前千古而后万年，虽世变风移而斯道赖以不坠，泰极否而剥极复，虽阳消阴长，而斯道不宜少改。

无何，欧风东渐，美雨西来，中国变于夷狄，人类及乎禽兽，天地易位，人命草菅，往圣之学不传，太平之开无望，天下岌岌乎殆哉！所幸先生德泽孔长，关中道气之盛甲于天下，蓝川、茂陵继起，光前裕后，故清麓而外，南有芸阁，东有宏仁，西有宗铭。近年以来，宗圣、贤山、岐阳、凤鸣，迭相成立。然斯时也，圣路蓁芜，学术庞杂。凡此数处，虽味淡声稀，无关轻重，要皆扩先生之道，兴先生之学者也。先生之功，岂不懿欤？先生之德，岂非源远而流长也？

兹值岁祭，偕摄祀事，谨率宗铭、凤鸣诸小子，追随本邑诸官绅，及贤裔诸昆季，济济跄跄，骏本庙庭，敬荐菲仪，聊表愚诚。谨以临渠先生配。敢告。

赞铭六

题郑冶亭先生画像赞[1]

盛德之容，表著丹青。岩岩道貌，奕世典型。学宗紫阳，道企孔庭。编订群书，职任传经。叔季良吏，梓里福星。遗爱清贵，万家心铭。有用道学，无瑕德馨。

---

[1] 郑冶亭，即郑士范（1795—1873），字伯法，号冶亭，陕西凤翔人，曾任印江、贵筑等县知县，著有《许鲁斋年谱》《朱子约编》《旧雨集》《绿漪寮集》等。贺瑞麟续《关学编》有传。

清麓六先生像赞

贺复斋先生像赞❶

浑金璞玉，景星庆云。太华气象，白日胸襟。
紫阳依归，邹鲁传薪。勘定经传，力任斯文。
开来继往，一发千钧。

杨克斋先生像赞❷

战战兢兢，如临深渊。气宇清超，风月无边。
恪守家学，以竟余年。恭默思道，温润栗然。

马杨村先生像赞❸

皓皓气象，鲜与比伦。清麓高弟，茂陵古人。
嘉惠后学，善诱循循。总发守道，季世逸民。

张仁斋先生像赞❹

高怀雅量，彩凤祥麟。忠信明决，志士仁人。
道德之光，闻誉施身。豁达大度，满腹经纶。

❶ 贺瑞麟（1824—1893），字角生，号复斋，晚清至民国间关学两大学派之一的清麓学派之创始人。

❷ 杨玉清（1842—1919），字温如，号克斋，陕西朝邑（今陕西大荔朝邑镇）人，关中三学正之一（另外两人为贺瑞麟、薛于瑛）杨树椿之子，师从贺瑞麟，与王石城（石城为其号，名字待考）、谢化南、马鉴源等并称贺门四先生。

❸ 参前文注释。

❹ 张元际（1851—1931），字晓山，号仁斋，陕西兴平人，师从贺瑞麟。

牛蓝川先生像赞

清明在躬，气志如神。学修道立，德厚行敦。
和而有节，恭而能温。乾坤命脉，系此一生。

张果斋先生像赞

颙颙昂昂，如圭如璋。山林遗老，气宇庙堂。
德厚学博，履洁行方。教被三辅，四方之纲。

庇荫轩土室铭

稽皇古，慕复陶。傍山居，结衡茅。近思孔，远溯尧。
望先垄，念师劳。瞻熊岭，告儿曹。鼎沸腾，世波滔。
藏驱壳，效弓韬。气渐衰，志不挠。眷兹土，营鹊巢。
攀龙角，附凤毛。乐余年，履清操。择安居，为处仁。
抱琴书，伴我身。洞白鹿，院清濬。涤思虑，养天真。
植桃李，续火薪。阐道义，明五伦。法成汤，日日新。
万物育，四时春。工程竣，饷劳民。奉祠祀，俎豆陈。
咏菁莪，燕嘉宾。歌灵台，思美人。

箴歌七

客盩厔二曲公园读《中庸》自得歌[1]

我本山林客，城市何所容。为何公园里，读书快心胸。因公访旧雨，文献良友求。王君龙如充文献会主任。栖身得其所，比邻遇同俦。出入幸无忌，动静任自由。地灵人又杰，咏吟复优游。草亭息鞭处院内有息鞭亭，军人乘

[1] 《庇荫轩存稿》目录中本篇与《读书自乐箴》次序颠倒。

凉处借作读书楼。满院奇花草，足以解我忧。龙如适不值，奉先魏君奉先充禁烟会会长伴我游。朝夕谈道义，鹤鸣子来求。达三与毅卿，昆弟意相投。齐贤和小康，殷勤款待周。我读《中庸》书，内外互交修。公园悟妙道，奉质诸名流。为我锡南针，为我正背谬。我读第三支，天道和人修。明诚两件事，阙界任自求。濯我旧见识，增我新德輶。我读第三支，时措运鸿筹。成己兼成物，仁智两相酬。成我固有德，展我素怀谋。我读第三支，至诚乐无疆。天地生万物，山川呈辉光。纯我不已功，效我周文王。我读第三支，圣道喜洋洋。德行与学问，功夫要自强。安我上下分，守我道义坊。我读第三支，本身握舆权。征考建质俟，工夫在誉先。履我信与义，全我性中天。我读第三支，尽人以合天。大哉孔夫子，馨香亿万年。敦我大德化，合我小德川。我读第三支，至圣由至诚。五德充积内，四海扬名声。开我千古眼，复我本性情。我读第三支，末章小中庸。经纶知化育，都在下学中。慎我独知地，励我宥密功。回环前两支，知行俱失中。悠悠公园里，遥想太古风。城市温旧读，自得乐融融。

读书自乐箴

圣经贤传，趣味无穷。熟读详玩，乐在其中。富贵何荣，世味何浓。涵泳讽诵，义理昭明。神为之凝，气为之平。

庇荫轩存稿跋

三代而下，学术纷歧，治乱不一。治则未能极治，乱则必将大乱。然究其所以致此者，未始不由乎学术之正与不正也。夫天下之将治也，天必生郅治之圣贤以治之，礼乐刑政，举措得宜，而治功成矣。其将乱也，天亦必生弭乱之圣贤，明学术、正人心，而乱始由定矣。是以古之君子，得志则致君泽民，康济天下；不得志则继往开来，贻谋万世，亦此意耳。所谓儒者一卷之书，万世讬命者，良非迂也。

清末，科举盛行，西学输入，薛、贺、杨三先生崛起西北，黜异端而闲圣道，明学术以正人心。三原贺子复斋，实集诸儒之大成，而折衷一是者也。厥后，蓝川、茂陵继起，发扬光大，由是清麓文献，遂为吾国圣学所宗主。后之欲求观唐虞三代郅治之具与夫孔、颜、曾、孟、周、程、张、朱救时之书，舍此而更何所求哉？

吾师穆轩先生，以高明之资，用沉潜之功，陶成于蓝川、茂陵之门，已三十余年。其学纯，其德敦，师法清麓而毫不移易其所守。癸未冬，李君复初成立凤鸣书院，延先生主讲其中。次年，敝邑官绅恢复宗铭书院，敦聘先生重开讲席，一时学风蔚起，西土人士藉沐清麓化雨，宏纲亦幸爰先生之业于其门矣。

先生，豫人也，久居清麓，凿土室数孔，颜曰“庇荫轩”，故于清麓轶事知之稔，言之确。《存稿》诸作，无非发明清麓、芸阁、宏仁之道与学，而自道其功用之经历也。学者获此诵而读之，体诸身，验诸事，异日拨乱反治之张本，未始不收效于斯编也。

先生著述甚夥，宏纲追随之余，择录其要，书成，名曰《存稿》，将拟付诸剞劂，以饷后进，未果。幸有同邑李君兆瑞醵资倡印，以公同好。谨缀数言以志庆幸云尔。

丙戌夏正元宵日，凤翔门人樊宏纲再拜，跋于宗铭书［院］❶之约礼斋

捐资姓名：

凤翔李兆瑞捐法币一万五千元，宝鸡强刚伯捐法币五千元，宝鸡张西轩捐法币五千元，凤翔贾宗谊捐法币四千元，宝鸡阎德卿捐法币五千元，汉川于德馨捐法币一千元，宝鸡王宗礼捐法币五千元，宝鸡罗慕愚捐法币一万元，河南刘德明捐法币一千元，宝鸡张锦城捐法币一千元，河南马识途捐法币一千元，河南谭彬捐法币一千元，项城韩炳顺捐法币一千元，宝鸡杨国栋捐法币一千元，宝鸡杨书震捐法币一千元，宝鸡王俊丞捐法币一千元，凤翔李思仁捐法币一万元，凤翔杨福星捐法币五千元，陕县加辅臣捐法币一千元。

---

❶ “院”字原文脱。

养蒙正教

◉李铭诚　撰；孟文强、李均宏　整理
孟文强　西安于右任书法艺术博物馆；李均宏　长安大学图书馆

《养蒙正教》序

近世以来，小学之教替矣，蒙养弗端，因之长益浮靡，此国家所以鲜良材也。兹编于师教之先，先之以父母之教，《易》所谓“蒙以养正”者，此也。子慊本此以为教，俾弟子即本此以为学行见，师道立则善人出，将于此编卜之矣。

丙辰秋，果斋书于爱日堂[1]

[1] 爱日堂，亦名爱日精舍，清光绪中，由张元际创办于陕西兴平。抗日战争时期，以爱日易使人误解，改为宏仁书院。

《养蒙正教》序

养蒙书，李子潜❶《弟子规》外，罗罗山❷《小学韵语》、宁陵❸《女儿语》、复斋先生❹《训女三字文》最为幼童不可不读之书。若此篇者，立纲分目，纯由《小学》脱胎，体极大、思极精，语则极平实、极简明。尤责成子弟之意少，责成父师之意多。夫童蒙之教，庸非视诸父师哉？使天下为父师者人手一编，口诵心惟，则所以训子弟者，必无不至，而贤才出矣。余于癸未春问学清麓，一日，至先生庇荫轩，与论养蒙。先生出是编相示，遂而为之序。

渑池后学郑成周

自叙

经残教驰、蒙养弗端久矣，昔余馆松乔时作此以教童蒙。丙辰，请正果师后，亡弟允卿手钞以示来学。未几，稿本失遗，丙子始得之，不忍弃也。窃叹圣教陵夷日甚，良材辈出无由，倘乡村父师共晓此义，依此预养童蒙，庶可补教育所不及。己卯岁，教授清麓，间取此册与杜生映雪校订正误。唐生子实楷书一过，诸生遂谋石印以公同好。余弗能止，惜其词旨谫陋，意味浅薄，不足以感羡童心而垂示后世也。转念国难方殷，人类日稀，世之保教

---

❶ 李毓秀（1647—1729），字子潜，号采三，山东潍县（今潍坊市）人，清初学者，著有《弟子规》等。

❷ 罗泽南（1807—1856），字仲岳，号罗山，湖南双峰人，著有《小学韵语》《西铭讲义》《姚江学辨》《罗忠节公遗集》。罗泽南平生主经世之学，与曾国祥编练湘军，后与太平军战死。

❸ 吕坤（1536—1618），字叔简、新吾，河南宁陵人，著有《呻吟语》《小儿语》《去伪斋文集》等。《呻吟语》《小儿语》传播甚广，影响久远。

❹ 贺瑞麟（1824—1893），字角生，号复斋，陕西三原人，清麓学派创立者。贺复斋一生讲学不倦，刊书载道，著述甚多，计有《清麓文集》《三原县新志》《诲儿编》《（续）关学编》《训女三字文》等。牛兆濂系贺瑞麟弟子，李铭诚系牛兆濂弟子。

存国、加强民族者，对此册或有取焉，则亦救时之一端耳。

己卯秋月穆轩志于正谊书院之宏健斋

养蒙正教

卢氏李铭诚穆轩甫著

天命谓性，率性谓道。道何以率，全赖乎教。教由师立，小子奉行。父严母慈，圣功可成。学术庞杂，圣路蓁芜。识者设教，必端正鹄。亲义序别，五教大纲。敬敷在宽，舍此无方。

右原教总论第一

天之生物，坤道有成。妙合胚胎，母居其功。妊子之时，预养先天。立不敢跸，坐不敢边。不食邪味，不视恶色。毋听淫声，毋思邪慝。如此生子，形容端正。才智过人，气清志定。既生以后，乳食谨节。饥饱均平，免致夭折。勿引冷笑，勿教蹙鼻。摇头摆尾，莫惯此习。勿教骂人，勿令自欺。精细伶俐，败家之基。勿惯喫嘴，勿使游戏。幼惯成性，长益浮靡。昔周太任，胎教有法。笃生文王，八百传家。邹有孟母，买肉示诚。亚圣德学，万世景行。彦明之母，不愿禄养。二曲令萱，业履垂芳。世为人母，要知此行。正本清源，所关非轻。

右母教第二

天之长物，乾德居先。养儿训子，父职当然。幸得子息，承先启后。岂可任意，令走邪路。读书之家，早教习礼。随年引导，莫错时期。子能食食，教以右手。若会说话，女缓男速。六岁孩子，教以数方。七岁儿童，男女异床。八九岁时，习恭习让。甫至十龄，出就外方。衣不服帛，酒莫令尝。食不厚味，游莫异乡。稍有薄田，建学立师。收儿放心，养儿良知。学术久坏，师要择拣。莫随流俗，泛请滥选。俊士贤儒，延聘敦遣。名师临堂，礼敬贵专。入馆以后，令子勤业。家中杂务，一概屏绝。切勿姑息，嫌师严苛。心疼爱护，长子之恶。昔吕正献，教子有法。敦请伯强，设教于家。程大忠公，识见非凡。认真濂溪，遣子受传。可惜后人，不明此理。请师教子，徒习文艺。教念杂书，徒识数字。教念圣经，徒闻书气。教念国文，徒尚新学。教念佛书，徒入疯魔。小学人样，束置高阁。有师令看，讥为迂濶。世为人父，要敦古行。贻误子弟，所关非轻。

右父教第三

五行妙合，天地生人。变理阴阳，师道乃尊。人生而蒙，无师则愚。濂溪之言，实不我欺。逸居无教，近于禽兽。虞帝忧之，使契司徒。天作之师，教人明伦。作师之道，先敬己身。为人仪表，念兹在兹。诬人子弟，罪不容死。只图馆金，不讲道义。如此下贱，挂口难提。又有浅学，引蒙入谷。误焉为马，多走差路。又有德薄，谄求失身。品节不端，误己坏人。这些先生，仍不足请。东君照待，实难应承。又有寡廉，要炭派菸。只图温饱，不恤人言。又有好游，懒不勤学。东奔西往，多有耽搁。这些师表，俱不足仰。子弟从他，每每荒唐。若是贤师，行端品正。教法纯粹，宽严互用。一能守学，二能伴读。三不懒惰，四不闲游。五能讲道，六能明心。七不徇俗，八不求人。有此八德，可以施教。朱子之法，是则是效。先读《小学》，培养蒙童。次读《近思》，涵养性灵。二书熟后，四书可通。学庸论孟，次第准绳。六经继之，大法在中。《纲目》博阅，天理早明。明诚并进，功始完成。洒以敛尘，扫以净地。进则有规，退则有矩。凡此敬身，不可不讲。五伦之教，□[1]有商量。父子有亲，教生尽孝。君臣有义，使明臣道。夫妇有别，教生正身。长幼有序，使勿乱伦。朋友有信，教生亲贤。五者废一，教法不完。宽以养之，刑以正之。退者勉之，刚者抑之。礼以淑性，乐以陶情。咏歌畅志，舞蹈习容。不开邪识、习学非道。水利算数，仍不背教。昔有二程，游、杨立雪。发启诚心，终身受业。又有延平，教授晦庵。诱掖奖励，从游累年。世为人师，要重此行。裁成辅相，代天立功。

右师教第四

人子一身，由何得来？母亲生之，十月怀胎。赋气之时，无知无觉。感

---

[1] 此处原文无法辨识。

尔以正，无学之学。稍有知识，一切遵守。慈母在堂，毫不敢苟。昔文师母，明圣显亲。孟从三迁，千古完人。免斋德养，卒传圣道。二曲学成，不枉母教。凡为人子，要法此行。能敬承继，坤道之功。

右子则母教第五

人子一身，由何得长？父亲养之，毕生莫忘。能食能言，即教尔正。请师启迪，何如郑重。稍知礼义，一切遵行。严父在堂，惟命是从。昔吕原明，学就德成。为宋名臣，光祖耀宗。二程洛学，万世纯儒。大成殿中，千秋血食。凡为人子，要效此行。能敬承继，乾道之功。

右子则父教第六

人子一心，由何始明。师长教尊，恩似亲生。尔性愚鲁，设方开启。尔气轻浮，设防变易。耳提面命，虚心敬受。授业解惑，是遵是守。昔杨龟山，能传师教。道行南方，无处不效。文公朱子，恪守师传。学就平实，德集群贤。为人子弟，要景此行。始不负师，代天裁成。

右生则师教第七

圣贤之教，各尽其道。师长立法，子弟则效。世远人亡，黄钟毁弃。瓦釜雷鸣，曲学杂异。千古正传，总归诚正。穷理尽性，以至于命。

右原教总结第八

李君穆轩墓志铭*

◉赵玉玺　撰；孟文强　整理

孟文强　西安于右任书法艺术博物馆

君讳铭诚，字子慊，姓李氏，晚号穆轩。其先河南灵宝人，七世祖兆瑞公迁居卢氏横涧镇。曾祖乡饮大宾明轩公再迁龙驹镇。祖父义和、父太学生谟堂，世有令德。妣氏张，举丈夫子四人，君次居长。生而端凝，性孝友，识者伟之。少长，取架上《伊洛渊源录》读之，慨然曰："不志此，非夫也。"由是言动不苟。弱冠后，内承庭训，外亲贤师友，入劝学斋，立明伦社，相与讲明正学。洛中固多君子，若薛孝斋、李品三、郭海寰，尤其礼重。两亲之丧，葬祭一本《文公家礼》。仲弟铭信阵亡山东，冒险越省，运柩归葬。其尽伦有如此者。君入邑庠，不为科第营心，惟以成己成物为己任。初馆本镇，后讲华原，养正明新，各循序以教之。莘莘学子，成材甚众。

又不自足，光绪季年，入关求学，拜牛蓝川先生于清麓，谒张仁斋、果斋两先生于宏仁。后又从学蓝川于芸阁。三先生者，学宗洛闽而溯源于鲁邹。君先后从师于三学院，兼为助教。凡诸先生讲授经史性理诸书，君既尽力探讨，而于师座动止、语默之间，罔弗留心。日渐月磨，不自知其学行并进矣。以故，三院生徒被泽主教者固为深切，其获益于助教，亦莫不感激称善也，实至名归。

---

* 本文原载《李穆轩行状附墓志铭》，行状一文文多不载。原书今藏陕西师范大学图书馆。

凤翔士子，民国三十二年虔请主讲凤鸣书院。越三载，其邑绅复延讲横渠、宗铭书院。盖以昔年贺子门下杨克斋、王石城、马杨村、雷立夫、谢景山主讲于斯，踵行礼教，士风丕变。久之，日就湮沦。得君重整旗鼓，礼俗复彬彬矣。世局革新，书院废弛，君又不幸病亡，有心世教者不禁伤悼于哲人之萎也。

君配吕孺人，早丧。子二：长复元，聪颖好学，有干略，先君殁。次复道，克绍先业。孙劲民，幼读。著有《养蒙正教》《小学俗说纲目》《周易卦爻吟》《李氏宗谱》《国学正宗》《庇荫轩存稿》等，多未梓行。卒于癸巳年冬十一月初三日亥刻，享年七十有三。卜葬凤翔北乡柳贯村村北栖凤冈新茔乾首巽趾。本月二十四日安葬。其子复道乞为铭幽之文，义不容辞。

铭曰：伊洛宗派，圣学遗规。关中礼教，横渠开基。程张并峙，道无分歧。后之学者，卓有宗师。继起穆轩，卢氏名贤。关洛宏化，辉映后先。凤郡终老，多士联翩。卜葬西土，胜似东旋。

兴平学人赵玉玺敬撰，凤翔受业门人梁伯载❶敬书

❶ 梁伯载（1914—1986），陕西凤翔人，书法家，师从李铭诚。

诰授通议大夫梅芳山先生行述*

◉梅震煦等　撰；胡鹏、李菁　整理

胡鹏　陕西师范大学历史文化学院；李菁　屏山县龙华初级中学

诰授通议大夫三品封典道衔
四川补用知府显考芳山府君行述

呜呼痛哉，不孝等幼既失恃，今且为无父之人矣。罔极深恩，未报万一。顾念府君懿行硕德，实有足昭示来许者。不孝等愧乏撰述之才，又惧湮没不彰，罪戾滋重。谨于恶室中，就见闻所及，濡墨和泪而泣述焉。

府君讳锦堂，字芳山，一字蓉裳，行一，晚自号味静逸叟，世为西安府长安县晁庄里❶人。先曾大父斗瞻公❷，举乾隆甲午科孝廉。先曾大母张太淑人，先继曾大母张太淑人。先大父栖鹤公，前曾大母张出，事继母以孝闻。生平力学苦读，以疾不能应试。本生大父为援例入成均❸。先大母张太淑人，

---

* 封面题签曰："姻愚弟薛允升拜题。"薛允升（1820—1901），字克猷，号云阶，陕西长安县人，咸丰六年进士，历任山西按察使、山东布政使、刑部尚书等职。著有《读例存疑》《汉律辑存》《唐明律合编》《薛大司寇遗集》等。详参《清史稿》《续修陕西通志稿》本传。薛允升与梅锦堂为姻亲关系。

❶ 《咸宁长安两县续志》卷五载长安县鱼化镇辖有东晁家庄、西晁家庄，位于鱼化镇西北。详参咸宁长安两县续志［M］. 西安：三秦出版社，2014：130-131.

❷ 《咸宁长安两县续志》卷一五《梅锦堂传》载，其祖为梅应魁，为"乾隆甲午科举人"，见该志第368页。

❸ 成均即上古学校，后代指府学、县学等。贡成即为举人或拔贡（与举人同一级别）。

先继大母孟太淑人。先本生大父淇泉公[1]，道光辛巳恩科举人，乙未大挑一等，就教职，借补甘肃庆阳府学训导。笃友爱，性和易。乡里称盛德，翕然同声。在儒学任，训诸生以立品为先务，成就类多知名士。先本生大母吕太淑人，皆以府君官，封赠如例。先本生大母吕，举丈夫子三，府君居长。本生大父谓先大父栖鹤公，冢兄不可无嗣，遂命府君承之。

府君幼颖异，为先大父母所钟爱，视如己出。及长，受知于邑侯张爱涛先生[2]。时年二十有一，县试冠军，入庠，旋食饩[3]，名躁庠序，屡荐不售。道光丁酉，始以优行贡成均。[4] 戊戌朝考用教职，归自京师。明年，省先本生大父于庆阳学署。适参军江公牧宁州，延府君阅试卷。甫入境，百姓三五成群，络绎于道，声言赴州阻考。及抵州，势愈众，变在呼吸。江君泣言欲身殉，时请兵之文已发。府君大惊，曰："是胡为者曷！"先追文回，随商令邀集各乡绅耆，婉言而理喻之，曰："尔属以加粮罢考，不加粮亦罢考乎？且始事者前任，非江公也。其各安毋躁，决不以重敛累汝民也。"力请江公，揭示丁粮照旧完纳。示出，民哄然散。[5] 翌日，考始成。大为郡守易公莲舫所重，谓先本生大父淇泉公曰："郎君有应变才，异日经猷不可量也。"

迨府君改官四川，擢嘉定府经[6]，不以微末自处，有益地方事，力赞郡守为之[7]。在任六年，如审办峨眉县互控盐案，尝以数百言判定曲直。代理乐山

---

[1] 《咸宁长安两县续志》卷一五《梅锦堂传》载，其生父为梅友竹，"道光辛巳举人"，见该志第368页。

[2] 《咸宁长安两县续志》卷二《职官表》载，"道光五年乙酉"长安县知县为"张聪贤，安徽桐城县人，进士，五月复任"，见该志第36页。卷一四《良吏传》之《张聪贤传》载"张聪贤，字爱涛……嘉庆辛酉进士……先后两任长安，勤政爱民"，见该志第351页。

[3] 明清经考试取得廪生资格的生员享受廪膳补贴。

[4] 《咸宁长安两县续志》卷三《选举表》载，道光十七年优贡"梅锦堂，四川仁寿知县"，见该志第67页。考诸全文，其"仁寿县"任职经历未载。

[5] 《咸宁长安两县续志》卷一五《梅锦堂传》载，"适应宁州襄校试卷之聘，至，则城门已焚，乡民纵横卧官署，农器杂置，路为之塞"。见该志第368页。

[6] 即"府经历"，掌出纳文书。

[7] 《（同治）重修嘉定府志》卷二三《职官志》"（府经历）"载，"梅锦堂，陕西长安县优贡，道光二十六年任"。见四川省乐山市市中区编史修志办公室编《嘉定府志》，1986年，第381页。按本文记梅锦堂于嘉定府经任六年，道光二十八年任乐山知县，故梅锦堂任职始当为道光二十三年。此可从下文"郡守邵公莲溪"得证。

县❶，五渡溪❷夷匪出巢，亲率练丁往靖其乱。犍乐盐场❸灶丁聚众滋事，设法解散之。并毁其蚩尤淫祠，风俗一正。以故，郡守邵公莲溪❹倚如左右手。道光丁未，巡查府属地方，获邻境斩决要犯四名，发乐山县询办。幕友某特驳释二名，恐归功府君也。太守❺为之不平，饬府君往会鞫，必如数上详，可膺卓荐。府君曰："梅某岂杀人求官者哉？"坚不往。太守初谓府君执，继乃幡然曰："芳山此举，前程远大，吾殊悔失言矣。"旋因擒获著名啯匪余凤楼，暨私贩硝磺各案，制府徐公梅桥❻宏加奖誉，以本案保升知县，归候补班用。❼咸丰辛亥，部覆准，遂离任。时先本生大父淇泉公已引退家居，先妣吕太淑人又疾终于署。府君回籍事亲课子，有终焉之意。淇泉公喻之曰："汝年方强，仕宜及时有为，奚可遂耽安逸？我与汝母有汝弟侍养，其毋虑。"府君不获已，赴京引见，到川擢补洪雅知县。维时，发逆窜山右，京师戒严。❽蜀中筹解京饷十万两，大宪以银数甚巨，道途梗塞，非夙有智力者无能为役。同僚多诿谢之，府君曰："居官可危难乎？"毅然请行。不孝震煦随侍督解，备极危艰，三阅月始抵都交纳。大司农以劳绩保奏，奉旨赏加同知升衔。甲寅夏，回川赴洪雅任❾，视事日，首揭一联自矢，曰："欲誓此心如白水，敢

❶ 《（同治）重修嘉定府志》卷二三《职官志》"乐山知县"载，"梅锦堂，陕西长安县优贡，二十八年署"。见四川省乐山市市中区编史修志办公室编《嘉定府志》，1986年，第383页。

❷ 亦作"五度溪"，因水流弯曲，有五个渡口而名。唐人常建有《五度溪仙人得道处》，岑参有《晚发五渡》。

❸ 《（同治）重修嘉定府志》卷二《赋役志》载，"（乐山县）盐井现额，下井三百一十一眼，煎下锅三百一十一口"，犍为县"盐井现额，上中下盐井一千一百八十六眼，共锅一千六百三十四口"。见四川省乐山市市中区编史修志办公室编《嘉定府志》，1986年，第333-334页。

❹ 即邵勷，《（同治）重修嘉定府志》卷二三《职官志》载，"邵勷，济宁州人，壬午进士，二十年任"。见四川省乐山市市中区编史修志办公室编《嘉定府志》，1986年，第376页。

❺ 按道光丁未为道光二十七年（1847年），《（同治）重修嘉定府志》载，知府为"王者政"；卷二三《职官志》载，"王者政，文登人，己丑进士，二十四年署"。

❻ 即徐泽醇。《清史稿》卷一九《宣宗本纪》载，道光二十九年（1848年）九月己酉，"以徐泽醇为四川总督"。见《清史稿》第707页。徐泽醇，字梅桥，汉军正蓝旗人。

❼ 《咸宁长安两县续志》卷一五《梅锦堂传》载，"嗣以拏获井研盗犯，升知县"。见该志第368页。

❽ 《清史稿》卷二《文宗本纪》载，"（咸丰三年）八月丙子……贼窜山西……九月……贼窜直隶……京师戒严"。见《清史稿》第726-727页。"发逆""贼"即为北征之太平军，故梅锦堂解运京饷当在咸丰三年末至四年初（1853—1854），故咸丰四年（1854年）夏得以赴洪雅任。

❾ 《（光绪）洪雅县志》卷三《职官》载，"梅锦堂，陕西优贡，咸丰四年署。伍云锦，湖南零陵县监生，咸丰五年署。熊运升，湖南拔贡，咸丰五年署"。梅锦堂于咸丰四年（1854年）任洪雅知县，咸丰五年（1855年）以丁忧去职。

留于憾到苍生？”府君之素志盖如此。下车后，廉得各夙弊，悉力除之。平反前任诬坐长发巨案，释无辜二十余人❶。杖毙积惯蠹役一名，环睹者莫不称快。日结积案数十起，自朝至暮，恒一餐以为常。不半月，夙牍为之一空。有妖僧传教之案，抄出薄具，列女弟子姓氏百余，间有正人家者。府君立饬焚之，曰：“何得污我好百姓？”严刑治首恶，余俱弗问，保全甚众。于是称神君者，且爱若慈父母焉。县属水利赵公渠久淤，府君捐廉濬修，民赖以阜。城隍倾圮，不足资捍卫。府君忧之，集绅耆议修复，县人难之，因首倡捐若干。城成而蓝逆适起❷，佥谓府君有先见。❸后逆势炽，他县多残破，洪雅独得无恙。各邑乃愈感激，为府君建德政坊。黔抚曾枢元年伯❹，世为邑人，迹府君近事，遥赠一联，云：“读圣贤书，津梁后学；为天子吏，父母斯民。”盖纪实也。至于举乡饮，旌节孝，设义学，严团练，次第举行。定章立案，因利而利，毫不累民。他如筹备义仓，减火耗旧规，刊《车冈训俗》一书示民。虽邑宰分内事，要皆府君苦心孤诣以为之也。

乙卯三月，丁本生大母吕太淑人艰，回籍守制，奉旨派办本县团练。陕抚吴大中丞仲云❺保奏，仍以知县留川，并同知升用。服阕，赴川需次。属制府王公雁汀❻，廉访张公秋坪❼，见府君，恨相得晚，深倚重之，委入谳局。会什邡有疑狱，饬往覆鞫，案得平反。前后任均以此获咎，府君数为求免谴，大府终弗应。于是慨宦途险巇，复念庭帏年高，决意告养，寅僚留之不得。归里，日侍淇泉公起居，课不孝等读。布衣草笠，见者忘其为仕宦中人。应

---

❶ 《咸宁长安两县续志》卷一五《梅锦堂传》载，“平反长发巨案，释无辜二十五人”，见该志第368页。

❷ “蓝逆”即蓝大顺（1826—1864），亦名蓝朝柱，云南回族，咸丰九年起兵云南。《（光绪）洪雅县志》卷五《忠义》载，“咸丰十年庚申三月，蓝逆窜境”。

❸ 《（光绪）洪雅县志》卷一《城池》载，“因年远，石料风化腐碎，均各倒塌膨裂。城楼柱桷瓦片，并歪斜、败坏、脱落、渗漏，难资保障。咸丰五年，知县梅公锦堂，莅任兹土。令加高叁尺，应折修者四百三十三丈。当即兴筑，工未半，以丁忧去”。

❹ 即曾璧光（1795—1875），字枢垣，又称枢元，四川洪雅人，道光三十年（1850年）进士，同治七年任贵州巡抚。

❺ 即吴振棫（1790—1870），字仲云，浙江钱塘人。嘉庆十九年（1814年）进士，咸丰四年（1854年）任陕西巡抚，咸丰六年任四川总督。

❻ 即王庆云（1798—1862），字家镮、贤关，号雁汀，福建闽县人，咸丰七年（1857年）任四川总督。

❼ 即张思镫，生卒不详，字秋坪，江西上饶人，咸丰七年（1857年）任四川按察使，咸丰九年（1859年）去职。

当道主讲渭阳之聘，首以立品励行勖多士，著有《精勤书屋文稿》❶，诸生奉为圭臬焉。

同治壬戌正月，先本生大父淇泉公弃养。府君躬亲含敛，哀毁异常，附身附棺，胥尽礼。四月，发逆陡出南山❷，距省仅数十里，民纷纷惊避。府君方哀绖，迫于夙奉办团之命，未敢卸责。招集四乡团丁，拒贼于省南引驾卫❸。不孝冠林执鞭弭，侍从左右。贼败奔。陕抚瑛大中丞❹以救护万民旗，及得胜旗百余杆奖其功。四境借以粗安。回逆倡乱华渭间，团练大臣张文毅公芾死之❺。贼氛逼长安，乡团以农忙散处。府君日事纠集，督帅防勦，几濒于危，著有《余生日记》❻，详述始末。其时，陕藩毛公小梧❼，屯兵汉南，与府君有僚属谊。单骑往请兵，毛公拨营来援。会垣赖以安，即留府君帮办营务。未几，毛公以故去，接办者为刘霞仙中丞❽，素耳府君名，雅相推重，挽请赴川北采办军米。时各军乏饷，复会同川督骆公❾奏派，在川倡办援陕捐输。府君以事关桑梓，身任弗辞。开局后，亲历各属，激以大义。不数月，

---

❶ 《咸宁长安两县续志》卷一一《经籍考》载，梅锦堂著《精勤书屋文集》若干卷。见该志第273页。

❷ 南山即终南山，位于长安县南。关于此事，《咸宁长安两县续志》记载较多。如“同治元年四月，太平军出终南大义峪”“同治元年四月十三日，蓝党出大峪”“同治元年四月十三日，蓝党出大峪”“同治元年，蓝党攻城急”等，可知本文记载“发逆”包括太平军及蓝大顺部。

❸ “引驾卫”，一作“引驾回”，地名，位于长安县南。《咸宁长安两县续志》卷十六载，“同治初，蓝党出大峪，至引驾回”“同治三年，贼居引驾回”。见该志第386页、393页。

❹ 瑛棨（？—1878），号兰坡居士；原姓郑，名瑛桂，汉军正白旗人。咸丰十一年（1861年）至同治二年（1863年）任陕西巡抚。

❺ 《清史稿》卷二一《穆宗本纪》载，同治元年五月戊申，“张芾抚叛回于临潼县，被执，死之”。见《清史稿》第780页。卷三九九《张芾传》载，“张芾，字小浦，陕西泾阳人……（咸丰）十一年……诏芾督办陕西团练，会同巡抚瑛棨防剿……芾慨然帅数骑往，历高陵、临潼至渭南仓头镇，晓以利害，回众颇感动。其酋任老五惧摇众心，嗾党拥出折辱之，芾据地大骂不绝口，遂被支解。时同治元年五月十三日也……谥文毅。”见《清史稿》第11818-11819页。《咸宁长安两县续志》载：“同治元年，回乱，钦差张文毅公芾议抚于渭南回巢，（蒋）若讷随焉，同遇害。”见该志第396页。

❻ 《咸宁长安两县续志》卷一一《经籍考》载梅锦堂著《问世余生记》若干卷，或与本书同书异名。见该志第273页。

❼ 即毛震寿（1832—1913），江西丰城人，时为陕西布政使。同治二年（1863年）九月，毛震寿以战事不利，被革职，故下文刘蓉接办军务当在此时。

❽ 即刘蓉（1816—1873），字孟容，号霞仙，湖南湘乡人，同治二年（1863年）任陕西巡抚。

❾ 即骆秉章（1793—1866），原名骆俊，字吁门，号儒斋，广东花县人，咸丰十一年（1861年）任四川总督。

集银七十余万两，饷糈赖以济，汉南之围遂解。当蒙联衔保奏，奉旨以知府仍留四川补用，饬即到省应官。而府君宦情久淡，固辞弗就。嗣又劝办援甘军饷，亦得银三十余万两。前陕甘总督穆❶，奏请赏加道衔，并议叙加级膺三品封典。适骆文忠公卒于任，刘霞仙中丞亦移疾归，府君慨然谓不孝等曰："予性刚才拙，保不以戆直杵当事乎？"力辞局事，养疴于蜀之广汉间。自叙历年事略，钞录成帙，时年已七旬矣。

府君生有至性，事先大父母，俱能得其欢心。道光戊子，先大父栖鹤公寝疾。府君日倖汤药，夜侍床蓐，目不交睫者四阅月。疾革时，家计方中落，一切丧仪弗克尽礼，府君痛不欲生。通籍后，服食日用，概从淡泊。不孝等或以为请，辄泫然曰："尔祖父母未能享我一日禄养，忍厚自奉乎？"泪随言下，恒涔涔不止。先四胞叔，幼与府君同学读，遘厉疾殇。悼痛不已，几致病。先胞姑适冯氏，少寡，遗三甥。府君悉为教养，俾习农贾，咸得成立。先五胞叔廋山公，岁贡生，候选训导，三十无嗣。府君虑本支弱，不孝冠林方生，即命继其后。先本生大父淇泉公，逮归养者尚十余年，易箦时，府君年逾花甲，苫块中犹以子职有亏，日夜号泣不止。生平重义气，好施与。凡少时相友善者，每解衣推食，毫无靳惜。代友人偿逋债，终密不宣。嘉定守邵公莲溪，因属员亏案被累。府君倡助五百金弥其阙，始得无事去官。幕友丁碧轩先生，向襄笔札，后赋闲，府君时周济之。安化高勉齐刺史，府君老友也，不晤者几二十年，忽遇于长安市上。审知旅况，解囊佽助。及殁，复为布置身后，兼赙其丧以归。儒医王讷夫，直隶人，耄耋只身无所倚。府君悯其孤苦，与订交，预为制寿具。殁即卜葬吾家护茔田内，命不孝等曰："后日祭埽，勿令此翁伤若敖氏之馁。庶吾于地下可对老友，汝等其志之。"此又府君之躬行好义者也。方仕蜀时，凡父鄗、母鄗、妻鄗，无不赒恤。诸姻长较贫者，各为备寿服一袭。在他人所借以自诩者，府君皆行之若素。一生疾恶甚严，遇不肖，辄于广众中痛诋之，而有识者转多服其直养焉。晚年好静，不孝震煦屡请迎养到署，终弗许。

壬申春，不孝冠林奉板舆旋里归养，后惟以多行善事为快。如施棺、舍

---

❶ 即穆图善（？—1887），字春岩，姓那拉塔氏，满洲镶黄旗人，同治五年（1866 年）任陕甘总督，同治八年（1869 年）十月离任，故奏请加衔之事当在同治五年至八年（1866—1869 年）间。

药、惜字、放生诸义举，靡不力为。族邻戚友有所求，俾各如愿而去。更广刊格言劝世，间则与二三相契谈谦，精力称矍铄。光绪丁亥，不孝震煦由川归省，会不孝冠林选授湖北光化知县，捧檄归里，不孝焱林亦登是科乡榜。府君喜曰："儿辈将来功名事业，吾不及见。但目前均知自好，异日或可光大吾门也。"不孝等闻之，欢欣鼓舞，依依膝下不忍离。府君因促之至再，曰："儿等胡弗各去供尔职，岂虑我为衰老耶？"不孝震煦、冠林遵命，束装之蜀、之楚。频年来屡奉严训，谕不孝等勤慎居官，并云："予精神尚好，切勿过念。"不孝震南、焱林日夕侍侧，窃见眠食如常，步履强健。暇日课孙为乐，著《省居诗》三十首自贶❶。林下优游，隹想安善。方冀垂荫无穷，蒙庥毕世。乃以丁丑、戊寅，连年奇荒，疮痍满地❷。府君目睹心伤，虽于邻里族鄙竭尽棉薄，而博施无力，焦灼万分。初仅形容憔悴，讵意忧劳日久，心血受亏。以致感触瘟风，百药罔效，竟于五月初四日寅时，弃不孝等而长逝矣，呜呼痛哉！此皆不孝等侍奉无状之罪也。

府君生于嘉庆八年八月二十六日卯时，卒于光绪四年五月初四日寅时，享年七旬有六。先妣吕淑人，生长名门。先外祖鉴泉公讳清，嘉庆乙未进士，四川邛州直隶州知州，以循吏闻。❸ 先妣幼娴闺训，深明大义。十八归府君，事翁姑恪尽妇职，能得堂上欢。逮府君官于蜀，赖先妣治家严肃，诸务井井，俾无内顾忧。先府君卒，享年五旬有一。子四，长不孝震煦，郡廪贡生，四川补用知府，即补知州❹。次震南，军功议叙提举衔，候选盐大使。次冠林，邑廪贡生，升用同知，湖北光化县知县，承庚山公嗣。次焱林，光绪乙亥恩

---

❶ 《咸宁长安两县续志》卷一一《经籍考》载，梅锦堂著《味静轩省居诗》若干卷，见该志第273页。味静轩或为梅锦堂堂号。

❷ 即清光绪丁戊奇荒。《清史稿》卷二三《德宗本纪》载，"山、陕大旱，人相食"。见《清史稿》第861页。《咸宁长安两县续志》多载"丁丑大饥""兵革后继以饥馑"等语，见该志第431页、493页。

❸ 《咸宁长安两县续志》卷一五《吕清传》载，"吕清，字镜泉，一字时山，乾隆壬子科举人，嘉庆己未成进士……调邛州"，见该志第365-366页，故吕鉴泉公当即吕清。按，嘉庆（1796—1819年）间无"乙未"纪年，当为"己未"之误。

❹ 《咸宁长安两县续志》卷一五《梅震煦传》载，"梅震煦，字小山，锦堂长子，廪贡生，以知州分四川……震煦历署广元、越嶲、荥经，西昌大邑，一厅四县。补崇庆州，多惠政"，见该志第371页。

科举人。孙十，长承祜，邑庠生[1]。次承祉、承祺[2]、承祚、承祥[3]、承祐、承礼、承祎、承禔、承禩，俱业儒。[4] 承祜、承祚、承祥、承禔、承禩，皆震煦出。承祺、承礼，皆震南出。承祉，冠林出。承祐、承祎，皆焱林出。孙女四，俱待字。曾孙一，慰曾，孙承祜出。曾孙女一，承祉出。谨俱书如右，伏乞当代大人先生，锡之铭诔，以光泉壤。则不孝等世世子孙，感且不朽。

孤哀子梅震煦，震南，焱林，降服子[5]冠林泣血谨述。

赐进士出身，诰授资政大夫布政使衔，现署山西按察使司按察使，分守冀宁道，前工部郎中，京察一等加六级随带加十级，如弟蒲城王溥顿首拜填讳。

[1] 《咸宁长安两县续志》卷一五《梅震煦传》载，“子承祜，廪生，甘肃候补府经历”，见该志第371页。

[2] 《咸宁长安两县续志》卷一五《梅震煦传》载，“承祁，光绪乙酉举人，候选知县。在军营病故，故赐叙荫。”“承祁”应为“承祺”，见该志第371页。

[3] 《咸宁长安两县续志》卷一五《梅震煦传》载，“承祥，辛卯举人，署四川雅安县知县”，见该志第371页。

[4] 《咸宁长安两县续志》卷一五《梅震煦传》又载，“承禨，武生，候补卫千总。承祖，四川候补府经历”，见该志第371页。承礽，四川候补知县”，为本文所不载。

[5] 子出嗣后，若生父母去世称降服子。

经史论衡

《论语·子罕》“子绝四”章体用义释

◉温航亮　湖南科技大学人文学院

《论语·子罕》篇“子绝四”章云“子绝四毋意毋必毋固毋我”，其中涉及孔子为学的方法论问题，对于理解孔子思想具有重要的价值。但由于经文简略，义理难明，因而历代注疏多有争论，却依然难有确解。本文尝试从“体—用”的角度对历代注疏争论的焦点问题进行解析，并在此基础上阐释章旨，以求理解本文所体现的孔子为学之方。

一、前人注疏的诠释困境及其解决构想

从历代注疏的讨论来看，本文的疑难之处主要有：其一，“绝”的义涵、对象及其内容；其二，意、必、固、我的内涵及其相互关系。

关于前一问题，皇侃以为：“绝者，无也。明孔子圣人，无此下四事，故云绝四也。不云无而曰绝者，据世人以言之也。”❶ 即以“无”释“绝”，而认其对象是孔子，内容即意、必、固、我四事。但“绝”的本义毕竟是“断丝”，段玉裁《注》解释“从刀糸”说：“断丝以刀也，会意。”❷ 因此皇氏

❶ 何晏注，皇侃疏．论语义疏［M］．知不足斋刻本，第3-4页．

❷ 许慎．说文解字注［M］．段玉裁，注．上海：上海古籍出版社，1988：645．

不得不申说："不云'无'而曰'绝'者，据世人以言之也。"但这一申说却使其诠释陷于混乱，"体"既不一（由世人而说孔子，是为"二"），"用"亦难达。既然要表达孔子没有这四方面问题的意思，又何必"据世人以言"呢？而颜延之则认为："谓绝人四者也。"❶ 颜氏显然将"绝"理解为断绝，并认为"绝"的对象是世人。

朱熹对此二者做了比较："'绝四'有两说：一说孔子自无此四者，'毋'即'无'字，古书通用耳，《史记·孔子世家》正作'无'字也。一说为孔子禁绝学者毋得有此四者，今来谕者乃此意也。两说皆有意思，然以文意考之，似不若只用前说之为明白平易也。"❷ 后说固然有不当之处，其说于"绝"后应加"人"字，属于增字诠释；其所指的前说看似"明白平易"，似乎在诠释方面具有优势，却只提及"毋即无字"，绕开了对于"绝"的解释，虽然可以遮蔽"不云无而曰绝"的难题，却不等于此一问题不存在，因而也是难以自圆其说的。

郑汝谐则提出了新的诠释思路："子之所绝者，非意、必、固、我也，绝其毋也。禁止之心绝，则化矣。此进一层说法。"❸ 程树德十分赞同此说，以为"此解最胜，恰合圣人地位"❹。郑氏此说实则从"绝"的内容入手，认为"绝"的内容并非通常所理解的意、必、固、我，而是毋意、毋必、毋固、毋我。这让我们看到，一般以"四"为意、必、固、我的理解似乎是存在一定问题的，而从语言结构来看，郑氏之说也是可以成立的。但其说明显以拔高孔子地位为目标，导致诠释语意曲折幽隐，违背了解经以明白晓畅为优的基本原则。

从"体—用"来看，皇氏"据世人以言之"、颜氏"绝人四者也"和朱熹所指"禁绝学者"之说都有一个通病，即：同一句话有两个主语，所谓一"用"而存两"体"也；郑氏之说故意拔高孔子，实是私意作祟（其他诸说也都如此），所释之"体"也就不真；而一般理解的"孔子自无此四者"，由

---

❶ 何晏注，皇侃疏. 论语义疏［M］. 知不足斋刻本，第4页.

❷ 朱熹. 朱子文集·答吴晦叔［M］. 上海：上海古籍出版社；合肥：安徽教育出版社，2002：1917.

❸ 梁章钜. 论语旁证·续修四库全书［M］. 上海：上海古籍出版社，2002：140.

❹ 程树德. 论语集释［M］. 北京：中华书局，1990：575.

于以"无"释"毋"，又存在意、必、固、我和毋意、毋必、毋固、毋我两"用"的问题；因而都是不妥当的。既要考虑"体"的一致性，又要兼顾"用"的统一性，唯有以"子"为"体"、以"绝四毋意毋必毋固毋我"为"用"。在"用"中，"绝四"为总说，而"毋意毋必毋固毋我"为分说。"绝"是断绝的意思。如何断绝？断绝的对象又是什么？由于需要回答这两个问题，因此后文要用"毋意毋必毋固毋我"进行表述，既说明四者为意、必、固、我，又说明孔子是通过禁止（"毋"）来实现"绝"的。❶

二、"意"在本章诠释中的关键地位

对于意、必、固、我的内涵及其相互关系，诸家注疏都倾向于将四者看作具有某种内在联系的整体。

何晏从孔子何以能"绝四"的角度，分别对此四者进行了解析："以道为度，故不任意也。用之则行，舍之则藏，故无专必也。无可无不可，故无固行也。述古而不自作，处群萃而不自异，唯道是从，故不自有其身也。"（《论语集解》）从其语言来看，主要着力于分别对孔子何以能无此四者进行解答，其所据也都是孔子的行为表现，而不注重对四者内涵进行解析，也不注意四者的关系。邢昺《论语注疏》谨守疏不破注的传统，大体上只是对《论语集解》的详说，增加了孔子与常人的对比。

皇侃《论语义疏》虽然也是对《论语集解》的疏解，但其解说又明显与何晏不同。皇氏于四者分别解释说"此谓圣人心也"，"此谓圣人行化时也"，"圣虽已应物，物若不能得行，则圣亦不追固执之"，"此圣人行教，功德成、身退之迹也"，并且认为"亦由无意，故能无我也"。这就将毋意、毋必、毋固、毋我四者贯穿了起来，成为统一的整体：毋意为"圣人心"，是对"体"的描述；在此基础上才有"行化时""不追固执之""功德成身退之迹"等毋

❶ 我们之所以不能采用郑汝谐之说，是因为他以为经文的后半段是对"四"的解说，同样存在一句话而有两个主语的问题。如其所言，无论"绝"的内容是通常所理解的意、必、固、我，还是毋意、毋必、毋固、毋我，其表达式都不能是现在的经文，而应该是"子绝四。四者，意、必、固、我"或"子绝四。四者，毋意、毋必、毋固、毋我"。

必、毋固、毋我之“用”，而且后三者也存在着前后相继的关系。

朱熹对于四者的关系阐述最为详细，总体来说，他认为四者“起于意，遂于必，留于固，而成于我”❶，“意是我之发端，我是意之成就”❷，将四者看作一个前后相续的逻辑过程。不但如此，他还主张“四者相因如循环”❸，“我”既是“意”发作的终点，也是“意”发作的新起点，“至于我又生意，则物欲牵引，循环不穷矣”❹。而且在他看来，这一过程具有某种必然性，“有私意便到那必处，必便到固滞不通处，固便到有我之私处”❺。同时，这种必然性也标示了病痛的加剧，“意是始，我是终，必、固在中间，亦是一节重似一节也”❻。另外，他还从事先、事后的角度对之进行了讨论，“意、必常在事前，固、我常在事后”❼。但这一区分在他的思想中意义并不大，他更强调“四者相因如循环”的一面，因此能够超出经文“意”在前、“我”在后的限定，将讨论的重心放到了“我”上：“四者始于我，而终于我。人惟有我，故任私意；既任私意，百病俱生。做事未至，而有期必之心。事既过，则有固滞之患。凡若此者，又只是成就一个我耳。”❽ 于是，四者的排序已变成“我—意—必—固”了。由此而言，《四书章句集注》虽然承认“起于意、成于我”的顺序，实则关键语在“至于我又生意”一句。

朱熹之所以将重心放在“我”上，固然与其理学思想体系有关，但从“体—用”的角度来看，也是为了寻根究底。意、必、固、我四者是“用”，“用”之发必须有“体”，但“意”虽为起点，却是成不得“体”的。从四者来看，唯有“我”可以担当起这个“体”来。所以，朱熹强调“我”，一方

---

❶ 朱熹. 四书章句集注·论语集注·朱子全书［M］. 上海：上海古籍出版社；合肥：安徽教育出版社，2002：140.

❷ 朱熹. 朱子语类·朱子全书［M］. 上海：上海古籍出版社；合肥：安徽教育出版社，2002：1326-1327.

❸ 同❷1326.

❹ 朱熹. 四书章句集注·论语集注·朱子全书［M］. 上海：上海古籍出版社；合肥：安徽教育出版社，2002：140.

❺ 朱熹. 朱子语类·朱子全书［M］. 上海：上海古籍出版社；合肥：安徽教育出版社，2002：1326.

❻ 同❺1327.

❼ 朱熹. 四书章句集注·论语集注·朱子全书［M］. 上海：上海古籍出版社；合肥：安徽教育出版社，2002：140.

❽ 朱熹. 朱子语类·朱子全书［M］. 上海：上海古籍出版社；合肥：安徽教育出版社，2002：1328.

面“我是意之成就”，另一方面“我”又是新“意”的始作俑者，这就为修养工夫找到了病痛的根本处，也为学以致圣寻到了入手处。只要缚住了“我”，便可无意、必、固的病痛，更不会再生出个“我”来无休止地滋事生非。故《焦氏笔乘》云：“意者，七情之根，情之浇、性之离也。故欲涤情归性，必先伐其意，意亡而必、固、我皆无所傅，此圣人洗心退藏于密之学也。”❶ 李颙曰：“四者之累，咸本于意，所谓意虑微起、天地悬隔是也。意若不起，三累自绝，不识不知，顺帝之则。”❷ 焦、李二氏虽未能如朱熹那样抓住“意”的病根（“我”），但二者却将朱熹的未竟之说完全展露了出来。此说是为了诊治平常人的“病痛”，体现了朱熹思想的现实性，当然有其价值，然而从经文的诠释来说，难免有离题万里之讥。因为在经文中，毋意、毋必、毋固、毋我都是“用”，其“体”在孔子，不须屋下架屋、床上施床，另造一“体”。而且，以“我”为“体”也是架不起来的，“我”只是平常人的病痛之一，诚如朱熹自言：“若曰绝私意则四者皆无，则曰‘子绝一’便得，何用更言‘绝四’？以此知四者又各是一病也。”❸ 既然“各是一病”，就不应该将意、必、固三病都归结到“我”。也许在朱熹的思想中，“我”是最关键的“病痛”，但那自是他的看法，并不能代替本章的义旨。

在这方面，范祖禹的观点很是值得玩味：“是四者皆生于心，固近于必，我近于意，有意则有我，有必则有固，然而意与必主于外，固、我主于内，此所以为四也。意者，己之私也，动于内而系于事，则有必；必则守而不移，故有固；固则不能忘己，故有我。是三者皆出于意，故意为之先，此知圣人之精微者也。”❹ 我们可以肯定，朱熹有关四者继起的思想应是受到了范氏的影响，但范氏这段话所表达的思想却远不止于此。“四者皆生于心”，这是以“心”为“体”，此其一；“意与必主于外，固、我主于内”，这是以内、外来

---

❶ 程树德. 论语集释［M］. 北京：中华书局，1990：575.

❷ 李颙. 四书反身录·二曲集［M］. 北京：中华书局，1996：467.

❸ 朱熹. 朱子语类·朱子全书［M］. 上海：上海古籍出版社；合肥：安徽教育出版社，2002：1329.

❹ 朱熹. 论孟精义·论语精义·朱子全书［M］. 上海：上海古籍出版社；合肥：安徽教育出版社，2002：318.

分别四者，此其二；“固近于必，我近于意，有意则有我，有必则有固”❶，这是将两内两外分别对应，并指出在内的固、我源于在外的必、意，此其三；“是三者皆出于意”，这是进一步指出“意”在四者中的地位，断定四者的根源就在“主于外”的意，此其四。

朱熹将四者病根归于“我”，范祖禹却将之归于“意”，一归于内，一归于外，从“内—外”角度看，朱熹之说似乎更胜一筹。但如前文所言，“我”虽然在内，却并不是真正的“内”，“心”才是真正的“内”，“我”之出现恰恰是以主体丧失了对于“内”的观照为前提的，因此朱熹之说还停留在“末”的层次，未能达到对于“本”的认识。范氏之说正可谓正本清源，认识到了“意”才是引发必、固、我的“本”，也即指明了丧失内、追逐外是四者的病根。当然，这只是就朱熹“四者始于我，而终于我”那段话而言，朱氏也有“起于意，遂于必，留于固，而成于我”等相似的话；也许两段话只是述说角度的不同，前段是工夫的角度，后段是溯本的角度。由此看来，强调“意”（外）在四者中的关键意义应该是注疏家对于四者关系解读的共识。

三、“内—外”架构中的意、必、固、我释义

那么，范氏所谓“意与必主于外，固、我主于内”是否也能成立呢？要回答这个问题，我们首先要弄清楚四者的含义。

《说文》：“意，志也。从心音，察言而知意也。”程颐显然不同意以“志”释“意”，特别指出：“意与志别，志是所存处，意是发动处，如先意承志，自别也。”❷ 在程氏看来，“意”是在内的，“志”则是在外的，因此，

❶ 程颐也认为“意与我相近，固与必相近”，并指出“须要分别出不同处”（《论孟精义》）。至于“不同处”，程颐似乎没有说明，范氏“意与必主于外，固、我主于内”也许可以算作是对此一问题的回答。

❷ 朱熹. 论孟精义 · 论语精义 · 朱子全书［M］. 上海：上海古籍出版社；合肥：安徽教育出版社，2002：317.

二者不能混淆。范祖禹也认为，“意者，己之私也，动于内而系于事，则有必”❶。范氏认为“意”是“己之私”，但“动于内”表明，他又承认“意”在内，而其所谓“系于事”即程氏所谓“所存处”，因此，他虽然没有谈到“志”，但强调在内之“意”要用出来却是相同的。细绎“动于内而系于事”一语，一个“系”字表明“意”受到了外在事物的牵绊，更能表现“意”由内发动而牵连在外的本质。如此看来，《说文》以“志”释“意”，虽然有混淆内外的问题，但以在外之“志”来定义在内之“意”，正可以表现由体达用的意思，表明“意”是可以沟通内外的；而其所谓“从心音，察言而知意也”，又体现了因用以显体的意思。由体达用、因用显体，二者共同表现了“合外内之道”（《中庸》）的特点。而程氏刻意强调“意与志别”，虽然有助于在二者的比较中理解意、志不同的义涵，却将内、外对立了起来，不能有效表达内外通达之义。

《说文》所谓“察言而知意”，言、意应该属于主体所面对的对象，但“言”固然为对象所言说，“意”却并不一定为对象所秉持，也有可能出于主体之臆设，范氏所谓“己之私”也。但我们切不可因此以为“意”就属于“内”了，毕竟要由此“言”才能引出此“意”，这“意”以对象之“言”及其真实之“意”为前提，严格讲起来应当属“外”，是主体放弃了对本性的坚守而骛求于外在的“言”所带来的。换句话说，由于主体失去对本性的自觉，内、外一时阻隔起来，内自是内，外自是外，此时“意”只在外而与内无关，内、外便成了真正有别的内、外了。

由于本章称颂孔子“毋意”，我们自然以为“意”都属于摒弃之列，但这又如何解释《大学》“诚其意”呢？王夫之《读四书大全说》最先注意到了这个问题，指出《大学》“诚其意”之“意”与本章有别，认为“盖均之，意也……其云‘其意’者，为正心者言之”，即从泛指、特指的角度对二者进行了区分。段玉裁、简朝亮则从训诂的角度进行阐述，段玉裁《说文解字注·意》云：“意之训为测度、为记。训测者……其字俗作億；训记者……其字俗作憶。《大学》曰：欲正其心者，先诚其意。诚谓实其心之所识也。”简

❶ 朱熹. 论孟精义·论语精义·朱子全书［M］. 上海：上海古籍出版社；合肥：安徽教育出版社，2002：318.

朝亮曰："盖'意'有億度焉，而'意'不惟億度也。"❶（《论语集注补正述疏》）段氏是从文字的角度进行区分，认为本章本字当为"億"，《大学》本字当为"意"；而简氏则是从意涵的角度进行说明，认为本章"意"字是"億度"的意思，但"意"还可以有其他的含义。相对而言，王夫之的解释既全面又合理，较能得"意"之含义。

总而言之，如果"意"只有内外阻隔之义，则"内"如何通达于"外"将成难题，所谓"寂然不动，感而遂通天下之故"（《易·系辞》）也就失去了基础。《大学》云"诚其意"，《中庸》云"自明诚"，都表明"意"虽然有碍，却能经由"诚"而实现"成己""成物"，所以，"意"并不能简单地被否定。本章"毋意"所指，只是主体不能自觉其本性的情况；如果主体能够自觉其本性，就一定能内外一贯，把捉到对象的"意"，此时"意"既在外（对象）、也在内（本性），也就无所谓内外之别，内、外只是言语的假设罢了。王夫之云："盖漫然因事而起、欲有所为者曰意，而正其心者，存养有本，因事而发，欲有所为者，亦可云意。自其欲有所为者则同，而其有本、无本也则异……意生于已正之心，则因事而名之曰意；而实则心也、志也，心之发用而志之见功也。"❷（《读四书大全说》）只要"意"出于"已正之心"，则这个"意"就是"心"，是"心"见之于外的表现，实现了内外通达。因此，有没有"意"，并非圣人与普通人的区别。如果没有"意"，圣人将成为孤悬于内的空话，其本性尚且无法发用出来，更遑论"大而化之"了。故程颐曰："意发而当，则是理也；发而不当，是私意也。"❸ 圣人的关键在于，能够通过一定的努力使追求于"外"的"意"达致"诚"，也即"发而当"，实现内外的合一。

至于"必"，范氏以为"（意）动于内而系于事，则有必"，是从"意"与"必"相联系的角度阐释的，这与他强调四者继起的思想一致。但《说文》："必，分极也。"段玉裁《注》云："极，犹准也……凡高处谓之极，立表为分判之准，故云分极。引伸为词之必然，树臬而分也。""凡高处谓之

❶ 简朝亮. 论语集注补正述疏（卷五）[M]. 上海：华东师范大学出版社，2013：521.

❷ 王夫之. 读四书大全说·船山全书（第六册）[M]. 长沙：岳麓书社，2011：731.

❸ 朱熹. 论孟精义·论语精义·朱子全书 [M]. 上海：上海古籍出版社；合肥：安徽教育出版社，2002：317.

极”，“高处”是对象具备的属性，这个“极”理应是事物本身具备的；但“立表为分判之准”的却是主体，对象是否是“高处”取决于主体是否认同，因此，这个“极”又是主观认识。可见和“意”一样，“必”也是牵连内、外两面的概念。但我们切不可认之为“内”，尽管这个“极”是主体给予对象的，但它却是源于对象（外）之可以被“分极”的事实，无论主体给予的“极”与这个事实能否同一。由此可见，范氏所谓“意与必主于外”是成立的。

但与“意”不同，“必”的主观性更强。“意”是“察言而知意”，主体无论如何臆设，其所解之“意”都要以对象的“言”为前提，哪怕正相反对，也要能由此“言”曲折地递引过来；“必”是“分极”，尽管有对象可以被各种“分极”的事实为条件，但具体是怎样的“分极”却完全依赖于主体的选择。因此，我们认为，意、必都主于外，但二者又有内、外之别，“必”在“内”“意”在“外”。不过，与“意”一样，如果主体对自身本性有所自觉，则“必”也是既在外又在内，《中庸》所谓尽其性，则能尽人之性、尽物之性也，《孟子·尽心上》所谓尽心——知性、知天也。

对于“固”，一般理解为固守、固执、固滞、不化等，这大抵都源于“固，四塞也”（《说文》）的训释。段玉裁《说文解字注·固》指出：“按：凡坚牢曰固；又，事之已然者曰固，即‘故’之假借字也。”[1] 俞樾《群经平议》也举《诗·昊天有成命》郑玄《笺》《史记·鲁周公世家》徐广《注》证明“‘固’与‘故’通”，认为“毋故者，不泥其故也……彼一时，此一时，是谓毋故。”[2] 但俞氏所主张的训释并没有超出“固守”的范围，“固”之能成为“故”的假借字，就在于“故”是“固”中应有之义。

一般注疏所谓固守、固执、不化，都只考虑了在外的无法入内之义，即主体对于已有认识的坚守，不能随时将新的认识纳入进去。但“四塞”对于内、外两面来说，应该具有相同的功效，段玉裁以“无罅漏之谓”解说“四塞”[3]，“无罅漏”不但意味着在外的无法入内，同时也意味着在内的无法出外。也就是说，“固”标示着内、外的隔绝，但偏重于主体对于“内”的驻

---

[1] 许慎，段玉裁，注. 说文解字注［M］. 上海：上海古籍出版社，1988：278.

[2] 程树德. 论语集释［M］. 北京：中华书局，1990：575.

[3] 许慎，段玉裁，注. 说文解字注［M］. 上海：上海古籍出版社，1988：278.

守，其观照的范围仅限于“内”，也许在这个意义上，范氏以之为“主于内”。不过，我们要不嫌烦复地指出，由于缺少对于“外”的观照，其坚守的“内”也就不成其为“内”。这一方面是因为“内”不能发用出去，违背了有体即有用的原则；另一方面是因为“外”没有入“内”的途径，违背了日新、生生的原则。从这两方面看，孔子“毋固”就是要保持本性之“体”的向外发用，以及在“用”中不断自觉其“体”的状态。

与“固”相反，“我”不但没有在内、外之间设置障碍，而且完全消除了内、外的区别，只不过这种消除并不是实现了儒家所追求的内外一贯，而是以“内”来取消“外”。《说文》：“我，施身自谓也。”段玉裁《注》云：“不但云‘自谓’而云‘施身自谓’者，取‘施’与‘我’古为叠韵，施读施舍之施，谓用己厕于众中，而自称则为我也。”在一般意义上，有施者，就有受者，“我”正是与“众”相对的概念；但在“我”的病痛中，“我”已经越过了内外的界限，笼罩在了“众”的上空。由于“我”的遮蔽，“众”已丧失了存在的地位，或者说，主体已完全无视他者的存在，而将其堂而皇之地看作是“我”的投射和附属。

由此而言，《论语集解》所谓“自有其身”，程颐、朱熹所谓“私己”（《论孟精义》《四书章句集注》），都对之做了过小的诠释，“我”实际上已不仅仅是道家所否定的“有我”，也不仅仅是谋一己之私利，而是成了整个世界的代名词。张载以“有方”阐释“我”（《论孟精义》），最为精当。《易·系辞》“方以类聚”“神无方而易无体”两处，《周易正义》分别注释曰：“方，谓法术情性趣舍。”“方是处所之名。”由此来看，“有方”即法术情性趣舍的确定，是这样，就不能是那样；而现实世界中的万物是各各不同的，又怎能以同一的“我”来穷尽它呢？

因此，范氏所谓“固、我主于内”也是成立的，只不过虽然同属“内”，固、我也有内、外之别，“固”务“内”“我”务“外”。“固”既然不能将外在的纳入其本性之中，其所谓“内”也就丧失了向外的展开，将自我限制在狭小的“内”；“我”既然不能承认外在的价值，其所谓“内”也就只剩下向外的横行，将自我膨胀为无限的“外”：这二者都不能达到内外一致。需要指出的是，二者看似对“内”有所坚守，但由于内外的阻隔，其所谓“内”也就不能成其为“内”，也即其所照察的并非真实本性，而不过是“存乎其人之意见”（戴震《孟子字义疏证》）在作祟。

尽管如此，如果主体对于本性有所觉解，则“固”“我”和“意”“必”一样，也能转变为既在外、也在内的通达，孔子所谓“君子固穷”（《论语·卫灵公》）、“我欲仁，斯仁至矣”（《论语·述而》）也。毕竟，仁人君子以“德配天地”为终极，不但需要“己所不欲，勿施于人”（《论语·卫灵公》），而且需要“己欲立而立人，己欲达而达人”（《论语·雍也》），更需要“成己”以“成物”（《中庸》），而这必须以“我”向天地万物的推扩为基础；而在这一过程中，关键是在固守中坚持已觉解的本性，所以孔子喟叹“难乎有恒矣”，以为“得见有恒者，斯可矣”（《论语·述而》）。

四、结论

总体来看，本文从内、外两面指出了“体”之发用经常存在的意、必、固、我四方面的问题，而这些问题即使圣人也是难以避免的。但这些问题以内外的不能一贯为前提，一旦我们能够保证内外一贯，则此四者又明明白白是“体”得以成功发用的途径。“子绝四”告诉我们，要保证内外一贯，我们就不能将眼光聚焦在“内”或“外”，而是对内、外两面都有所观照，通过自觉的、有意识的内外交融来搭接内外通达的桥梁。当然，“绝”字也表明，在《论语》编纂时，儒家对于意、必、固、我四者的认识尚不成熟，只看到了四者的不足之处，没能看到四者的不可或缺。由于本文是弟子对于孔子言行的概括，而非孔子自言，因此只能代表《论语》编纂者的意见，也许在孔子并无轻易否定意、必、固、我的问题。但对于整个儒家而言，一直要到《大学》《中庸》对内、外的认识更加圆熟，以“诚其意”“自明诚”的思想指明“意”是可以“诚”的以后，这一问题才得以澄清。

王恕的治学理念及其人格旨趣

◉余　焜　南开大学历史学院

随着佛教传入中土，至隋唐时期，开始出现儒、释、道三教共弘的文化景观。北宋以降，书院讲学之风大兴，学术思想空前活跃，由此涌现了一批对儒家经学产生怀疑进而辩难的学者，理学应运而生。其中，关中眉县人张载所创立的关学作为理学重要分支，积极践行“为天地立心，为生民立命，为往圣继绝学，为万世开太平”的宏伟抱负和道德架构，在对儒家思想进行传承和弘扬的过程中做出了不可磨灭的贡献。传至明代，关中地区的儒家学者继承和发展张载关学，关学由此进入新的发展阶段，富有时代特色。三原人王恕就是其中颇为重要的代表人物。王恕，字宗贯，号介庵，晚年又号石渠，西安府三原县（今陕西省三原县北城）人，生于永乐十四年（1416 年），卒于正德三年（1508 年），于正统十三年（1448 年）中进士而步入仕途，历官十九任，受朝俸五十余载，由庶吉士授大理寺左评事，先后历官扬州知府、江西右布政使、河南左布政使、右副都御史、左副都御史、南京刑部左侍郎等，弘治初加官吏部尚书兼太子太保，可谓恩宠之极。身处明中叶内外交困、兵连祸结的社会危机之中，王恕宦海沉浮，始终刚直不阿、直言极谏，以一己之谔谔践行自身的经世思想，实于刷新官场风气大有裨益。而对于新关学的发展，则主要体现在他的治学思想和人格旨趣等方面。

王恕作为历仕英、代、宪、孝四朝的元老重臣，政绩卓然，德被遐方，是中国十五世纪一位杰出的政治家、思想家，对其研究的成果也颇多，[1] 主要探讨他的事功理念和在明中叶政坛上的一系列政绩，对于其治学思想及理念，以及其独特的人格旨趣则缺乏关注。本文拟以王恕的治学思想和人格旨趣为讨论视角，以窥新关学三原学派著名代表人物的道德践履和人格体认。

一、王恕的治学理念及其实践

明中叶的成化、弘治时期，早已没有了明初锐意开拓的气势，开始进入承平阶段。整个社会沉浸在一种耽于享乐、事多因循的矫揉造作的风气中，而于文化思想方面，也尽显疲懒之态。王恕继承北宋张载笃实之学风，倡导经世致用，一反阿谀的士风和政习，确立了颇具特色的治学理念。

（一）笃行与致用相结合的治学理念

王恕自小从师学习儒家思想，对北宋张载的关学主张颇多注意，受张载"论治人先务，未始不以经界为急"[2] 思想理念的影响，开始专注于研习理学。王恕于正统十三年（1448 年）中进士，选翰林院庶吉士，但"不喜为古文辞，务以明体适用，本之经术，博济经济"[3]，始终贯彻其经世致用的理念，实际上是对洪武以来形成的僵化的八股取士制度的一种反抗。王恕所著之《易学研究》《石渠意见》，正是其治学理念和经世思想的体现。他一改科举考试中以八股取士、拘泥于程朱注解的观念，坚持将"用心求学"作为学习儒家经典的有效方法。

"用心体认"可谓王恕治学理念中最鲜明的特点。在治学方法上，王恕时常强调"君子之心常存敬畏，虽不见闻，亦不敢忽，所以存天理之本，然而不使离于须臾之项也"[4]，学问源于内心不断反省、体认，在继承前人治学思

---

[1] 相关研究成果主要有唐圣玲．王恕研究［D］．合肥：安徽大学硕士学位论文，2010；赵爽．王恕研究［D］．长沙：湖南师范大学硕士学位论文，2011；米文科．三原弘道书院的讲学与明代关学的发展［J］．安康学院学报，2011（3）．

[2] 冯从吾．关学编 · 横渠先生［M］．陈俊民，徐兴海，点校．北京：中华书局，1987：4．

[3] 施沛．南京督察院志（卷三十七）· 人物一［M］．明天启刻本．

[4] 王恕．王恕集 · 石渠意见 · 中庸［M］．张建辉，黄芸珠，点校、整理．西安：西北大学出版社，2015：124．

想的基础上，当发挥自身作用，以“理”为本源，对内心的想法进行新的认识和解释。王恕在强调要用心体认内心的基础上，还时常效法孟夫子之立身之道，进而将自己的治学理念达到心体合一的境界。正如他在《石渠意见》中所说的那样，“人能竭尽其心，思而穷究之，则能知其性之理。盖性乃天之所命，人之所受，其理甚微，非尽心而穷究之，岂易知哉”❶，意在阐明以心之本源进行体认对知识建构和道德学习方面的重要作用。其实，王恕的这种治学方法是对北宋以来即占据思想领域主导地位的程朱理学的一种发展，也是适应时代发展趋势和思想界潮流对程朱理学进行改造的一种具体实践，之后风行于明中后期思想界的阳明心学之旨趣与此不谋而合。需要强调的是，王恕所建构的思想体系是其本人在治学过程中进行自身体认的结果，主要作用于对其教育理念的实践，然而这种思想与其事功思想实际上是并行不悖的。

值得我们关注的是，王恕在其治学理念中贯彻了儒家的“中和”思想，这从其所倡导的“放心论”中便可窥见一二。在治学生涯中，王恕始终认为“中和乃忍性情之德，虽有动静之殊，初无二物。戒惧慎独，皆是不敢忽之意，岂有彼此？如何自戒惧而约之，止能致中？自慎独而精之，止能致和”❷，所谓“放心”，即为“放心自任”，不拘泥于古法，在日常的学习和生活中有所体悟即为治学之道。当然，这种治学方法当常存戒惧、慎独之心，不可随意为之而放任自流。如此，才能做到“竭尽其心思而穷究之，则能知其性之理”❸。

王恕的治学理念意在强调用心去践行学与知的过程，以笃实的态度和戒惧之心去完成内心的体认，在此基础上，将自身所学从道德范畴运用到治国理念中去，以实现道德践履。王恕治学理念最重要的实践之一就是创办书院，培养经世济国之人才。

（二）支持和创办书院

将理学思想进行传播与弘扬，最好的方式就是创办书院，借之宣扬自身的思想理念，这不但是对自己道德架构的一次升华，也是弘扬理学思想，活

❶ 王恕. 王恕集·石渠意见·孟子［M］. 西安：西北大学出版社，2015：37.
❷ 黄宗羲. 明儒学案·三原学案［M］. 沈芝盈，点校. 北京：中华书局，1985：160.
❸ 同❷161.

跃文化氛围的一种积极实践。

王恕在其事功之外，还十分重视书院教育，在其政治生涯中，始终将书院作为培养人才、传播新知、活跃思想的重要媒介。在他看来，“书院乃儒者讲学明伦之所，所以化民善俗而成才者也”❶，颇为重视书院在人才培养中起到的重要作用。在元代时，三原县曾建有学古书院。元仁宗延祐年间（1314—1320年），“义民李子敬暨其弟子懋创”❷，后废，至明代“永乐中，居民张秉等即其地建三官庙”❸，正统、景泰间重建。此时王恕为诸生，对此大加赞誉，认为是三原学问兴起的吉兆。对改庙建学，他颇为推崇：

> 况福善祸淫乃鬼神之职，苟享受非礼之祭，祐不善之人，亦岂得为鬼神乎？诚使吾乡复此书院，为有司者延有道之儒以为师，选民间之俊秀以为弟子员，俾之讲学肄业于其中，于以明纲常之道，知修齐之理，动遵矩矱，化洽闾里，兴仁兴让，自无乖争凌犯之非，则福无不至，祸无不弭矣，奚必谄渎鬼神以祈禳之乎？❹

对神鬼祭祀这种虚无妄诞之事，王恕认为不可过多风靡，然于书院之建设与学问之传播颇多注意，因为这是利国利民的长远大计。从这一点来看，王恕的经世哲学也表现得淋漓尽致。而后在麟游县改建庙学之时，王恕也是格外赞赏，曾盛赞之：“天下生民悉归皇极之中，安享太平之福者，无他道也。”❺ 由此，书院教育在关中地区逐渐大兴。

景泰五年（1454年），王恕任职南直隶扬州知府，在知府任上，他创办资政书院，旨在培养一批为社稷献策献计的人才。自古以来，扬州城文风极盛，士人于问道就学也颇多赞助，许多仕子听闻王恕开府扬州并创办书院的事，纷纷慕名而来，向这位大思想家请教。位于扬州“府治东隅”❻ 的资政书院顿时热闹非凡，扬州一带一时文风大盛。其中，后来在正德朝与宦官刘

---

❶ 王恕. 王恕集·王端毅公文集·复学古书院记［M］. 西安：西北大学出版社，2015：13.

❷ 同❶13.

❸ 同❶13.

❹ 同❶14.

❺ 王恕. 王恕集·王端毅公文集·麟游县改建庙学记［M］. 西安：西北大学出版社，2015：15.

❻ 赵弘恩等监修，黄之隽等编撰. 景印文渊阁四库全书·江南通志·书院［M］. 上海：上海古籍出版社，1987：20.

瑾进行斗争而落败的张鼐、高铨等人，即就学于资政书院，可见，资政书院在当时确实培养了许多心系社稷、敢于同宦官势力作斗争的充满气节的文人。

至弘治六年（1493 年），王恕最后一次上疏乞休，明孝宗允准其回陕西老家安享晚年。王恕归乡后，潜心著述，研习其理学思想。与此同时，王恕支持其子承裕创办弘道书院❶，吸引了许多关中士子前来就学，“辩难摘疵，或终日不倦”❷。弘道书院的创立，其中很大一部分资金仍来自于三原县及附近州县的士绅和商贾的捐助，由王恕之子王承裕担任主讲，王恕也偶尔在书院主持讲学活动。在王承裕的主持下，弘道书院日益壮大，并且制定了严格、规范的管理条例和学则，“群弟子辰至酉归，执经授业，罔敢或懈”❸。王恕还亲自为书院讲学作劝学箴言：“维兹书院，实萃群英。隆师亲友，讲道穷经。工夫既到，义理自明。匪徒知之，尤贵力行。”❹ 由此可见其办学理念。“稚柏一栽数百株，株株端直不须扶。日滋月长皆成就，谁谓大树此地无”❺是王恕为书院栽种柏树时所作的一首诗，我们从中可以更加清晰地看到他对书院培养经世人才的希冀。弘道书院的创立是王恕治学理念在关中地区传播的一次有效尝试，诸多年轻士子慕名前来，王恕经世致用的为政思想及其修身笃行、不尚空谈的学风深深地影响了他们，也为其理学思想在关中地区的勃兴和三原学派的建立奠定了扎实的基础。

二、王恕心系家国的人格旨趣

王恕历官四朝，在明朝中叶政坛上叱咤半生，建立殊勋无数。“成化元年，南阳、荆、襄流民啸聚为乱，擢恕右副都御史抚治之”❻，困扰明廷多年的荆襄流民起义最终被王恕、白圭等人抚定，使得陕西、河南、四川三省交界地带在很长一段时间内保有安宁。时任监察御史的汪宣上疏明宪宗称：“先

❶ 按：也作“宏道书院”，清代为避乾隆皇帝弘历之讳，改称“宏道书院”。
❷《咸阳经典旧志稽注》编纂委员会. 清光绪. 三原县新志［M］. 西安：三秦出版社，2010：96.
❸ 越所生，薛正兴. 中国历代书院志［M］. 南京：江苏教育出版社，1995：208.
❹ 王恕. 王恕集 · 王端毅公文集 · 弘道书院箴［M］. 西安：西北大学出版社，2015：36.
❺ 王恕王. 恕集 · 王端毅公续文集 · 书院栽柏［M］. 西安：西北大学出版社，2015：94.
❻ 张廷玉，等. 明史 · 王恕传［M］. 北京：中华书局，1974：4831.

任吏部之臣，廉介端贞不如王翱，公忠直亮不如王恕。坦夷无物不如耿裕。”[1]至成化二十年（1484 年）王恕改任南京兵部尚书时，一向为虎作伥、气焰嚣张的南京守备太监钱能听闻这个消息，为其实心任事所折服：“王公，天人也，吾敬事而已。”[2] 而最能体现王恕心系家国，在其任内始终努力完成道德践履的就是在每遇灾异修省时，上疏乞休，将灾异之来归咎于自己于任内的阙失。

在明人的世界观里，天降灾异是人间社会秩序出现混乱的征应，上天由此进行谴告。他们普遍认为，“天人相与之际，甚可畏也。国家将有失道之败，天乃先出灾害以谴告之。不知自省，又出怪异以警惧之。尚不知变，而伤败乃至。以此见天心之仁爱人君而欲止其乱”[3]。通常，遇到灾异，明朝皇帝都会下诏进行修省，而地方官也会通过祭祀山川、神明等方式进行禳灾，以恢复正常统治秩序。在平定荆襄流民起义之后，王恕调任河南巡抚。在其巡抚河南期间，河南境内发生了罕见的蝗灾。在协官治理灾情收效甚微之后，王恕上疏明宪宗，称：

> 今据前因除严督原委官员打捕另行外，臣窃惟蝗蝻生发，固虽天灾，实关人事。人事修则天意可回，而在不为灾矣。昔卓茂令密邑而蝗不入境，茂能修其职也。今蝗蝻为患于河南者，岂无故乎？良由臣巡抚失职，不能敷宣圣化以安民人，是致上天以此而谴告耳。[4]

将蝗蝻生发的原因归为自己抚治河南无甚成效，职事不专，请求宪宗“以天戒为可畏，以地方为当重，将臣罢归田里，另选贤能代理其事”[5]。

而后，王恕迁南京刑部，恰逢南直隶（今安徽、江苏两省）彗星迭见，同时伴有地震灾害。王恕惊恐不安，随即上疏，认为自己“屡被朝廷莫大之恩，叨享禄位二十余年。虽夙夜兢惕，欲图报称，奈学术浅陋，终无裨益”，

---

[1] 焦竑. 玉堂丛语（卷六）[M]. 北京：中华书局 1981：199.

[2] 张廷玉，等. 明史·王恕传 [M]. 北京：中华书局，1974：4833-4834.

[3] 商辂. 商辂集·修德弭灾疏 [M]. 孙福轩，点校. 杭州：浙江古籍出版社，2012：66.

[4] 王恕. 王恕集·王端毅公奏议·蝗生境内请避位因劝上去奢从简奏状 [M]. 西安：西北大学出版社，2015：262.

[5] 王恕. 王恕集·王端毅公奏议·蝗生境内请避位因劝上去奢从简奏状 [M]. 西安：西北大学出版社，2015：262.

“窃惟灾异莫大于彗见、地震，而招致之由，无踰于刑狱之冤滥”❶。此时任职刑部的王恕在心理上则感到格外愧疚，因为在时人看来刑罚不当是导致地震等灾害发生的罪魁祸首，由此，王恕请求宪宗将自己罢职。彗星、地震的出现，“固由臣等诸司官吏不能上体圣心，钦崇天道，恪修职务之所致，而司刑之官失职之罪，比众尤为甚也”❷。而在其巡抚南直隶时，常州府武进县官上报“本年五月初十日辰时分，本处忽然地震有声，间生白毛，系是地方灾异”❸，在进行百姓安抚和应对灾异之后，王恕再次上疏乞求罢职：“夫何南畿之地复有如此之异？此无他，盖是臣本职不谨，巡抚无状之所致也。况臣近年六十有四，衰老多病，昏聩无为，委实虚縻廪禄，有妨贤路。”❹

以任职失察而乞休，尤其是在上天降灾之时，在某些尸位素餐的官员身上似乎有刻意逃避责任之嫌，但实心任事的王恕却将此视为对自身道德与人格进行提升的一次实践。正好相反，这种因灾乞休正是以王恕为代表的明代士大夫遇灾敢于担责的表现，与明哲保身论大相径庭。这也是王恕将其道德架构和从政思想有机结合的一种尝试。正如王恕所言：“凡治君子，以礼御其心，所以属之以廉耻之节也。故古之大夫，其有坐不廉污秽而退放之者，不谓之不廉污秽而退放，则曰‘簠簋不饬’。”❺ 在效法汉唐士大夫实心任事的基础上，做到修身反省，从而实现人格旨趣的塑造与升华。

三、结语

王恕是活跃在明中叶政坛上享有盛誉的政治家和思想家，在为官半个世纪的时间里，对明代政治的发展和思想文化的传播发挥了重要的作用。尤其在他任职扬州知府和巡抚南直隶之时，“废除了诸多不公正的惯例，有效地赈

❶ 王恕. 王恕集·王端毅公奏议·彗见地震乞休致奏状［M］. 西安：西北大学出版社，2015：265.

❷ 同❶265.

❸ 王恕. 王恕集·王端毅公奏议·地震请停任奏状［M］. 西安：西北大学出版社，2015：317.

❹ 同❸317.

❺ 王恕. 王恕集·典籍格言［M］. 西安：西北大学出版社，2015：175.

济饥荒，给穷人配发医药，建立由官田税收维持的书院”❶，为南直隶百姓带来了颇多惠政。在其屡建功勋之外，其以关学为主导的思想体系是其治学理念形成的基础。王恕于弘治六年（1493 年）最后一次上章告退，回到家乡三原县，于立德、事功之外，著书立说，创立了以程朱理学为宗的“三原学派”，借以传播其理学思想，实现其止于至善、追求生命本真的夙愿。他在继承北宋张载关学理念的基础上，以儒学为宗，但并非墨守陈规，而是根据时事需要创立新的思想体系，即“新关学”。而将其思想体系付诸实践，其所创办的扬州资政书院和支持其子创办的三原弘道书院就是最好的媒介，王恕借之传扬新关学思想，即将理学思想所主张的体认内心以实现自身修行的道德架构运用于政治实践，从而实现经世致用，而不只是空言论道和只为追求个人内心的价值实现。

值得关注的是，王恕任上遇灾修省时，在修省之外，通常将灾异之降归咎自己任事的阙失，从而乞休告退。这不是简单的规避现实责任，而是一种经过内心反省做出的道德范畴内的践履，从而实现人格的提升。正如王恕自己所说的那样，“吾心具天命之性，为神明之舍，含动静之机，知古今之事，作五官之主，为应酬之本，持变通之权，蓄治安之计，契圣贤立言之意，遵当仁不让之训，辨诸儒传注之非，释后学积年之惑，帅浩然刚大之气，存扶世立教之志。斯往也，吾当操之益坚，终其身而不贰”❷。《明史》对其评价也颇高：“恕扬历中外四十余年，刚正清严，始终一致。”❸ 凡此种种，无不体现了王恕将治学与从政合而为一，其治学精神贯穿于政治生涯的始终，对三原学派的发展和新关学的传播起到了重要的作用，也为明中后期理学思想的新变化做出了重要的贡献。

---

❶ 富路特，房兆楹．明代名人传（第 5 册）［M］．李小林，冯金朋，译．北京：北京时代华文书局，2015：1951.

❷ 王恕．王恕集王端毅公文集・心箴［M］．西安：西北大学出版社，2015：37.

❸ 张廷玉．明史・王恕传［M］．北京：中华书局，1974：4837.

李二曲的遗忘史

——兼论“清初三大儒”的知识考古

◉袁天赐　清华大学人文学院

一、引言：被“典范历史”书写所遗忘的李二曲

明清更迭给明末的知识分子带来的是难以愈合的伤痛。在明清之际社会激烈变革中，涌现了一大批杰出的思想家。有关这段学术史的书写，人教版高中《历史》（必修三）的课本依次介绍了黄宗羲、顾炎武和王夫之，并在“本课要旨”中将他们称为“明末清初三大进步思想家”❶。在一些高中历史的辅导书中，如刘永上、刘玉美主编的《高中历史必会关键词》里，在“顾炎武”“黄宗羲”“王夫之”这三条的说明中，直接指明了这三人是“明末清初三大儒”❷。类似的指称也见于香港的一些教科书中，如冯明之的《基本国学教程》，他认为17世纪三大著名学者是顾、黄、王❸。然而，历史书写是一场“遗忘的战争”。我们所看到的、了解到的过去，都是一些不完整的历史碎片，这些碎片仅是往昔的一次次“战争”中的遗物，将顾、黄、王三人合称

---

❶ 人民教育出版社课程教材研究所．历史课程教材研究开发中心．历史（必修三）［M］．北京：人民教育出版社，2007：17-19.

❷ 刘永上，刘玉美．高中历史必会关键词［M］．桂林：广西师范大学出版社，2015：86-87.

❸ 冯明之．基本国学教程［M］．香港：上海书局，1973：176.

“清初三大儒”仅是当今的一种“典范历史”的书写。

“清初三大儒”的称号并非一以贯之。何冠彪先生在其《黄宗羲、顾炎武、王夫之合成清初三大儒考——兼说清初四大儒及五大儒的成员》一文中已有了较为全面的梳理。简述之，孙奇逢、黄宗羲、李颙合称三大儒是一个清初的“常识”，最早来自全祖望《二曲先生砭石文》❶。直到缪荃孙在光绪六年（1880 年）重修的《国史儒林传》里论及李颙时仍说“与孙奇逢、黄宗羲相鼎足”。同时，邓显鹤在道光二十二年（1842 年）的《船山著述目录》一文中，将孙、李、黄、顾、王五人并举❷。何先生认为，“使五人可以凑合的媒介，似乎就是黄宗羲。自清初以来，黄宗羲与孙奇逢、李颙既称三大儒；从清中叶起，黄宗羲又与顾炎武同被推为清代学术的开山；而另一方面，在官方论述语境中，黄宗羲又与王夫之在阮元的《国史儒林传》凡例中并列；因此，邓显鹤可能汇集这三个组合为一，藉此表扬王夫之”❸。可惜，何先生与一些后来的学者并没有分析为何李二曲成为了学术史上的“出局者”，以及在时人论述中的“海内真儒”“关中大儒”“为世儒宗”是怎么被忘记的过程。这里笔者将借用福柯“知识考古学”的方法❹，从“外在理路”入手，同时结合李二曲的思想进行“内在理路”的分析❺，以李二曲的遗忘过程为线索，将阮元《儒林传稿》，缪荃孙《国史儒林传》，江藩《汉学师承记》《宋学渊源记》，方东树《汉学商兑》，唐鉴《国朝学案小识》，梁启超《中国近三百年学术史》《明清之交中国思想界及其代表人物》《清代学术概论》，刘师培《南北学派不同论》《清儒得失论》，徐世昌《清儒学案》及钱穆《中国近三百年学术史》《清儒学案》中对于李二曲的评价进行梳理，对“清初三大儒”这个具体的概念表述进行思想史维度的研究，尝试描绘出李二曲逐渐被后世所遗忘的历史。

王明珂先生认为，占社会主体历史记忆的“典范历史”知识不一定是最

---

❶ 全祖望《二曲先生窆石文》：“当是时，北方则孙先生夏峰，南方则黄先生梨洲，西方则先生（李二曲），时论以为三大儒。”参见全祖望. 全祖望集汇校集注［M］. 朱铸禹，汇校集注. 上海：上海古籍出版社，2000：237.

❷ 邓显鹤《王夫之》：“船山先生于胜国为遗老，于本朝为大儒，其志行之超洁，学问之正大，体用之明备，著述之精卓宏富，当与顾亭林、黄藜洲、李二曲诸老先相颉颃。”参见王夫之. 船山遗书（第十五册）［M］. 北京：中国书店，2016：266.

❸ 何冠彪. 明清人物与著述［M］. 香港：香港教育图书公司，1996：55.

❹ 米歇尔・福柯. 知识考古学［M］. 谢强，马月，译. 北京：生活・读书・新知三联书店，1998：6.

❺ 侯旭东. 近观中古史［M］. 上海：中西书局，2015：311.

真实的过去，一群人共同信赖的典范历史与传统文化只是掌握知识权力的个人或群体所主张的“历史”与“文化”❶。在目前的“典范历史”书写中，李二曲的确是在明末清初学术史里被遗忘的那一环。李颙（1627—1705），字中孚，世称“二曲先生”，陕西盩厔（今“周至”）人，是清初著名的大儒者、思想家。二曲幼年学无师承，靠着借书苦读而博通群籍。在经历了一个“上自天文河图、九流百技，下至稗官野史、壬奇遁甲”无所不读，无所不知的阶段后❷，李二曲提倡“有用之道学”，悟圣学渊源，一意究心经史，求其要领。李二曲的思想有两次转向：第一次是顺治十三年丙申（1655 年），在他三十岁之时由经济实用之学转向“悔过自新”之说；第二次是在康熙十五年丙辰（1676 年），李二曲在其五十岁之时由“悔过自新”说转向“明体适用”之说❸。有关李二曲的思想，可以参看《二曲集》中的《悔过自新说》《体用全学》等有关篇目。❹ 简而言之，李二曲是以陆王的“先立其大”“致良知”为本体，同时以程朱“主敬穷理”作为功夫，是一种打破了门户之见、“体用

---

❶ 王明珂. 反思史学与史学反思［M］. 上海：上海人民出版社，2016：37.

❷ 吴怀清. 关中三李年谱［M］. 陈俊民，点校. 西安：陕西师范大学出版社，1992：14.

❸ 《盩厔答问》成文、刊行的确切时间尚有争议。惠灵嗣《历年纪略》中并无此段记载，但在陈俊民点校的《二曲集》的《历年纪略》中，这一段被增补上，并注明为“据《二曲集》补辑”。同时根据惠灵嗣《历年纪略》“顺治十六年”条，骆钟麟对于二曲之学的总结是“其学以‘慎独’为宗，以‘养静’为要，以‘明体适用’为经世实义，以‘悔过自新’为作圣入门”，这意味着二曲在 33 岁之前就提出了“明体适用”说。《盩厔答问》的小引注明“顺治丙申阳月，古豫张密书”；但后文的跋中却写道：“自关中、河南以及江右两浙，其间兴起者渐众。学之大明，端有待于今也。”据吴怀清年谱“康熙十年”条，此时二曲刚从江南讲学返回盩厔，这应为之后的事情。可见，《小引》与《跋》是相互矛盾的。陈祖武等学者依照《二曲集》的编排次序，《盩厔答问》置于《关学中书院会约》与《富平答问》之间，而不是在《悔过自新说》之后，其中所谈到的“明学术，正人心”的思想与《两庠会语》《靖江语要》《锡山语要》和《匡时要务》等文章的思想吻合。《盩厔问答》卷首《小引》的系年疑为手民之误，丙申当为丙辰之误写，《盩厔答问》的刊行不是顺治十三年丙申（1656 年），而应是其后二十年的康熙十五年（1676 年）丙辰。参看陈祖武. 清代学术源流［M］. 北京：北京师范大学出版社，2012：126. 然而，李二曲早已在康熙十四年（1675 年）挈家避兵富平，张总镇于康熙十五年（1676 年）丙辰迂道富平与李二曲道别。若李二曲真是在此年回答张密、王所锡与刘矿等人，回答的地点不可能是盩厔而应该是富平。因此，这有可能是作语录和刊刻流传的时间不一致。此外，还有一个可能性是《盩厔答问》作于 1671 年四月李二曲抵家到 1675 年 8 月避兵富平之间。此处已无法考证。

❹ 参见李颙. 二曲集［M］. 陈俊民，点校. 北京：中华书局，1996. 第 1-13 页《悔过自新说》，第 48-54 页《体用全学》等。相关的研究著作，可参看 Anne D. Birdwhistell. Li Yong（1627—1705）and epistemological Dimensions of Confucian Philosophy［M］. California：Stanford University Press，1996；林继平. 李二曲研究［M］. 西安：陕西师范大学出版社，2006；房秀丽. 追寻生命的全体大用——李二曲理学思想及其教育价值［M］. 济南：齐鲁书社，2010；俞秀玲. 李二曲理学思想研究［M］. 北京：人民出版社，2016.

兼该”的主张。

二、从“海内真儒”到“旧学残垒”——二曲之历史评价流变

阮元《儒林传稿》在清代学术史论著链条中居于核心地位，是贯穿其中的要素。《儒林传稿》建立了一个清代学术史论述格局，而且居于承上启下的枢纽地位。《儒林传稿》影响了嘉道以来的《汉学师承记》《宋学渊源记》《汉学商兑》和《学案小识》等一批代表性学术史著作，联结成为一个逻辑链条。❶ 在阮元的《儒林传拟稿目录》中，前几位清儒的排序为顾栋高、孙奇逢、李容（颙，避讳）、黄宗羲和王夫之。这样的顺序是有讲究的，在凡例九条中写道，“一次序以顾栋高为始者，因高宗纯皇帝谕办儒林传奉为缘起也，此外则以年份相次”。阮元当时是负罪在身，这样的编排体现了一种政治正确。王汎森先生在《清代儒者的全神堂——〈国史儒林传〉与道光年间顾祠祭的成立》一文里已有充分的论述。他认为，“《儒林传稿》顾栋高、陈祖范、吴鼎、梁锡玙都是乾隆办理经学特科所取人物，把他们放在一起，更隆重地表示尊重朝廷功令之意。除顾栋高及其附传诸人，其余入传者依生卒年先后排列”❷。然而，论生卒年，李二曲生于 1627 年，黄宗羲生于 1610 年，王夫之生于 1619 年，这说明阮元并非是完全按照出生年份排序的，原因大概是在当时李二曲仍有一定的影响❸。清廷主导编纂的国史《儒林传》，代表了

❶ 参看戚学民.《儒林传稿》与《宋学渊源记》[J]. 社会科学研究，2010（1）：146-154.

❷ 王汎森. 清代儒者的全神堂——《国史儒林传》与道光年间顾祠祭的成立［M］//王汎森. 权力的毛细管作用：清代的思想、学术与心态. 北京：北京大学出版社，2015：508.

❸ 从一些不断重新刊刻的李顒作品集的序言中可以看到一些端倪，李二曲在社会上的影响力仍存在但已不如清初了，这些序言被收入西北大学出版社编校的《李顒集》中。如嘉庆十三年（1808年）倪元坦《李二曲录要序》：“此书盛行关中，江浙尚未传播”，参见李顒：《李顒集》，张波编校，西安：西北大学出版社，2015 年，第 631 页；道光二十五年赵兆熙《重订二曲录要序》：“二曲先生值明清变革之际，昌明正学，为关中巨儒”，参见李顒：《李顒集》，张波编校，第 632 页；倪元坦：《李二曲录要二曲先生事略》：“烈士殉忠，贤母苦节，先生生当鼎革，苟出而独享其荣，固足匡济天下，然后世不能无遗议。盖古今有孝子，然后有忠臣，君子所为，众人不识，若先生者，又何间然哉!”参见李顒：《李顒集》，张波编校，第 657 页。

清廷对其本朝学术的权威看法，确定了以“汉学”为清代正统（比如常州学派是正统），同时不废宋学（程朱理学）的学术定位。正是因为清政府在官方以程朱理学为正统，所以“其学出于姚江”又融朱补王的李二曲的学术地位被得到肯定。笔者收集的邓实、缪荃孙于 1912 年 6 月出版的古学汇刊丛书中收录的《国史儒林传》部分，被分为上下两卷，上卷以理学家为主，目录提要里李容（颙）排在了首位，下卷是《国朝经师经义》，以经学家和其作品为主，排前三的是黄宗羲、顾炎武、王夫之。

然而，受其编纂影响下的嘉庆时期江藩的《汉学师承记》，则秉持一种汉学的门户之见。全书以纪传体史籍《儒林传》为圭臬，分为 8 卷。江藩在卷首自序中写道：

> 宋初承唐之弊，而邪说诡言，乱经非圣，殆有始焉……至于濂、洛、关、闽之学，不究礼乐之源，独标性命之旨，义疏诸书，束置高阁，视如糟粕，弃等弁髦。盖率履则有余，考镜则不足也。元、明之际，以制义取士，古学几绝，而明有三百年，四方秀艾困于帖括，以讲章为经学，以类书为博文，长夜悠悠，视天梦梦，可悲也夫！在当时岂无明达之人、志识之士哉，然皆滞于所习，以求富贵，此所以儒罕通人，学多鄙俗也。[1]

这说明，江藩《汉学师承记》的编纂是为了表彰汉学，拔宋帜而立汉帜，供《国史儒林传》参考。所以，李二曲所代表的关学“不究礼乐之源，独标性命之旨”不属于汉学，自然是无法进入学术史的。《汉学师承记》从阎若璩、胡渭开始，大致以传主的世次为序，却以黄宗羲、顾炎武殿后，从某种意义上来说是赞同顾黄的学术方法，认同他们是考据学的先导，同时批评他们仍以理学为宗。在《宋学渊源记》里，江藩记载下了二曲被赐额“关中大儒”后的表谢之文“词甚拙”，“大吏笑而置之”的事情。同时，江藩借赞扬二曲弟子王心敬的“经济之学”来讽刺二曲学问里的“空谈性命，置天下苍

[1] 江藩．汉学师承记笺释［M］．漆永祥，笺释．上海：上海古籍出版社，2013：12-15.

生于度外而不问”，其中的鄙夷之情可见一斑。[1]

道光初年，方东树作《汉学商兑》进行驳诘，酿成了激烈的汉宋学术之争。方东树在此书中对“汉学流毒大揭发大批判”。全书分为卷上六条，卷中上二十五条，卷中下二十五条，卷下十条，总六十六条，先引汉学家一人或数人之观点，然后一一进行驳斥。[2] 在方东树的眼中，李二曲在程朱理学的视角上来看是“不合格”的学者：“至于颜元、李塨、李颙等，知尊性崇礼矣，亦不能道中庸，尽精微，则仍是学问之失，此方辨汉学，未暇及彼也。”[3] 李二曲的学说并不是方东树“商兑”的对象，但是在《卷中之上》论述《大学》中的“明明德”“诚意”这两个概念时，方东树狠狠地批驳了李二曲的心学思想：方东树认为，“格致是‘明明德’始功，‘诚意’乃讨实下落事也”[4]；而“李二曲曰：‘明德与良知无分别，念率微起，良知即知其善与不善。知善即实行其善，知恶者即实去其恶，不昧所知，心方自慊。’”[5] “李氏将‘诚意’合于‘知’，以‘良知’混当‘致知’之‘知’，所谓顿门也。陆王之旨如此。不知良知、明德，是指本体，与致知、知字不同。”[6] 方东树看到了二曲思想中的心学部分：李二曲将“良知”与“致知”的“知”混为一谈，这正是王学中所提倡的“顿门”。

道光二十五年（1845 年），唐鉴的《国朝学案小识》问世。唐氏持有很深的门户之见，他将陆王心学视为异己，宣扬朱子学。在《提要》中，唐鉴说：“是以天泉一会，为阳明之学者，推阐师说，各逞所欲，各便所私，此立一宗旨，彼立一宗旨，愈讲愈诞，愈肆愈狂，愈名高而愈无礼，沦澌流荡无所底极，而人心亡矣。”[7] 全书由《传道学案》《翼道学案》《守道学案》《经学学案》和《心学学案》五大学案组成，共十五卷。李二曲被录入《翼道学案》中的第二位。唐鉴认为，翼道者使得传道者不孤，使得“学术正而人心

---

[1] 参看江藩. 宋元渊源记·汉学师承记·李中孚［M］. 台北：世界书局股份有限公司，2009：5-6.

[2] 方东树. 汉学商兑［M］. 漆永祥，汇校. 北京：北京联合出版有限责任公司，2017：18.

[3] 同[2]33.

[4] 方东树. 汉学商兑［M］. 漆永祥，汇校. 北京：北京联合出版有限责任公司，2017：76.

[5] 同[4]77.

[6] 同[4]77.

[7] 唐鉴. 唐鉴集［M］. 李健美，校点. 长沙：岳麓书社，2010：267.

端，教化肃而风俗美，人道与天道、地道并立矣”❶，可见在他眼里李二曲的地位是相当高的。“先生处处从身上验真修，事事从约中求实践，而犹谓践履弗笃，躬实未逮，口头圣贤，纸上道学，张浮驾虚，自欺欺人，堕于小人禽兽之归，自反之严至矣……则其却宗程朱家法亦大可知矣。”❷ 在唐鉴心目中，李二曲是一位朱子学的继承者，而黄宗羲被贬入《经学学案》之中，备受针砭，孙奇逢更是黜而不录。

梁启超的评价对后世的影响极大。在《清代学术概论》一书里，梁启超直接把顾炎武的出现视为清学的“黎明运动”，不谈孙、李二人的学术成就。同时，梁启超写道：“吾于清初大师，最尊顾、黄、王、颜，皆明学反动所产也❸。”二曲作为王学的“残垒”“后劲”，评价不高也是在情理之中。在《明清之交中国思想界及其代表人物》一文中，梁启超认为李二曲的学风是“平民的”。他认为孙奇逢和李二曲是注重实践，少谈玄理的陆王学派的理学家，是儒家的“清教徒”❹。在后来研究更加深入的《中国近三百年学术史》中，梁启超将黄、孙、李合为一章，将其视为“阳明学派之余波及其修正”：

> 总而论之，夏峰、二曲，都是极结实的王学家。他们倔强坚苦的人格，正孔子所谓“北方之强”。他们的创造力虽不及梨州、亭林，却给当时学风以一种严肃的鞭辟。说他们是王学后劲，可以当之无愧。❺

刘师培认为李二曲的学问仍是心学的末流，沾染了心学的“不良习气”，不是经世致用的实学。“二曲讲学关中，指心立教，不涉见闻，近于龙溪、心斋之学。然关中之地有王尔缉、李天生，皆敦崇实学，克己复礼，有横渠讲学之遗风，是南学由南输北，辄与北学相融。”❻ “李颙、吕留良亦耻事二姓，

---

❶ 唐鉴．唐鉴集［M］．李健美，校点．长沙：岳麓书社，2010：265.

❷ 同❶357.

❸ 梁启超．清代学术概论［M］．朱维铮，导读．上海：上海古籍出版社，2011：16.

❹ 梁启超．饮冰室合集·文集（5）·明清之交中国思想界及其代表人物［M］．北京：中华书局，1989：31.

❺ 梁启超．中国近三百年学术史（新校本）［M］．夏晓红，陆胤，校．北京：商务印书馆，2011：57.

❻ 刘师培．清儒得失论——刘师培论学杂稿［M］．北京：中国人民大学出版社，2004：239.

然濡染声气之习未能洁净，盖已蹈明季之风矣。”❶

徐世昌主持修纂的《清儒学案》以卷帙浩繁、网罗宏富著称。此书于民国十七年（1928年）开始修订，历经十余年到民国二十八年（1939年）才在京中修绠堂书店发售。《清儒学案》共208卷，从孙奇逢、黄宗羲、顾炎武、王夫之、汤斌开始，李二曲被排到了卷三。在《清儒学案序》中，徐世昌这样评论道：“通经以致用者也，在野则夏峰、梨州、亭林、船山，兼体用之大儒也。桴亭、杨园、二曲关闽之遗也。”❷ 在这里，李二曲已不是“兼体用之大儒”，被“赶出”了清初大儒的第一梯队，仅被视为王学末流：“二曲以悔过自新为入德之基，反身求己言。言归于实践，为高谈性命标榜门户者痛下针砭。论学虽兼取程朱，实为陆王为主体。”❸“案：《四书反身录》大旨以阳明良知之说为宗。先生平日教人虽于程朱陆王取其相资而成，而仍以阳明为主体。”❹

钱穆的《中国近三百年学术史》未见李二曲和孙奇逢的评述，此书中清初学术的代表人物已完完全全变成了顾、黄、王。但在《述清初诸儒之学》中他屡次将当时已经十分显赫的顾炎武与处于遗忘边缘的李二曲并举：“苦节贞操，尤以亭林、二曲为显。……至如二曲，舁床称病，绝粒至六日夜，犹不得免。拔刀自刺，永棲屈，二曲与亭林，皆孟子所谓‘大丈夫’者也。”❺在他的《清儒学案》的《序录》中写道，“夏峰、梨州、二曲学脉同出阳明，清初称三大儒”❻，“亭林推为清代开国儒宗”❼，“船山、梨州、亭林于晚清号’明末三大儒’”，可见在当时两套称号是出于并行的状态。然而，在他的目录中，孙奇逢《夏峰学案》排第一，黄宗羲《梨州学案》排第二，顾炎武《亭林学案》排第五，王夫之《船山学案》排第六，李颙《二曲学案》却被排到了第九。李二曲虽然受到了一定的重视，但是地位已完全比不上其余四人，在《后跋》的记载里，我们可以看到当时李二曲的著作散佚的情况和钱

---

❶ 刘师培．清儒得失论——刘师培论学杂稿［M］．北京：中国人民大学出版社，2004：260.

❷ 徐世昌．清代传记丛刊（五）·清儒学案小传（一）［M］．台湾：明文书局，1985：5.

❸ 同❷485.

❹ 同❷492.

❺ 钱穆．中国学术思想史论丛（五）［M］//钱宾四先生全集（第22册）．台北：联经出版事业公司，1998：2.

❻ 同❺599.

❼ 同❺600.

穆的痛心："尤如张杨园、李二曲诸集；虽部帙甚繁，从不遗落一字。二曲一案，特从全集中摘录，依时先后，为二曲编一新年谱，备见其生平学思之历程，殊自惬意……然余此稿既沉没，昔日为关学诸集网罗抉剔之一番苦心，亦已付之东流，不知何日仍有人再理此业，尤深自惋惜。"❶

三、"权力话语"与历史叙事——以孔庙从祀为切入点

朱鸿林先生指出，孔庙祭祀儒者的原则"崇德报功"。但重点在"功"，因为祭祀基本上就是"报功"之道。有功的儒者便是真儒，所以问题也就是真儒的标准之认定。❷"真儒"的标准因时而异，所以孔庙从祀虽然是一件学术性的事情，但因为它是朝廷认定真儒的制度，与朝廷的政教有关，故本质上也有很强的政治属性。从祀孔庙的儒者对经典的解释会成为科举考试的正确答案之一，这就意味着"在关系的网络里面，与议者考虑的不止于纯粹的学术问题，而是与政治的现实利益有关的问题。会议的结果又是控制不了的，政治手段往往可以改变形势，所以事情便容易复杂化"❸。

清初统治者通过尊崇孔子，重用理学名臣，从祀理学名儒等方式实现了"治统"与"道统"的统一，证明了其政治上的合法性❹。在清代，从祀孔庙的学者共有 9 人，依次为陆陇其、汤斌、孙奇逢、张履祥、陆世仪、张伯行、王夫之、黄宗羲、顾炎武。在徐世昌任总统期间，复以颜元、李塨从祀。在这十一人中，仅有旧的"三大儒"中的李二曲不见了踪迹。在从祀孔庙之前，顾炎武已于道光二十一年（1841 年）入祀乡贤，顾炎武入祀乡贤其实是入祀孔庙活动推动的一个必然结果，是入祀孔庙的第一步。在道光八年（1828 年）之后不久，御史牛鑑请求从祀李二曲，礼部通过后却被道光帝训斥❺。李

❶ 钱穆. 中国学术思想史论丛（五）［M］//钱宾四先生全集（第 22 册）. 台北：联经出版事业公司，1998：620.

❷ 朱鸿林. 孔庙从祀与乡约［M］. 北京：生活·读书·新知三联书店，2015：2.

❸ 同❷19.

❹ 姜淑红. 清儒从祀孔庙研究［M］//古代历史文化研究辑刊第十七编第二十册. 新北市：花木兰出版社，2017：2.

❺ 清史稿（卷 84）. 礼三·吉礼三［M］. 北京：中华书局，1976：2536.

二曲最终在道光九年（1829 年）十一月祀乡贤，在宣统元年（1909 年）、宣统三年（1911 年）陕甘总督长庚两次请求从祀孔庙，未可，正当议论时清亡，这件事后面也不了了之。❶ 这意味着在晚清时，与顾炎武相比，李二曲的影响已经开始走下坡路。接下来我们将以孔庙从祀为切入点，在与其他清儒的对比中探究二曲之学的特色所在。

雍正时期，陆陇其从祀孔庙，彰显了其重要的政治意义。陆陇其是一个完全符合清朝统治者的典范人物：他在政治上效忠清廷，为官清廉，思想学术循守正道，崇朱黜王。陆陇其因此成为了国家倡导的典范式人物，被塑造成了一个毫无瑕疵的圣人❷。相比之下，李二曲保留了明儒的气节，不与清廷合作，但他也并非直接起兵抗清。但李二曲的反思和抗清，不同于顾、黄激烈的方式，是一种十分温和的、借以“原儒”的倾向来反思的理学。在康熙四十二年（1703 年）时，康熙皇帝西巡想亲自召见李二曲，李二曲称病不见，让儿子慎言到行在陈述情况，以所著《四书反身录》《二曲集》进献康熙皇帝。康熙御书“操志高洁”赞赏他。清初的学者们谈论和赞赏李二曲时受到的政治压力会相对较少，加之康熙帝的推崇与赏识，这大概就是为什么在清朝的大部分时间里他在学者群中的名声很高的原因。

孙奇逢从祀孔庙则象征着理学经世精神的恢复和阐扬。孙奇逢的学术主张和李二曲的很相近，孙提倡会通朱王、学以致用，是北学的开山鼻祖。孙奇逢的从祀主要得益于汤斌等出色弟子的宣传，夏峰北学后劲倭仁、李堂阶的推动❸，以及和湖广道稽查通政使司兼国子监张志廉利用职务之便给礼部的议奏❹。同时我们可以看到，地方官绅在推动孔庙从祀上的巨大作用。孙奇逢逝世的当年，辉县士绅将其木主奉祀于百泉书院，在他的故乡河北容城县亦有孙征君祠堂。王夫之的从祀，也是晚清湘军崛起导致的湘人群体意识高涨的结果。湖湘人士想要填补文化上的失落，推行“湘军神话”，借王夫之的影

❶ 吴怀清. 关中三李年谱［M］. 陈俊民，点校. 西安：陕西师范大学出版社，1992：106-107.

❷ 姜淑红. 清儒从祀孔庙研究［M］//古代历史文化研究辑刊》第十七编第二十册. 新北市：花木兰出版社，2017：50.

❸ 同❷77.

❹ 同❷73-75.

响进一步扩大湖湘文化在全国的影响[1]。

而顾炎武的从祀与新的“三大儒”称号的提出，则与晚清以来顾、黄、王三者的不断符号化有关。这三人在预备立宪的紧要关头被朝廷表为赤帜，首先是因为在支持者的心目中，三人的学说与立宪的精神遥相符合[2]。当时人们将三个人看作一个整体，“这种一概而论的笼统说法，反映出三儒之间的区别逐渐模糊，他们各自的具体学说如何已经并不重要，三人被当作‘一体’来看待，共同构成了新兴政治理念的历史符号[3]”。汉族士大夫们一次又一次地要求顾炎武从祀孔庙，这加剧了对顾炎武的再解释，他以极快的速度成为宪政理念的中国源头之一，又以更快的速度被北洋政府中的学者型官僚形塑为融合新型政治理论与旧式学者人格的代表——徐世昌将顾炎武定位为朱子的继承者，对顾炎武的解释和诠释已经大大溢出传统的边界，而成为科学方法的代表人物[4]。“在晚清的推崇者看来，顾炎武是极具担当精神的豪杰，对于疲软的士风来说正是一剂对症的猛药。”[5] 晚明的经世致用之实学及民族主义在清末重新被“发现”，士大夫们选择了顾炎武作为他们人格的标榜，而在这种氛围下，“顾炎武逐渐由考据学宗师的形象，被重塑为苦心励节、心系天下的人格榜样，以及社会变革与政治理论见长的大儒，恰好迎合了士大夫自我改造的潮流，成为士流尊仰的新偶像”[6]。相比之下，李二曲的学说无法作为新潮流的依据，只能逐渐被历史的烟尘所模糊。

那么，我们可以继续追问的是，二曲之学为何在明末清初，甚至是清代的大部分时间内，有着如此之大的影响力？在整个清代，李二曲并未进入国家祭祀的孔庙从祀系统，那么二曲之学的影响力从何而来？笔者认为，二曲之学的特性正在于平民性，是继承了阳明心学中热烈地指向人的根源的能动性、具有强大精神能量的“庶民哲学”。由于此处已超出本文讨论的主题，在此仅引用《鄠县志》中张呆向李二曲求教一事进行说明：

---

[1] 姜淑红. 清儒从祀孔庙研究［M］//古代历史文化研究辑刊》第十七编第二十册. 新北市：花木兰出版社，2017：122-123.

[2] 段志强. 顾祠——顾炎武与晚清士人政治人格的重塑［M］. 上海：复旦大学出版社，2015：226.

[3] 同[2]227.

[4] 同[2]236.

[5] 同[2]245.

[6] 同[2]245.

张呆，吴村人，名不传。幼尝从学，以家贫未试而废。而年近三十，始娶妻生一子。终身居草屋，其妇纺绩，子弹棉为生。从不与乡里往还，即见亦不轻与之言。亲问其故，曰：“渠辈不欲见我，我亦不欲见渠。渠言非我所欲闻，我言亦非渠辈所欲闻，相见何为？多言何为？”人因号为张呆。闻之笑曰：“我不呆，谁当呆者？”因以张呆自号。年五十后每岁冬自裹糗粮过盩厔诣李二曲先生请教。先生必留住数日。尝对二曲曰：“某不知学，但觉人生以此心为根本，人能将此心如琢玉，使之无暇如拭几，使之无垢，便是天地间一个光明人。不然纵多才多能，亦算不得真人品。”二曲亟称之，每举以励。及门，尝题“今人古心”四字赠之。寿八十余，以康熙二十七八年间卒。至今吴村人尚道其生平以为美谈云。❶

李二曲平时的交际圈中，有着许多与张呆相类似的“庶民哲学家”❷。他们大多都没有很高功名，却仍然怀抱着一颗成圣之心，这大概就是岛田虔次所说的是一种“要直接参入宇宙之中的一种浪漫的热情，是离开死文字，离开所有中介去亲身触及那生生不穷之物的热望”❸。还需指出的是，李二曲的学生们与李二曲相比更具有地方性，很少走出地方讲学❹，这样其实是很难扩大李二曲的影响力的。所以，也正是这份平民性，使得李二曲之学越来越成为一种地方儒学流派而非全国性的官方儒学。同时，李二曲在关中书院讲学仅是昙花一现，无法得到官府承认，到头来势必丧失生计之虞。正如当时陕西华阴的著名学者王弘撰所说：“中孚据坐高谈，诸生问难，遂有不平之言。”❺ 主张

❶ 鄠县志（民国）·人物　义行（影印版）[M]. 台北：成文出版社，1969：396-397.

❷ 除此之外还有白焕彩、党两一、王化泰等等。同时，二曲最核心的思想之一“悔过自新”其实也含有很多功过格和善书的思想。有关的研究可参看包筠雅. 功过格：明清社会的道德秩序 [M]. 杜正贞，张林，译. 杭州：浙江人民出版社，1999；酒井中夫. 中国善书研究（增补版）[M]. 刘岳兵，孙雪梅，何英莺，译. 南京：江苏人民出版社，2010。

❸ 岛田虔次. 中国近代思维的挫折 [M]. 甘万萍，译. 江苏：江苏人民出版社，2005：53.

❹ 如二曲学生中最著名的王心敬，和李二曲一样不仕清廷，但其实这样的行为是不适宜扩大关学的影响力的。李元春《丰川王先生》：“总制额公忒伦、年羹尧先后上章荐，两征不起。”李元春《关学续编》，参见关学史文献辑校 [M]. 王美凤，整理、编校. 西安：西北大学出版社，2015：126.

❺ 王弘撰. 李中孚 [M] //王弘撰. 王弘撰集. 孙学功，点校整理. 西安：西北大学出版社，2015：590.

在程朱陆王之间调和的李二曲遭到了社会的异议，这和清代以来王学的不断被污名化密不可分。

四、现代性叙事与理学本位
——试论梁、钱二人眼中的李二曲

吴根友先生认为，20世纪明清学术、思想史的系统研究可以大致划分为两个谱系，一系是梁启超、胡适和侯外庐，他们援引近现代西方的一些观念、方法来挖掘明清思想史中与西方近现代思想相类似的一些内容，将明清的新思想比拟成西方的“文艺复兴”运动，清代的学术是对于宋明理学的“一大反动”。另一系是钱穆、熊十力、余英时，他们本着宋明理学的儒家文化立场来审视明清学术[1]。从梁启超、胡适、侯外庐这一系来看，李二曲无法被后世“符号化”，成为“启蒙思想”的代表。他们用进化论的视角来审视中国学术史，站在朴学的立场上检视清代学术，期望在清代找到科学思维的源头。他们将戴震作为科学精神的代表者，再将源头追溯至顾炎武，将其视为中国式文艺复兴过程中启蒙时期的代表人物。

这样的学术史研究思路被肖萐父和许苏民继承，在《明清启蒙学术流变》一书中，他们认为明清时期的学术是早期启蒙学术，包含着中国社会从传统走向现代化的历史前进运动的三大主题：个性解放的道德、科学与民主[2]。他们试图将新文化运动时期的启蒙思想追溯到明清时期，并将这三百多年的思想史视为是启蒙思潮漫长而曲折的发展过程。他们认为，明清时期早期启蒙学术的萌动是中国传统文化转型的开端，是中国式的现代价值理想的历史根芽，也是传统与现代化的历史接合点[3]。岛田虔次也是将王学视作为“近代思维”[4]，虽然被视为“启蒙学术思想”的对象不完全相同，可这样的历史叙事缓解了东亚国家对于现代化的焦虑。李二曲没有像李贽那样“抗议权威、挣

[1] 吴根友．21世纪明清学术、思想研究方法之展望［M］//吴根友．多元范式下的明清思想研究．北京：生活·新知·读书三联书店，2011：序言．

[2] 肖萐父，许苏民．明清启蒙学术流变［M］．北京：人民出版社，2013：5．

[3] 同[2]18．

[4] 参见岛田虔次．中国近代思维的挫折［M］．甘万萍，译．南京：江苏人民出版社，2005．

脱囚缚”的“狂者胸次”，也没有顾、黄、王等人“以自然权利为出发点”的政治哲学思想，也没有乾道年间戴震、袁枚等人的新理欲观、情欲观。在启蒙学术的叙事下，李二曲失去了他在明清学术史上的一席之地。

而钱穆则从宋明理学的角度去温情地审视明清学术史，他的论述中富含着浓郁的民族主义精神。他主张清代考据学的蓬勃发展并不是对宋明理学的“反动”，而仅是宋明理学形下功夫的展现，考据学仅是脱胎于宋明理学，并非独创❶。这与钱穆当时处于抗日战争时期有关。钱穆重视义理思想的发展，他认为中国的“主体”是由“义理”所谓的“中国人”所构成的，清代的考据学已经失去了作为“义理根源”的核心地位，“经学”在钱穆的眼中仅有构建“儒学性格”的意义❷。正是站在这样的立场上，钱穆采用的编写方式仍是中国传统的“学案体”，而非梁启超的西方学术史编写方式，他也才会为李二曲著作及资料的散佚感到无限惋惜，并期待后人为李二曲编新年谱和研究二曲的生平学思历程。

正如王汎森所述，代与代之间的隔绝性远远超过我们的想象，在每一代人们都将手边存有的资源、现实的关心、生活的需要等，重新整合成一个有意义的方案，也就是说许多历史记忆资源必须通过“再发现”或“再制造”，才可能在一个时代活跃起来。每一次的活化都是“再发现”或“再制造”，而每次“再发现”的内容重点及编码意义并不完全相同❸。我们看到，与马克思主义史学同路的论述是梁启超一系的启蒙学术叙述，这样的学术史书写其实又和“明清资本主义萌芽”这样的命题纠缠在一起，背后是中国人对于现代性的焦虑，以及西方现代化的“话语霸权”。

余论：回到二曲思想的“价值中轴线”

王家范先生的书中有一个很有意思的比喻：历史人物评价的高低变化，如

---

❶ 张冠茹．梁启超、钱穆对清代学术史的研究比较——以《中国近三百年学术史》为核心探讨［M］//林庆彰．中国学术思想研究辑刊（二二编，第二十册）．新北市：花木兰文化出版社，2015：33.

❷ 戴景贤．钱宾四先生与现代中国学术［M］．上海：东方出版中心，2016：240.

❸ 王汎森．权力的毛细管作用：清代的思想、学术与心态［M］．北京：北京大学出版社，2015：558.

价值与价格的关系，价格始终有变动，或涨或跌，但它永远只是在价值中轴线的上下波动而已[1]。李二曲仍是李二曲不会改变，但后世对他的评价却千差万别：从清初全祖望描述中的“三大儒”之一，到嘉庆年间阮元的《国史儒林传》所代表的官方话语中也占有重要的学术史地位。然而，嘉庆年间江藩的《汉学师承记》代表的是以汉学为宗的学术史书写，李二曲失去了其学术史地位；道光初年方东树的《汉学商兑》和道光二十五年（1845 年）唐鉴的《国朝学案小识》均是站在程朱理学的立场上发声，前者认为李二曲的思想中仍有王学的部分，后者则肯定了二曲思想中的朱子学的功夫论。在清末民初的学者所编写的学术史中，李二曲的地位已经远远不如顾、黄、王，以至于今日大多数人的知识体系中，明末清初的有代表性的思想家就是顾、黄、王三人。这种“典范历史”的书写与建构，符合启蒙学术史的范式，其背后折射的是国人对于现代化的焦虑，期待所谓的民主和平等的现代政治思潮和科学主义能在明清时代找到源头。这样被改造后所书写、记忆的“历史”是符合我们对于未来的期盼的。

可是，我们的传统是多元的，在那些曾经被遗忘的故纸堆中，也有一颗颗火热而真挚的心在跳动着，李二曲就是其中之一：他的痛苦、反思与明清更迭纠缠在一起，他“尽性至命”的“体用全学”在很长的时间里感动着一代又一代的学者。正如王明珂先生所说，我们在夏夜的池塘很容易被规律宏亮的蛙鸣（“典范历史”）所吸引，而忽略那些被压抑了的其他蛙鸣（“边缘历史”）[2]。本文意在提醒我们关注历史的边缘地带，反思我们头脑中的各种模式化的历史概念，通过探究李二曲被“遗忘”的过程来更全面地认知我们传统中国的学术史——不是单色的，而是色彩斑驳的绚烂图景。同时，关注李二曲这个处于明清学术交界地带的人物，也能让我们更好地去认识明学和清学的之间的关系和它们各自的特质。

---

[1] 王家范. 明清江南史丛稿［M］. 北京：生活·读书·新知三联书店，2018：137.

[2] 王明珂. 反思史学与史学反思［M］. 上海：上海人民出版社，2016.

残碑上的关学先贤：田介伯先生德教碑记考释

◉高美茹　万唯教育培训学校

近年来，随着关学研究的进一步深入，关学文献的整理产生了大量的研究成果。影响较大的《关学文库》丛书的出版，为关学研究提供了丰富的基础性文献和理论成果。学界现在整理研究的关学文献，主要集中在古籍文献上，对于碑刻文献的发现和关注还比较少。

笔者偶然在长安区少陵原某自然村发现一方题名为《田介伯先生德教碑记》的碑刻，历经九十年，碑体已断裂为二截，字迹漫漶不清。但通过对可识读的部分文字的分析，可知碑文中介绍的是一位名叫田锡圭、字介伯的长安关学先贤一生在长安樊川及少陵原设帐讲学、敦化民风的德教事迹。

田锡圭虽偏居西北，但并非抱守残经，在空间相对闭塞的少陵原上，他教授学生数学、物理等新课程。他接触并接受了曾国藩“以礼经世”的思想，同时继承了关学注重礼教，重视培养和谐民风的传统。

一、碑文考释

《田介伯先生德教碑记》碑体断裂为两部分。全碑宽 93 厘米，厚 30 厘米。上半部分，呈梯形，边长最高处 107 厘米，最低处 86 厘米。下半部分，高 130 厘米，两碑中间并不能完全重合，碑左边缺失部分呈三角形。全碑碑文14行，满行49字。现将碑文如实录入，因本人学识有限，加之石碑残损严重，如录入有误，恳请指正。

（一）《田介伯先生德教碑记》释文

田介伯先生德教碑记❶

邑人董镇邻撰

后学段泮森书

先生逊清老诸生也，姓田氏，名锡圭，字介伯，世居咸宁城南焦村，今为长安人矣。家素清贫，幼嗜读，无资购书，尝假之友朋，手录成秩，寒暑无间，以故学问淹博。

光绪中，沣西柏先生主讲关中书院，以宋张❷子之学，与清麓贺先生遥相应和，先生负笈从游。故于居敬之学，独□心得，尤重视《小学》一书，以为治平之本。

民国道德学术日异月新，先生虑人心之陷溺也，以经史教授乡里，训以物理、算术。□湘乡曾涤笙，谓古无经世之术，学礼焉□已。唐杜佑著《通典》，礼居其半，论者以为□先，主经世本意。盖古所谓：礼非仅节文度数也，实举体国经野，教民裕财之理，洪纤□□。先生尝与此语以示及门，故数十年杖履所至，必以三礼精意与诸学人讲授。凡游其门者，从公则多干材而守廉隅，治家则□□秩然肃雍。女政乎内，男政乎外。而世之称颂之者，必推其曰此田先生之教也。

晚年设帐于樊川桃溪，在少陵原麓潏水□，为乡先达卢慎清先生故里，溪水环流，桃花杨柳，四围深护。先生讲授之馀，悠游水际林下，于村夫野老欢谈耕稼、勤俭。而与父言慈、与子言孝，更以释家识田之理与之讲解，使知善恶业果皆自心所造，无可幸避。庶愚顽闻之有所惮，而不敢为恶□。

后设帐杜工部祠，从游者日众。而先生课暇中午，必师生静坐，语及门曰："庄子谓灵台有持。今者欧风东渐、学理日繁，诸生日□□□典籍业中，方寸扰扰，与征逐于利禄何异？紫阳设教，语从人以静坐，庶灵台有持，身

---

❶ 标为"□"的是字迹不清晰之处。

❷ 原字模糊，"张"字为笔者考订。

心交养，讵非今日所谓体育、智育乎?”□□之善于教人也。若此综计，授教四十余年，先后学生千三百余名，可谓盛矣!

二十四年秋，先生归道山，春秋六十有六□□□忍忘教泽之深，有鉴昔日筑室于场，拟树碑周道，以彰潜德，持状属为文。先生负慈祥和易，性恻怛，涉身应世，无不以□□□为心顾，独及门者受其启牖哉!余于先生素未深交，而先生道德学行，余闻之熟矣，谨按状次其梗概。呜呼!先生君子之流，而不忘情于世道者欤?

受业赵壁等泐石

关中钰信石厂刻

(二) 撰者与书者考

碑文撰写者董镇邻，据《陕西近代人物小志》记载:

先生名镇邻，字佛丞，家长安之杜曲。素贫，少学于薛太史寿萱，每于塾课之暇，辄背师榨花叶汁，用代丹青，学为绘事。一日太史见而谓之曰:“图画之艺，可以怡情，可以见道，汝即爱好，可肆力习之。”盖太史亦精于丹青也。自是之后太史即授以六法，日课无间。先生初学温纪堂，未有所获。继馆于咸阳李梦符家塾，李氏数世皆精鉴赏，收藏尤富。先生于教读之余，逐一摹临，工力逐进。后传学石谷，因得个中三昧，随笔挥洒，皆饶有神趣矣。

先生诗学晚唐，其幽丽处颇类宋之四灵，盖亦环境使然也。曾咏孤鸿二十八首，以寄身世之感，函吾家仲谦兄云:“此诗神韵虽未足称，然皆吾胸中实感，或有古人未道之意，未遇之境，不知与屈晦翁四十首干蝴蝶为如何也。君许我为樊川老才子乎?”余因赠之诗云:“杜陵原下老诗翁，萧瑟柴门不禁风。一段高情谁会得，苍茫独立吟孤鸿。”

相见一笑，莫逆于心。先生老亦贫，居杜曲东许王窑中，凄凉阴森，往往饔飧不继，非人之所堪者，而先生萧然自得，超然遐举，逍遥乎物外，曾无嗟老叹贫之态。迩来笃信净土，终日念佛。余尝与二三知好访晤先生，见其所畜猫犬摇尾献情，依依其侧，客来不惊。先生亦爱抚之，如老牛之舐犊焉。先生与客畅谈，品评古今，悠然意远，如魏晋间人。其衷情冲淡、天机清妙，又岂枯禅之徒所可比哉？先生现愈古稀，矍铄如四十许人。[1]

可知董先生是民国年间长安地区著名的画家，诗画俱佳，自称“樊川老才子”。

碑文书者为段泮森，据汪运渠先生文章：

段绍嘉（1899—1981），名泮森，字绍嘉，以字行，出生于累世经营碑石、碑帖的商贾之家。其祖上于明代中叶在西安城内府学门口开设了“翰墨堂碑帖局”，经营碑帖。“翰墨堂”传至段绍嘉之父段仲嘉时，已历六代，声明甚隆……慕名造访翰墨堂的不乏官宦与书画名家，甚至连光绪皇帝也曾驾临这里。1932 年秋，康有为受陕西督军刘镇华之邀到西安，曾专门造访翰墨堂，有儒商之名的段仲嘉热情招待，并让 14 岁的段绍嘉当场写字，请康有为请教。康有为看后大家鼓励，并为段家书一联：金石如林富，云霞绚晚春。1953 年，张大千到西安造访翰墨堂，与对碑石研究甚深的段仲嘉相谈甚为投机，为段绘一扇面……1951 年段绍嘉被任命为陕西省博物馆（西安碑林博物馆原名）保管部副主任……抗战时期，在中国军事委员会驻陕抚恤处书写文稿和阵亡将士名册、事迹……进入碑林后书写文碑说明牌直到晚年……其楷书出于北魏，自成一家，人称“段家魏”。位于西安北大街的人民剧院建成于 1954 年，楼门顶端的“人民剧院”四个金色大字，是人们现在最容易见到的段绍嘉榜书大字。[2]

碑文的撰者是诗画俱佳自称“樊川老才子”的长安资深文士，书写者是少年时就敢在康有为面前写魏碑的西安碑林元老级专家。这不难看出田介伯先生在民国期间的长安地区颇具影响力。

（三）从游柏景伟

碑文正文部分，首先陈述田锡圭生平及少年求学的情景。田锡圭字介伯，是咸宁县城南焦村人。长安区焦村就在此碑发现地不远的少陵原上，但是焦村已经全村拆迁改建，原村貌荡然无存。据考证焦村人均为田姓，与碑文所述一致。田先生家境贫寒，文中说“幼嗜读”，但“无资购书，尝假之友朋，手录成帙，寒暑无间”，可知先生幼年家境清贫，求学艰苦。先生刻苦研习，

---

[1] 曹冷泉. 陕西近代人物小志［M］. 西安：樊川出版社，1945：14-15.

[2] 汪运渠. 翰墨家风学人本色——段绍嘉先生其人其书［J］. 收藏，2011（4）：62-64.

至“学问淹博”。

其次，碑文道出了田锡圭的学术渊源，谓“光绪中，沣西柏先生主讲关中书院”，“先生负笈从游”。按，柏景伟（1831—1891），字子俊，号沣西，长安冯籍村人。求学关中书院，咸丰五年举人。主讲泾干、味经、关中书院。刻《关学编》，建少墟书院和冯从吾祠，力振关学。柏景伟主讲关中书院的时间为清光绪十四至十六年，即公元1887—1890年。❶

碑文最后写明田锡圭卒于民国二十四年（1935年），享年六十六岁。以此逆推，田锡圭当生于清同治八年（1869年）。柏景伟主讲关中书院期间，田锡圭年龄在十八到二十一岁，从时间上看是符合从游沣西先生之记载的。

田介伯先生学成归来便在家乡少陵原设帐讲学，在教学与生活实践中传播、弘扬关学思想，践行关学精神。先生归乡讲学之时正值民国伊始，碑文说当时“道德学术日新月异”，满清覆亡、民国建立的社会变革使上至学术领域、下至乡俗民风都受到冲击。先生担忧“人心之陷溺”，带着这种对于“人心”的担忧，先生开始在少陵原长达四十余年的讲学活动。

柏景伟主持书院，除传统的经史之学还开设天文、地理、数学等科目。故田锡圭教授学生，在课程设计上与时俱进，除传统经史外，还授以“物理”“算术”。

田锡圭还重视朱子《小学》一书，谓其为治国平天下的根本。朱子《小学序》道：“古者小学，教人以洒扫、应对、进退之节；爱亲、敬长、隆师、亲友之道。皆所以为修身、齐家、治国、平天下之本，而必使其讲而习之于幼稚之时……今颇搜辑，以为此书，授之童蒙资其讲习。庶几有补于风化之万一云尔。❷”

朱子在序文中明确教授“扫撒”“应对”“敬长”“隆师”这些简单的生活礼仪，目的是“补于风化”，先生教授《小学》的目的同样也是为了教化民风。

（四）与曾国藩一致的“以礼经世”思想

接着碑文引用的曾国藩的话，分析其礼学与经世致用思想，从而说明田

❶ 王美凤，张波，刘宗镐. 关学学术编年［M］. 西安：西北大学出版社，2015：444.

❷ 朱熹：《小学原序》，《钦定四库全书会要》卷一万三百三十九，子部《御定小学集注》。

介伯先生与曾国藩思想的一致："□湘乡曾涤笙，谓古无经世之术，学礼焉□已。"

碑文所引曾国藩的原文为："盖古之学者，无所谓经世之术也，学礼焉而已。"[1] 曾国藩认为我国传统的礼学就是经世之术，《周礼》本是经世之书。曾国藩还说到："先王之道，所谓修己治人，经纬万汇者，何乎归？亦曰礼而已矣。"[2]

《清史稿》在评价曾国藩政治成就时指出："国藩事功，本于学问。"曾国藩本人进行礼经研究、礼仪考订，就有着十分明确的经世治国的目的。作为晚清名臣的曾国藩，毕生致力于以礼为中心的学术与治术的贯通。[3]

曾国藩在《圣哲画像记》中按照个人标准罗列了三十二位圣人，其中说到："司马子长网罗旧闻，贯串三古而八书，颇病其略；班氏《志》较详矣，而断代为书，无以现其会通；欲周览经世之大法，必自杜氏《通典》始矣。马瑞临《通考》，杜氏伯仲之间，郑《志》非其伦也。百年以来，学者讲求形声、故训，专治《说文》，多宗许、郑，少谈杜、马。吾以许、郑考先王制作之源，杜、马辨后世因革之要，其于实事求是一也。"其中将杜佑列入圣哲的原因很明白，是因为杜氏《通典》是"经世之大法"，而《通典》考辨制度的因袭变革是具有现实意义的。

《通典》两百卷，是唐代政治家杜佑所撰的一部专门记载历代政治、经济、礼仪等制度沿革的典章类通志。从卷数说，《通典》全书二百卷，自第四十一卷至第一百四十卷，凡一百卷均为《礼典》，正是碑文所说的"礼居其半"。

杜佑《通典·礼典序》云："夫礼必本于太一，极大曰太，未分曰一。分而为天地，转而为阴阳，变而为四时，列而为鬼神。鬼者，精魄所归。神者，引物而出。其降曰令（圣人象此下之以为教令[4]），其居人曰义。（孝经说曰："义由人出"）。孔子曰：'夫礼，先王以承天之道，以理人之情，失之者死，

---

[1] 曾国藩. 曾国藩全集·孙芝房侍讲刍论［M］. 长沙：岳麓书社 2011：206.

[2] 曾国藩. 曾国藩全集·圣哲画像记［M］. 长沙：岳麓书社 2011：152.

[3] 朱汉民，吴国荣. 以学术为治术——曾国藩的礼治思想及其经世实践［M］//中国文化研究（2007年春之卷），182.

[4] 括号内为注文。

得之者生。故圣人以礼示之，天下国家可得而正也。’（人知礼则教易）”[1]

杜佑在序中阐明了礼在社会政治活动，以及在个人修身养德中的作用。《通典》中强调的学礼使“天下国家可得而正之者”的作用，正符合民族、学术危难之际学人的经世要求。曾国藩推崇杜佑《通典》，与关学反对空谈，关照现实的趣旨完全吻合，所以田锡圭也非常赞同。

田锡圭常年讲学都是以“三礼精意”作为讲学的核心内容，反复给学生强调“礼非仅节文度数也，实举体国经野，教民裕财之理”，这体现着将“礼”具体化为经世之学的思想。

可见，曾国藩在学术上“以礼为归”，在实践上“以礼经世”的思想，是为田锡圭所推崇和实践的。

（五）良好的教育效果

关学重视礼学，躬行礼教，不仅表现在“以礼经世”的大格局的认知上，还表现在自我的人格修养上，以及人心世道的教化上。先生重视礼的教学活动，达到了很好的社会效果。碑文说田锡圭的学生“从公者多干材而守廉隅”，有作为而廉洁奉公，治家则使家庭和睦有序。使社会风气“秩然肃雍”[2]，无论是“女政乎内”，还是“男政乎外”，都体现了礼的要求，形成了有序而典雅的民风。这与宋代关学初创时期的《吕氏乡约》在民间所起到的作用是一致的，可以说乡贤田锡圭的教化活动，与关学注重培养良好民风的传统一脉相承。

（六）讲学的三处地点

碑文说田锡圭教学四十余年，“晚年设帐于樊川桃溪”，“后设帐杜工部祠”，在这两地之前还应该至少还应有一处教学地点。再看碑文说“有鉴昔日筑室于场，拟树碑周道，以彰潜德”。可见，竖碑之地就是先生讲学之地。据考证，碑原来就在焦村，后因拆迁改造才迁至现在地点。那么田锡圭很可能大部分时间都在焦村讲学。

田锡圭享年 66 岁，所谓“晚年”，大概只能指最后十年左右。所以比较

---

[1] 杜佑．通典·礼序［M］．北京：中华书局，1988：1119.

[2] 肃雍：语出《诗经》，意为庄严雍容，整齐和谐，形容祭祀时的气氛和乐声。

合理的推测是：先生教学四十几年，大部分时间应该在树碑之地，即少陵原上焦村。只是到晚年（最后十年左右）才讲学于樊川桃溪堡和杜工部祠。

樊川在少陵原麓，汉代封为樊哙食邑，故得名。桃溪堡，为唐代崔护“去年今日此门中，人面桃花相映红。人面不知何处去，桃花依旧笑春风”的故事发生之地。桃溪堡的位置碑中所说也无误，在“少陵原麓，潏水（旁）”。现在此村仍在，全名为“桃溪堡”。碑文说桃溪堡为“先贤卢慎清先生故里”。

卢慎清其人，当系清末桃溪堡人卢修德。据民国《咸宁长安两县续志》载：“卢修德，桃溪堡人。道光壬午年举人，任广东长宁县知县，有惠政恩民，声望颇佳。致仕归乡以后，多有义举……庠生赵士俊特意纪其事，书文立碑。”[1]

田锡圭在桃溪堡教授之余，喜游“水际林间”与“村夫野老”“欢谈耕稼、勤俭”希望借此可以育化乡闾，使“愚顽闻之有所惮，而不敢为恶”。田先生“与父言慈，与子言孝”，注重倡导父慈子孝的良好家风。

同时，从碑文中也能看出田锡圭对于佛教思想也有所吸收，为人讲佛教“善恶业果”，劝人为善。这也许与他生活的少陵原附近有著名的“樊川八大寺”且常与僧侣往来论道有关。尤其是田锡圭后来讲学的场所杜工部祠，更是与著名的牛头禅寺紧邻。

田锡圭在杜工部祠讲学之余，常常“师生静坐”，劝门人潜心学问，莫在做学问上掺杂名利之欲。撰碑者将其与“紫阳”讲学时与门人静坐的情景相比拟，称其善于教人。紫阳杨先生为元代关学先贤，名奂，乾州奉天人，元初，“隐居授徒，门生百人”[2]，以善教闻名。

碑又云，当时“欧风东渐”，西学涌入冲击着关中儒学，在民族危机和学术危机面前，学人“学理日繁”，更加重视理学的研习。田锡圭认为当时西方所传入的体育、智育正是我国所说的“身心交养”，借而强调了先生注重全面育人的教育观念。不难看出，关学教育不是为培养只会研究抽象概念的书生，而是要培养具有实践能力、内外兼修的人才。田锡圭讲学四十余年，受教生

[1] 咸宁长安两县续志［M］. 翁柽修，宋联奎纂，董健桥，点校. 西安：三秦出版社，2014：420.

[2] 冯从吾. 关学编·紫阳杨先生［M］. 陈俊民，徐兴海，点校. 北京：中华书局，1987：18.

徒有一千三百余人，其在少陵原传播关学的影响甚大。

碑文最后部分，撰文者董镇邻有叹于其“教泽之深”也受其“启牖”，故撰碑文表彰其“潜德”，希望田锡圭一生的德教事迹不为后人遗忘。

二、残碑上的关学先贤

（一）鲜明的关学特征

首先，从师承关系和学术渊源来看，田锡圭求学于关中书院。碑文明确当时正是关学大儒“沣西柏先生”主讲于关中书院，而田锡圭正是柏景伟的门生。而柏景伟与咸阳刘古愚皆尝主讲味经书院，学旨相近，是晚清至民国关学两大学派之一的味经学派的代表人物。从学术渊源上看，田锡圭属于柏景伟—刘古愚一派。

其次，关学自宋代横渠先生创立以来，重注躬行礼教一直是其鲜明的特征之一。碑文多次提到田锡圭重视礼教，表现出其所继承的鲜明关学基因。田锡圭以“礼居其半”的《通典》作为教授礼学的教材，又常用“礼非仅节文度数也，实举体国经野，教民裕财之理”一句古语示以门人，“数十年”无论在何处讲学都以“三礼精意”作为其讲授主旨。田锡圭认为礼学不仅是形式上的“节文度数”，礼学还有着“体国经野，教民裕财”的实际作用。在其视野中，礼具备更强大的现实功能，是经世致用的具体表现。这些观点都促使我们重新认识礼学及其社会功能。

复次，关学在宋代初创时就有三吕“为《乡约》以敦俗”❶的优秀传统，《乡约》起到了良好的社会效应，“自是关中风俗为之一变”❷。《关学编》谓其为“敦本善俗之教”❸。碑文中也体现了关学关照现实问题、重注倡导培养符合礼教要求的民风家风的特点。碑中说道田锡圭在“乡里”的讲学活动使少陵原上形成了“男政乎外，女政乎内”，“秩然肃雍”的有序而和谐的民

❶ 冯从吾. 关学编·与书吕先生［M］. 陈俊民，徐兴海，点校. 北京：中华书局，1987：9.

❷ 同❶10.

❸ 同❶10.

风。田锡圭的门生“从公则多才干而守廉隅”，而先生的教化使得“愚顽闻之有所惮，而不敢为恶”。这种民风家风的建设，是关学的礼学思想在社会实践中的应用。

最后，在清末民初儒学受到冲击的情况下，我们看到这位关学先贤强烈而自觉的“为往圣继绝学”的使命感。田锡圭在“民国道德学术日异月新”的现实中“虑人心之陷溺”。而后又说在“欧风东渐、学理日繁”之际，强调“身心交养”，这些都使我们明确地感受到关学学者对于清末民初儒学生存境地的担忧。这种忧患意识的产生，正说明关学学者在西学东渐时代，心底强烈而自觉的“为往圣继绝学”的使命感，并试图在新旧、中西间取得平衡。

（二）残碑上关学先贤引发的思考

民国期间的少陵原上，有一位颇具影响的关学先贤设帐讲学，传播关学思想，实践关学理念。这绝非历史的偶然，而有其内在的历史因素。终南山下的长安（今西安市长安区）素有关学传统，历代均有关学大家。宋代，有李复“与横渠、浮休诸公游，号潏水先生，文集行于世，多入陕西戎幕，晓畅边事”❶。李复号“潏水”，潏水流经少陵原与神禾原间，是长安境内一条主要河流。李复文集便称《潏水集》。我们在碑文中也读到田锡圭讲学之地在“少陵原麓，潏水（畔）”。可见，长安的关学传统如潏水长流不息。至元代，有长安人宋规，《关学编》说其“与紫阳（杨奂）及遗山、鹿庵、九山数儒论道洛西，弟子受业甚众”❷。至明代，有西安府长安人冯从吾编《关学编》对关学进行初步的总结，创关中书院成为关学思想传播之重地。至清代，有长安人柏景伟“倡议创立少墟专祠”，“以少墟之学教人”，主讲关中书院、味经书院“三秦之士靡然从之”。同时期著名的关学宗师贺瑞麟称其“大类横渠”❸。柏景伟号“沣西先生”，故里“冯村”便在沣河畔，沣河也是长安境内主要河流，而碑中的田介伯先生正是其学生。

残碑中提到的田先生生活的地方：少陵原、樊川、潏河、桃溪堡、杜工部祠都依然存在，而田锡圭的德教事迹，已鲜为人知。我们一提到关学先贤

❶ 方光华. 关学及其著述［M］. 西安：西安出版社，2003：39.

❷ 冯从吾. 关学编·紫阳杨先生［M］. 陈俊民，徐兴海，点校. 北京：中华书局，1987：18.

❸ 冯从吾. 关学编·清贺瑞麟识［M］. 陈俊民，徐兴海，点校. 北京：中华书局，1987：125.

都能说出几位大家的名号，而关学是重躬行而关照普通大众的，关学绝不是依靠几本大家的论著而支撑起来的。在土厚水深的关中大地上，在以终南山为背景的原麓、河畔，一代代如残碑上的关学先贤田锡圭先生默默无闻之辈，把关学的思想渗透到泥土中，滋养着这片广袤的黄土地。

前人树碑的目的在于使后人莫要忘记曾经在这里讲授关学思想、践行关学精神的先贤。透过残碑，我们看到他越来越遥远而模糊的身影，但这身影是高大的，足以给我们力量，引导我们随其前行！

儒家个人主义：顾随诗学浅说*

◉冯　强　广西师范大学文学院

顾随认为，中国诗歌史可以“无可奈何”四字括之❶，但不仅如此，相比20世纪80年代钱钟书以“怨”作为中国文论的重要概念❷，顾随接着提出了针对“无可奈何”的解决方案，其中尤其借鉴了鲁迅20世纪初提出的“诗力说”❸，政治上倡个人主义，以力去怨，解决实际问题，与鲁迅的矫枉姿态相比，顾随明白告知我们他对传统尤其是儒家的借用，在他的诗学中，一种让人耳目一新的“儒家个人主义”呼之欲出。

一、“力”与痛苦的三个层次

中国诗多伤感、悲哀之作，而短暂的伤感和长久的悲哀的确可以写出极致的作品，盖二者如“烟中之毒素，提出后味便减少”，顾随心目中的“文艺将来要发展成为没有伤感悲哀而仍能成为好的作品”❹，去掉毒素而仍能成为

* 本文为广西师范大学文学院2019年科研项目“新诗的‘当代性’与中国诗学传统的再生”科研成果。

❶ 顾随．顾随全集·讲录卷［M］．石家庄：河北教育出版社2000：121.

❷ 钱钟书．诗可以怨［J］．文学评论，1981（1）.

❸ 令飞（鲁迅）．摩罗诗力说［J］．河南，1908（2、3）.

❹ 顾随．顾随全集·讲录卷［M］．石家庄：河北教育出版社，2000：31.

好诗，使他认为健康的诗人应如钢的琴，“锐敏，神经如琴弦，但应身体如钢铁”[1]。伤感和悲哀都是针对痛苦，顾随由是分析了应对痛苦的三个层次：第一层即大思想家、宗教家不断烦恼而能入菩提，“烦恼痛苦在这种人身上不是一种负担而是一种力量、动机”；第二层次是“能借助外来事物减少或免除苦痛烦恼”；第三层次则是“终天生活于苦痛烦恼中，整个人被这种洪流所淹没”[2]，最后者已无力免除，最前者则根本不借外力来打破，携带自身苦痛而仍能周济天下。

顾随乘人力车进城，见远山而诗兴大发之际，一瞥见“车夫的脊背上沁出汗来”，诗思却小鸟般地飞去了。“于是我想到一个诗人，一定是想了些什么，同时还忘了些什么。倘不，便不能成为诗人，我之所以不能成为诗人者，即以是故。”[3]这里所谓“诗人”，仍是传统意义上的，顾随对此实不满意。中国传统诗歌最高境界，在他看来是王渔洋所谓“神韵”，即对于伤感、悲哀的美化和诗化，而这也构成中国诗的最大缺陷：他借用西方“优美”和“壮美”两个美学范畴，认为偏于优美的中国诗太软，太弱，缺乏力度，生的色彩不浓[4]。他将“诗法”与“世法”放到一起看，也即将文字功夫和生活功夫、诗歌风格与诗人人格放到一起看，甚至“世法”比“诗法”更重要，《水浒传》里鲁智深不是诗人，在顾随眼中则浑身上下无不散发着诗人的气息。“人在社会上要不踩泥，不吃苦，不流汗，不成。此种诗人即使不讨厌也是豆芽菜诗人。粪土中生长的才能开花结子，否则是空虚而已。在水里长出来的漂漂亮亮的豆芽菜，没前程。”[5]坐在人力车上吟出的诗句似雅实俗，且酸且臭，他认为诗法之雅不足以救自身之俗，当以世法之“力”补救，“惟力可以去俗”，他要的是有力的雅。王渔洋的“神韵”说，在他看来最大的问题是排除了“世法”，惟余“诗法”，未如世法基础上的诗法、脚踏实地的神韵有力。除去曹操、辛弃疾诸人，顾随还推崇陶渊明和杜甫：“老杜虽感到‘诗法’与‘世法’抵触，而仍能将‘世法’写入‘诗法’，且能成为诗；他看出二者不调

---

[1] 顾随. 顾随全集·讲录卷［M］. 石家庄：河北教育出版社，2000：144.

[2] 同[1]32.

[3] 顾随. 诗书生活：顾随随笔［M］. 北京：北京大学出版社，2008：31.

[4] 同[3]99.

[5] 同[3]22.

和，而把不调和写成诗。陶渊明则根本将‘诗法’与‘世法’看成调和，写出自然调和。”❶ 顾随推崇渊明甚于杜甫，他在后者看到人格的分裂而在前者看到统一——“衣沾不足惜，但使愿无违”——这种统一是心与物、言与行、人事与自然、现实与理想的统一。从态度（非写作的开合变化、粗细兼收）论，顾随认为陶渊明更能当起“诗圣”名号，世上艰难困苦皆是诗，陶渊明写物即是明心，以力出之而仍能让人不觉痕迹，用朱熹的话来讲，是“自豪放”。顾随认为禅宗“去昏散病，绝断常坑”，“是为了成佛做祖，而陶公之如此并非想成佛做祖，是想做人”，一个像样的、不含糊的人。❷ 他以陶渊明为诗哲，诗哲之不同于诗人在于诗人只有什么和为什么，诗哲则需意识到如何解决，“晨兴理荒秽，带月荷锄归”不是一时的兴之所至，而是长期的艰苦躬耕。陶公、杜公均是顾随划定的“古代不受禅佛影响的六大诗人”之一，两位诗人实受儒家影响甚深，顾随亦然，另外，他本人也受禅佛影响很大。然而，“余虽受近代文学和佛家影响，但究竟是儒家所言，儒家之说”❸。后世儒家在正心、诚意、修身、齐家、治国、平天下上的作为不能让他满意，在他眼中，很多儒家顶多做到前二步，成为放空言的“自了汉”，另外一些更成为妄人，大言不惭。他常引《宗门武库》“儒门淡泊，收拾不住，皆入佛门中来”的说法，这里我们可以看出他对儒释界限的基本划分，即儒家以“正心”为修齐治平之本，佛家则视心甚于蛇蝎，本不信心，而主张制心。顾随说：“就算我们想做一个儒家信徒，试问从何处着手？在何处立脚？只剩一空架子，而真灵魂，真精神早已没有了。”❹ 他认为儒家到后来路愈来愈窄，只有上半截，没有下半截。所谓上半截是自觉、自利、自度，下半截是觉人、利他、度人，儒家在他看来是济世的，向外扩散，而佛家虽也有大智大勇大雄大力，毕竟专注不在此世，向内收敛，与儒家有明显不同。顾随认为，“欲了解唐诗、盛唐诗，当参考王维、杜甫几时参出二人异同，则于中国之旧诗懂过半矣。”❺ 他认为杜甫“在唐诗中是革命的，因他打破了历来酝酿之传统，他表现的不

---

❶ 顾随. 诗书生活：顾随随笔［M］. 北京：北京大学出版社，2008：22-23.

❷ 同❶27.

❸ 同❶307.

❹ 同❶313.

❺ 同❶92.

是‘韵’，而是‘力’”❶。顾随将艺术分为盆景、园林和山水三类，盆景和园林模仿自然，然而过雅，过于匠气，而“老杜诗苍苍茫茫之气，真是大地上的山水”❷，既有高尚的情趣，也有伟大的力量。他经常提起王摩诘《观猎》一诗，认为“像老杜，是向外的”❸，这就牵涉他所谓“自我中心”的两条路径，即静的吸纳和动的放射。又说“古代诗人总以为人事是无常，而大自然则是永恒”❹，人事之变与自然之不变间的巨大反差让中国诗人容易向着后者自怜自艾，也就是前面提到的伤感和悲哀，禅佛入诗之后有所改观，伤感和悲哀的自我色彩减少了，岂止是减少，简直是自我的消失。但二者仍有相同点，即自然占第一位，人占第二位。

二、“推”与“化”：儒家个人主义

顾随认为应该将“自然占第一位，人占第二位”这个顺序颠倒过来，同时注意“不可变为狭义的个人主义。我们该走向客观一方”❺。“狭义的个人主义”指西方，顾随认为“只是竭力发展自己，不管好坏善恶；孔门个人主义乃自我中心，并非抹杀旁人，抹杀万物，不过以自己为中心就是了。修齐治平的道理也由此而出”❻。从这些言论我们可以看出两点，即：第一，顾随所说的“个人主义”是在充分尊重他者客观性的前提下展开的，这种展开不是围绕自身利益和欲望，它是向外的，自利利人的，有一个真善美三位一体的最高诉求，用他的话说，就是“余为理想派—不是不注重现实”❼；第二，他实际上结合了儒家八目的入世精神和佛禅忘我的出世精神，而以出世为入世之用，前者有力，后者不勉强、不计较，“有力而不勉强不计较，这样不但是自我扩大，而其是自我消灭。文人是自我中心，由自我中心至自我扩大至自我消灭，这

❶ 顾随. 诗书生活：顾随随笔［M］. 北京：北京大学出版社，2008：96.
❷ 同❶174.
❸ 同❶6.
❹ 顾随. 驼庵诗话［M］. 天津：天津人民出版社，2007：159.
❺ 顾随. 大家国学（顾随卷）［M］. 天津：天津人民出版社，2008：186.
❻ 同❺156-157.
❼ 转引自赵鲲. 顾随的文化立场［J］. 天水师范学院学报，2013（1）.

就是美，这就是诗”❶。顾随在课堂上经常提起禅宗“透网金鳞”的故事❷，但他的用意显然已经儒家化、文学化了：鲤鱼为五蕴所网固属不幸，但是泛起金光的跃网尝试却是有力的、自强不息的，是顾随眼中真正的文学。大诗人的出发点是小我、小己，“而发展到最高便是替全民族、全人类说话了”❸。他认为将小我扩大为大我的方法除了上面所说对大自然的融入，另一途径就是对广大人世的关怀，这里，他巧妙地将孔夫子的“仁”解释为“推”和“化”，即“诗根本不是教训人的，只是在感动人”❹，教训自上而下，感动则是平等的双方，因此，可以说，顾随的儒家个人主义已经具有了现代哲学的意义。尤其是他对政治义务和责任的强调，对西方政治哲学过于强调个人权利是一个很好的纠偏，后者如以赛亚·伯林绕开“责任”，只区分“积极自由”和“消极自由”，这也是经过传统熏习而又了解西方的中国学人对政治思考的一项推动，比顾随稍早的张东荪也认为民主政治的柱石是“个人责任制”❺。

“推”和“化”可以说是顾随诗学的核心内容，这具体表现在他对情感的重视上，他的诗学简直可以被称为“情感的政治哲学”，因其有情，故近于诗；因其着眼于大我，故有政治关怀。政治者，纠正与他者之关系也。这里的“他者”不单单指人，也包括自然万物，释家讲“一切有情本来佛”，“一切有情，若无情便无诗了。河无水曰干河、枯河，实不成其为河。有水始可行船润物；然若泛滥而无归，则不但不能行船润物，且可翻船害物。诗中之

---

❶ 顾随. 驼庵诗话［M］. 天津：天津人民出版社，2007：159.

❷ 参见普济编. 五灯会元（卷二十）·侍郎无垢居士张九成［M］. 海口：海南出版社，2011：1295（“师同明和尚到淮河，见人牵网，有鱼从网透出。师曰：‘明兄，俊哉！一似个衲僧相似。’明曰：‘虽然如此，争如当初不撞入网罗好！’师曰：‘明兄你欠悟在。’明至中夜，方省。”）、第1088页。《五灯会元》中与“透网金鳞”有关的地方还有卷五（选唐代德诚和尚《拨棹歌》六首，其一为“千尺丝纶直下垂，一波才动万波随。夜静水寒鱼不食，满船空载月明归。”道出“垂纶千尺，意在深潭”“钓尽江波，金鳞始遇”等禅机，第367页）、卷七（“透网金鳞，以何为食?”“待汝出网来向汝道”。第519页）、卷十二（“透网金鳞犹滞水，回途石马出罗笼”。第975页。）

❸ 顾随. 顾随全集·讲录卷［M］. 石家庄：河北教育出版社，2000：3.

❹ 同❸4.

❺ 张东荪. 理性与民主（1946）［M］. 长沙：岳麓书社，2010：271. 而当代诗人萧开愚同样注意到此点，2012年9月在讨论法国汉学家于连学术思想的“德中论坛”（未刊）发言中，他提到晚唐诗人韩偓《青春》中“情绪牵人不自由”一句：“这个情绪是政治情绪，而且是因选择而产生责任的政治情绪”。他将“自由”和中国传统中的“天下”和“社稷”意识连接起来，追求一种“责任下的自由”。

情亦犹河中之水”❶。顾随重情，但他把情视为一种训练，能把持，热情到深处反而有冷酷的一面。惊涛可以拍岸，破岸决口如郑板桥者在顾随眼中是水灾。❷“‘风与水搏，海水壁立，如银墙然’。是矛盾，是力，也是趣。”❸由力生发出来的趣有如上文所谓经世法洗汰的诗法，有人生和生活的根基在，更能打动人心。仁之“推”是儒家格物、致知、诚意、正心、修身、齐家、治国、平天下八条目的最形象说明。“子为政，焉用杀？子欲善而民善矣。君子之德风，小人之德草，草上之风，必偃”，顾随以此为儒家的政治个人主义，这一政治个人主义在他那里是以文学的方式向外推衍的，这尤其体现在他对“诚”的重视上。这一点我们可以借他对“格物”和“物格”的基本区分来直观。

顾随引禅宗语录“公只知有格物，而不知有物格”，这本是让人放下执著，立地成佛，比如对禅宗颇有研究的袁宏道就将其解为“犹谚云我要打他反被他打也。今人尽一生心思欲穷他，而反被他穷倒，岂非物格邪”❹？所谓“如蛾趋灯，转为明烧”。袁宏道借此批评儒家只知道“我为我，不知事事物物皆我；若我非事事物物，则我安在哉”？顾随论“格物”基本从朱注，即穷极事物之理。但论“物格”则明显溢出——犹如王阳明训“格”为“正”，将朱熹所格之“物”扭转为“事”，和三纲领八条目为一事，将客观存在的物还原为主体见之于客体的行动，主体的动机、意志、知识和情感皆参与其中❺——顾随将“物格”对应于六义中的“兴”，并以灵感（Inspiration）解释“兴”，格物向外，心到物边，物格向内，物上心来，然后再向外推化，“物色之动，心亦摇焉”，其间贯彻着一个心物一如的“诚”字。请注意，在顾随，“兴”是象征，朝向理想，是达于至善的方法，它唤醒兴起，抗日战争时期的顾随不仅谈到诗可以兴，“岂但诗，现在一切事皆有待于兴”❻，而贯穿于“兴”的，是“诚”和“正”的动机和情感。

---

❶ 顾随．顾随全集·讲录卷［M］．石家庄：河北教育出版社，2000：27.

❷ 同❶136.

❸ 同❶25.

❹ 袁宏道．袁宏道集笺校（下）［M］．上海：上海古籍出版社，2008：1284.

❺ 参张学智．心学论集·古代篇［M］．北京：中国社会科学出版社，2006.

❻ 顾随．大家国学（顾随卷）［M］．天津：天津人民出版社，2008：154.

先由外到内，再由内向外推化的模型不仅见于顾随对“物格”的解释，他在区分唯物与唯心、禅与诗时遵循了同样的思路。顾随是强力的唯心主义诗学家：“何以我们写时不能诚为老杜的诗鲁迅的文？便因我们没有他们那样的心。以前唯心论讲的太玄，知者无从知，行者无从行，结果成为渺茫空洞。”顾随讲唯心，却有科学的、唯物的根基，“人是以生活为根基，过此生活就有此心”❶。诗文的曲折顿挫以生活的曲折顿挫为基础，而不是太过强调技术。在顾随看来，唯物是内旋，“自外向内，自远而近，自物而心”，“而唯心无论在政治上哲学上皆并非唯心就完了。儒家唯心是外旋的，修齐治平，并非自己成一‘自了汉’拉倒”❷；而“禅是由外向内，如孟子所谓‘收其放心’；诗是由外之内，收于内后再放于外”❸。顾随批评李贺诗歌乏“诗情”，诗情在他是同情，“诗人不但要写小我的情，且要写他人的、及一切事物的一切情、同情。花有花情，马有马情”❹。这再次验证了顾随儒家个人主义诗学的强烈政治关怀，它是指向外环的，决不能从狭隘的个人主义去理解。

余论：透网金鳞

1947年在北平一次关于诗的演讲中，顾随单拈出一个“诚”字与听众探讨。中国历史上和诗歌有关的两个经典定义，即“喜怒哀乐未发谓之中，发而皆中节谓之和”（《中庸》）和“诗者，志之所之也。在心为志，发言为诗。情动於中而形於言”（《毛诗序》），都被他灌溉了“诚”的色彩，顺受其正，心是体，志为用，心为未发之中，志则发而中节。从心到志，从中到和，是“诚”之当下即是，是第一念，造次必于是，颠沛必于是，诚于中而形于外。在别的地方，顾随将“诚”理解为《礼记》中的受采之白或《论语》中的绘事之素：子夏问到“礼后乎”时，夫子高兴地说：“起予者商也！始可与言‘诗’已矣。”当然在顾随的理解中，“礼后乎”更加是“诗后乎”，

---

❶ 顾随. 大家国学（顾随卷）[M]. 天津：天津人民出版社，2008：171.

❷ 同❶157.

❸ 同❶251.

❹ 同❶83.

不同于孔子从礼的角度关注诗，他是从人生的角度关注诗，他将“诚”证为“诗心”，“诗心”不是非道德（Im-morality），只是无道德（Non-morality），从此观，杀人放火的李逵反倒是有诗心的，“只是一个诚，只是一团的无伪、专一与单纯”[1]。这里，顾随所谓的“诚”偏离了道德修养而近于西方“狭义的个人主义”，岂止是个人主义，简直就是个人英雄主义，这和普通人的情感相形渐远。顾随在这里已经走上了不和和非诗的道路，他的这一路，我以为和新文化运动时期的大文化格局有关。他身上有侠客气，所推崇的能兼得英雄手段和诗人情感的唯有曹孟德和辛稼轩，而他对诗的期待，实际上不止于言辞上的不诚无物，“中国自古就说‘修辞立其诚’，‘诚’从‘言’义‘成’声。而依沈兼士先生之文，则‘成’亦兼有义，不‘诚’不‘成’”[2]。既有记事，又有成事，既有诗人情感，又有英雄手段，几乎是“内圣外王”的诗人版。这也能解释为什么他虽以世法为诗法的前提，却贬斥世俗之真实，认为“诗中真实才是真正真实”，“万物皆有坏，而诗是不坏”[3]，唯此才能转无常为不灭，以为诗能与天地造化争一日之短长。他当然是高估了诗的作用。以为诗心的健康关系全人类的健康是对诗歌价值的误用。我仰慕先生“在人生战场上要七进七出”[4] 的勇气与担待，但在一个缺乏制度约束的“人为辩证法”环境中，内圣外王的理想不仅要打折扣，而且是非常危险的。他的儒家个人主义最终融入了集体的合唱，“勇毅地撞入金网的鱼儿，终究未能离相去执，透网而出，这实在令人感慨万千”[5]。

---

[1] 顾随. 大家国学（顾随卷）[M]. 天津：天津人民出版社，2008：7.
[2] 顾随. 顾随全集·讲录卷 [M]. 石家庄：河北教育出版社，2000：113.
[3] 顾随. 驼庵诗话 [M]. 天津：天津人民出版社，2007：5.
[4] 顾随. 顾随全集·讲录卷 [M]. 天津：天津人民出版社，2008：154. 38.
[5] 倪伟. 透网金鳞未了情——漫话顾随先生 [J]. 雨花，1994（10）.

《天圣令·狱官令》“由状”释义考

◉冯立君　陕西师范大学历史文化学院

《天圣令·狱官令》宋31条云：“诸囚逮引人为徒侣者，皆审鞫由状，然后追摄。若追而雪放，又更妄引，及因在狱死者，本处精审案覆。”复原唐令为：“诸囚逮引人为徒侣者，皆审鞫由状，然后追摄。若追而雪放，又更妄引，及因在狱死者，年别具状，附朝集使，申省案覆。”令文前半部文字亦相同。❶

笔者曾参加中国社会科学院历史研究所《天圣令》读书班针对令文中“由状”的现代释义，笔者在翻译过程将其译作“缘由、情状”❷。在研读讨论中，另有黄正建先生提出或为“情状”之意。由此，围绕本条令文“由状”的释义产生了疑问和分歧。令文理解的关键往往在于字词细节，辨析“由状”究竟是否含有缘由之意绝非没有必要。兹略征引文献用例，并提出笔者的个人理解。

用例1（北魏）

索敞，字巨振，敦煌人。为刘昞助教，专心经籍，尽能传昞之业。凉州平，入国，以儒学见拔，为中书博士。笃勤训授，肃而有礼。京师大族贵游

---

❶ 天一阁博物馆、中国社会科学院历史研究所天圣令整理课题组．天一阁藏明抄本天圣令校证［M］．北京：中华书局，2006：417、626.

❷ 此前，韩国学界的《天圣令译注》亦如此处理。参阅金铎敏，河元洙．天圣令译注［M］．首尔：慧眼出版社，2013：455.

之子，皆敬惮威严，多所成益，前后显达，位至尚书、牧守者数十人，皆受业于敞。敞遂讲授十余年。敞以丧服散在众篇，遂撰比为《丧服要记》，其《名字论》文多不载。后出补扶风太守，在位清贫，未几卒官。时旧平南学生等为请，诏赠平南将军、凉州刺史，谥曰献……初，敞在州之日，与乡人阴世隆文才相友。世隆至京师，被罪徙和龙，届上谷，困不前达，土人徐能抑掠为奴。五年，敞因行至上谷，遇见世隆，语其由状，对泣而别。敞为诉理，得免。世隆子孟贵，性至孝，每向田耘耨，早朝拜父，来亦如之。乡人钦其笃于事亲。❶

又，索敞事迹见于《弟子规》。此处"由状"指阴世隆与索敞重逢时，讲述自别后遭遇的"始末缘由及情状"，即"世隆至京师，被罪徙和龙，届上谷，困不前达，土人徐能抑掠为奴"。

用例2（北魏）

（郭）祚奏曰："谨案前后考格虽班天下，如臣愚短，犹有未悟。今须定职人迁转由状，超越阶级者即须量折。景明初考格，五年者得一阶半。正始中，故尚书、中山王英奏考格，被旨：但可正满三周为限，不得计残年之勤。又去年中，以前二制不同，奏请裁决。旨云：'黜陟之体，自依旧来恒断。'今未审从旧来之旨，为从景明之断，为从正始为限？景明考法，东西省文武闲官悉为三等，考同任事，而前尚书卢昶奏上第之人三年转半阶。今之考格，复公为九等，前后不同，参差无准。"诏曰："考在上中者，得泛以前，有六年以上迁一阶，三年以上迁半阶，残年悉除。考在上下者，得泛以前，六年以上迁半阶，不满者除。其得泛以后考在上下者，三年迁一阶。散官从卢昶所奏。"❷

此处"缘由"事涉官员考核，当谓职人迁转的缘由和情状。

用例3（北魏）

又诏曰："知高丽阻疆，侵轶卿土，修先君之旧怨，弃息民之大德，兵交

---

❶ 魏收. 魏书·索敞传［M］. 北京：中华书局，1974：1162-1163.
❷ 魏收. 魏书·郭祚传［M］. 北京：中华书局，1974：1424.

累载，难结荒边。使兼申胥之诚，国有楚越之急，乃应展义扶微，乘机电举。但以高丽称藩先朝，供职日久，于彼虽有自昔之衅，于国未有犯令之愆。卿使命始通，便求致伐，寻讨事会，理亦未周。故往年遣礼等至平壤，欲验其由状。然高丽奏请频烦，辞理俱诣，行人不能抑其请，司法无以成其责，故听其所启，诏礼等还。若今复违旨，则过咎益露，后虽自陈，无所逃罪，然后兴师讨之，于义为得。九夷之国，世居海外，道畅则奉藩，惠戢则保境，故羁縻著于前典，楛贡旷于岁时。卿备陈疆弱之形，具列往代之迹，俗殊事异，拟贶乖衷，洪规大略，其致犹在。今中夏平一，宇内无虞，每欲陵威东极，悬旌域表，拯荒黎于偏方，舒皇风于远服。良由高丽即叙，未及卜征。今若不从诏旨，则卿之来谋，载协朕意，元戎启行，将不云远。便可豫率同兴，且以待事，时遣报使，速究彼情。师举之日，卿为乡导之首；大捷之后，又受元功之赏，不亦善乎！所献锦布海物，虽不悉达，明卿至心。今赐杂物如别。”又诏琏护送安等。安等至高句丽，琏称昔与余庆有仇，不令东过，安等于是皆还。乃下诏切责之。[1]

上引史料牵涉一桩三国关系外交事件：百济遣使北魏，控诉其邻国高句丽侵吞百济疆土、阻扰百济向北魏朝贡交通，对此北魏皇帝给予了答复。其中划线句说的是百济首次遣使北魏便请求北魏出兵征伐高句丽，不合常理。于是北魏派大臣前往高句丽都城平壤“欲验其由状”，即实地调查验证百济为何如此要求及事实到底怎样（缘由、情状）。然而高句丽“奏请频烦，辞理俱诣”，对北魏顺从、守礼，并无百济控诉的“由状”，因此，北魏不能出兵征讨高句丽（后文又提到倘若征伐高句丽，百济届时可以参与等）。

用例 4（北魏）

北魏永平三年，尚书李平上奏了一个案件，对案件的判决其后在朝廷引发了巨大争议，该案件的原由是：“冀州阜城民费羊皮母亡，家贫无以葬，卖七岁子与同城人张回为婢。回转卖于鄃县民梁定之，而不言良状。案盗律‘掠人、掠卖人和卖人为奴婢者，死’。回故买羊皮女，谋以转卖，依律处绞

[1] 魏收. 魏书·百济传［M］. 北京：中华书局，1974：2218-2219.

刑。"[1] 皇帝、廷尉少卿杨钧、三公郎中崔鸿，各发表论议，太保高阳王雍最后提出完全不同的意见，他反驳崔鸿的判决意见时说道：

"又祥臣鸿之议，有从他亲属买得良人，而复真卖，不语后人由状者，处同掠罪。既一为婢，卖与不卖，俱非良人。何必以不卖为可原，转卖为难恕？张回之愆，宜鞭一百。卖子葬亲，孝诚成美，而表赏之议未闻，刑罚之科已降。恐非敦风厉俗，以德导民之谓。请免羊皮之罪，公酬卖直。"[2]

最终高阳王的意见得到皇帝采纳。这里他概括崔鸿的意见时提到的"由状"，划线句子意为：从他处买来良人，然后作为"奴婢"又转卖出去，并且不告诉后来的买家始末缘由和情状的，"处同掠罪"。实际上崔鸿的原话是说："今谓买人亲属而复决卖，不告前人良状由绪，处同掠罪。"[3] "良状由绪"，即良人的事实和被卖为非良的缘由始末。

用例5（北魏）

《杂宝藏经》记述了一个《妇女厌欲出家缘》故事：

昔有一妇女，端正殊妙，于外道法中，出家修道。时人问言："颜貌如是，应当在俗，何故出家？"女人答言："如我今日，非不端正。但以小来，厌恶淫欲，今故出家。我在家时，以端正故，早蒙分处，早生男儿。儿遂长大，端正无比，转觉羸损，如似病者。我即问儿，病之由状，儿不肯道。为问不止，儿不获已，而语母言：'我正不道，恐命不全。正欲具道，无颜之甚！'……感切是事，是故出家。"[4]

这里"病之由状"，当释读为"缘由、情状"，即发病原因及发病情形。

用例6（南朝齐）

譬如一村，共偷牦牛而共食之。其失牛者逐迹至村，唤此村人，问其由状，而语之言："尔在此村不？"偷者对曰："我实无村。"又问："尔村中有池，在此池边共食牛不？"答言："无池。"又问："池傍有树不？"对言："无

---

[1] 魏收. 魏书·刑罚志［M］. 北京：中华书局，1974：2880.

[2] 同[1]2883.

[3] 同[1]2882.

[4] 杂宝藏经［M］. 北京：团结出版社，2006：181.

树。”又问：“偷牛之时在尔村东不？”对曰：“无东。”又问：“当尔偷牛非日中时耶？”对曰：“无中。”又问：“纵可无村，及以无树，何有天下无东，无时？知尔妄语，都不可信。尔偷牛食不？”对言：“实食。”

破戒之人，亦复如是。覆藏罪过，不肯发露，死入地狱。诸天善神，以天眼观，不得覆藏，如彼食牛，不得欺拒。[1]

结合后文具体所问事项，这里“由状”是指偷牛而食的缘由和情状。

用例7（唐代）

开成五年四月，东都奏：“河南尹高铢与知台御史卢罕街衢相逢，高铢乘肩舆，无所避。二人各引所见，台府喧竞。”上乃下诏曰：“尹正官重，台宪地高，道路相逢，仪制不定，各执词理，每有纷争。胜负取决于一时，参详未申于久制，委有司斟酌典故闻奏。”都省议：“台府相避，本无明令。按前后例，知杂御史与京兆尹相逢，京尹回避。今东都知台御史即一员，兼得行中丞公事，若不少加严重，即恐人不禀承。今据东台所由状，从前河南尹皆回避，请依上都知杂御史例为制。其上都御史人数稍众，若令京兆尹悉皆回避，事恐难行。请自今已后，京兆尹若逢御史，即下路驻马，其随从人亦皆留止。待御史过，任前进。其东都知台御史亦请准此为例。其京兆尹若趋朝及遇宣朝，不可留滞，即任分路前进。”制可。[2]

受命定礼的都省，在提及河南尹与御史的争礼时说：“今据东台所由状，从前河南尹皆回避，请依上都知杂御史例为制。”《全唐文》中还出现多处同种用法，当理解为上奏公文的一种。如唐代陆贽《论叙迁幸之由状》[3]、日僧圆仁《报留却之由状》及《奉帖勘问抛却在赤山院日本国僧三人行者一人东西存亡事由状》[4]。黄正建先生亦指出在官员考核等方面还存在一种专门的书

---

[1] 僧伽斯那撰．百喻经注释·偷牦牛喻［M］．（齐）求那毗地，译，弘学注释．成都：巴蜀书社，2008：86.

[2] 唐会要．河南尹［M］．上海：上海古籍出版社，2006：1408.

[3] 陆贽．陆贽集·奏草［M］．北京：中华书局，2006：354.

[4] 陈尚君辑校．全唐文补编（卷80）［M］．北京：中华书局，2005：977，978.

面文书，如唐代“由历”[1]，可对照参考。

用例8（唐代）

唐徐有功为司刑丞……又逆人丘神勣弟神鼎并男晙，被奴羊羔告反。司刑、司直刘志素推案奏称：“丘鼎身居文职，黑袄子即是武夫之衣。若不夙怀叛心，拟投荆河州，无故不合輙造又烧却。反状分明，请付法者。”曹断丘鼎处斩，家口籍没。有功批：“丘勣之弟，兄反弟合没官。凭状以推，事迹可验，在于断结，理固难逾。羊羔称投荆河，并作两个皂袄。假令事实，终在赦前，况乃涉虚，何以为据？往时纵犯，今日方告，准赦处敕，不合更推。使人为鼎著皂衣将为叛逆，曹司以烧却文状，处以叛谋。窃寻此涂颇伤苛酷，且衣之五彩，随人好尚，武夫一着，岂限玄黄？烧书虽匪赦前，推勘须穷窟穴。或言《周易》作道卜书，既元抛诸厕中，又云鼎自裂破。书既着摽，便非反书，必是反书，论何事，为是簿帐？为是谶图？竟不甄明，遂无承疑，即处以斩，乃没其家。请更审详，务令允当者。”刘志素又批：“丘鼎反逆，夙蕴包藏，非只一涂，岂唯今日。虺贞荆河作逆之岁，于时秩满神泉，准其家在西京，旋即合归本舍。为与虺贞，相应污道水，下嘉州，更至荆襄。路过淹留，遂经一岁，当闻荆河州起逆，星夜即向唐州，接荆河界首，于悬泉馆，遂共男晙俱作黑褐袄子，拟充战服，即明事相应接。及闻贞败，星夜走来神都，即将袄子布施天宫寺。明知元来所造缘反，近以兄勣反彰之后，复烧却反逆文书。此反不诛，谁反合杀？况又圣泽哀矜，重令来中丞推覆，追奴问鼎，勘案逾明，论其本愆，辜当万死。徐丞内纵奸慝，外诈平反，奉敕令推反人得实，宁敢隐默者？”曹又依前断，举申秋官详议者。下员外郑思齐判：“凡断刑名，须得指实，朦胧作状，斟酌结刑，司刑此申，过为非理。欲令集议，须审议，由状未止归，遣议何事。仰寻所推之案，取堪凭据之由处

---

[1] 唐穆宗《武班铨选勿令淹滞诏》：“自今已后，宜令神策六军军使及南衙常参武官，具由历并前后功绩。牒送中书门下。若勋伐素高人才特异者。量加奬擢。”参陈尚君辑校. 全唐文补编·卷六四·唐穆宗李恒［M］. 北京：中华书局，2005：780.《资治通鉴》记载了唐穆宗另外一则类似诏书并解释了这一文体的内涵：“神策六军使及南牙常参武官具由历、功绩，牒送中书，量加奖擢。（由者，得官之由。历者，所历职任。）”参见司马光. 资治通鉴（卷242）·唐纪［M］. 中华书局，1956：7811.《太平广记》的一则故事提到的明显也是这种文书：“宰相果索吏部由历，至十二日勅出，为左拾遗。”参太平广记·卜筮二·路生［M］. 北京：中华书局，1961：1660.

分讫申者，曹断又依前者。”有功又批：“赦前纵实合免，恩后谋状未诚，不反何为烧书？法家无文臆度，使人的知是反，鞫案何不具言？当时抚状朦胧，奏后方便榅略。人命至重，一死不可再生；王法须平，居轻无宜入重。恐乖泣辜之惠，方亏祝纲之慈，在愚所窥，请更商度者。”刘志素又批：“丘鼎谋反，与虺族同谋，包藏日深，又共逆党连结。有功舞文巧法，党逆不忠，批退欲纵反人，每有唯希侥幸。不寻案状，孟浪即批，即不处科条法外，岂得依允。请处志素所批之状，与有功意故纵逆人之平，即请申秋官及台集众官议。”❶

这是唐代司法官员对于一件谋逆案件具体判决的争议，其中提到“由状”的一句颇疑断句有误抑或文句衍字，理解有滞碍。此处姑作推测，仅供讨论。郑思齐判：“凡断刑名，须得指实，朦胧作状，斟酌结刑，司刑此申，过为非理。欲令集议，须审议，由状未止归，遣议何事。仰寻所推之案，取堪凭据之由处分讫申者，曹断又依前者。”“由状未止归”难以理解，或为“须审议由状”？复查《通典》有相同事件文字记载略同，该句点做：“符下，员外郑思齐判：‘凡断刑名，须得指实。朦胧作状，斟酌结刑，司刑此申，过为非理。欲令集议，须审议由，状未指归，遣议何事？仰寻所推之按，取堪凭据之由，处分讫申者。’”❷ 依此，由状似也非一词。

用例9（唐代）

唐陇西李大安，工部尚书大亮之兄也。武德中，大亮任越州总管，大安自京往省之。大亮遣奴婢数人从兄归，至谷州鹿桥，宿于逆旅。其奴有谋杀大安者，候大安眠熟，夜已过半，奴以小剑刺大安项，洞之，刃著于床。奴因不拔而逃。大安惊觉，呼奴，其不叛者奴婢欲拔刃，大安曰：“拔刃便死，可先取纸笔作书。”书毕，县官亦至，因为拔刃，洗疮加药，大安遂绝。忽如梦者，见一物长尺余。阔厚四五寸，形似猪肉，去地二尺许，从户入。来至床前，其中有语曰：“急还我猪肉。”大安曰：“我不食猪肉，缘何负汝耶？”闻户外有言曰：“错也。”此物即还从户出。大安仍见庭前有池水，清浅可爱，

❶ 册府元龟·刑法部·议谳［M］. 南京：凤凰出版社，2006：7119-7220.
❷ 通典·刑法七［M］. 北京：中华书局，1988：4377.

池西岸上，有金像，可高五寸。须臾渐大，俄化为僧，披袈裟甚新净，语大安曰：“被伤耶，我今为汝痛将去，汝当平复，还家念佛修善也。”因以手摩大安颈疮而去。大安视其形状，见僧有红缯补袈裟，可方寸许，甚分明。既而大安觉，遂苏，而疮亦不复痛，能起坐食。数十日，京宅子弟迎至家。家人亲故来视，大安为说被伤由状及见像之事。有一婢在旁闻说，因言大安之初行也，安妻使婢请匠工为造一佛，初成，以彩画其衣，有一点朱污像之背上。当令工去之，不肯，今仍在，形状如郎君所说。大安因与妻及家人共起观相，乃同所见无异，其背点朱，宛然补处。于是叹异，信知圣教不虚，遂加崇信焉。❶

据故事前情，“被伤由状”即李大安如何受伤过程详情，亦有“缘由”之意。

唐笔记小说中还有一则故事，李思一死后来到阎罗殿，接受质询。

用例10（唐代）

官问思一：“年十九时，尝害生命。”思一不记，乃追被害者对问煞时月日由状，乃寤，曰：“其所害之日，思一黄州慧珉法师处听讲《涅盘经》，何缘得于彼相害？”❷

故事中提到，将被害者请来对质，对质内容除了杀害的具体时间外，还有缘由、情状。由此细节，李思一回想起后文所说当时在寺院听讲佛经，并反问既如此我如何能杀害他？

用例11《日本养老公式令》第三十六条

凡国有急速大事，遣使驰驿向诸处相报告者，每年朝集使，具录使人位、姓名，并注发时日月、给马匹数、告事由状，送太政官。承告之处，亦准此。太政官勘当，有不应发驿者，随事推科。

此处告事由状，似为“所告之事的详情”之意，也可能有“缘由”的意蕴。

❶ 释道世. 法苑珠林校注·敬佛篇·观佛部第三［M］. 周叔迦，苏晋仁，校注. 北京：中华书局，2003：485.

❷ 李剑国辑校. 唐五代传奇集·李思一［M］. 中华书局，2015：123.

用例 12《明史》

中极殿大学士，旧名华盖殿，建极殿大学士，旧名谨身殿，文华殿大学士，武英殿大学士，文渊阁大学士，东阁大学士，并正五品，掌献替可否，奉陈规诲，点检题奏，票拟批答，以平允庶政。……颁诏则捧授礼部。会敕则稽其由状以请。宗室请名、请封，诸臣请谥，并拟上。以其授餐大内，常侍天子殿阁之下，避宰相之名，又名内阁。❶

此处用例是说大学士的职能作用，划线句中“稽其由状”应是考查具体情由之意。

综上，查诸古籍文献用例，“由状”似含有缘由即始末缘由之意时居多，若以此，令文译为缘由、情状或当无误。

由此，本条令文“由状”一词应包含“缘由、情状”两层含义，全令可译为：“囚犯攀供他人为共犯的，都要审查、鞫问缘由、情状，然后‘进行’追捕。如果‘被牵连者在被’追捕‘后’昭雪释放，‘攀供者’再次虚妄攀引，以及囚犯在狱中死亡的，本处‘官司要’详细地审查、核实。”❷

---

❶ 《明史》卷 72《职官志·内阁》。

❷ 中国社会科学院历史研究所《天圣令》读书班.《天圣令·狱官令》译注稿［M］//中国古代法律文献研究（第十二辑）. 北京：社会科学文献出版社，2018.

元代鄱阳叶氏考论*

◉张建伟　山西大学文学院

宋代以后鄱阳文化迎来了鼎盛时期，元代涌现出了众多文学家族，如吴存家族、周伯琦家族、徐瑞家族、刘炳家族等，叶氏就是其中具有代表性的家族之一。叶懋、叶兰父子在元代为官，经历元明易代，叶兰做了元朝的遗民，其诸弟出仕于明，家族既保持了的忠孝节义，又维持了繁盛的景况，值得关注，但目前学术界尚未有相关的研究成果。叶懋属于杨维桢“铁崖体”的追随者，这一点也未得到揭示。因此，作为元明时期具有一定典型性的家族，叶氏值得深入研究。

由于叶氏生平资料不多，而且存在讹误，因此首先需要对叶氏的世系，尤其是叶懋、叶兰父子的生平与交游作以考证。

一、鄱阳叶氏世系及叶兰生平考

鄱阳叶氏所存生平资料不多，且存在记载矛盾之处。因此首先依据其诗歌、小传及方志对其世系与叶兰父子的生平和交游加以考证。

叶懋，字德新，鄱阳（今属江西）人。《鄱阳五家集》所载叶懋的小传

* 本文为山西大学国家社科基金助推项目“元代文学地理与文人分布”（编号 2015SDGT008）、教育部人文社科青年基金项目“元代北方文学家族研究”（编号 10YJC751116）之成果。

极为简略，说他“有才识，善词章，官至大中大夫、嘉兴路总管，多政迹”❶。“大中大夫”，据《元史》卷九十一《百官志》为文散官，从三品。嘉兴路为上路，总管为正三品。叶懋的确切生年不详，其卒年也不可确知。其《燕杨氏书楼答张士行》诗序提到，癸巳八月二日曾到燕地，寓居杨氏书楼。癸巳为元顺帝至正十三年（1353 年），叶懋当去世于此后。今存资料未提到叶懋入明，则他的卒年的下限至元朝灭亡（1368 年）。与叶懋有交往的泰不华、杨维桢生活在元代中后期，叶懋也当在这一时期。

叶懋四子，长子叶兰，字楚庭，别号醉渔。仕元为太常寺礼仪院奉礼。入明未仕，大约卒于洪武二十三年之后，详见下考。叶兰弟蕙，字楚芳，登洪武四年（1371 年）吴伯宗榜十一名，任山东冠县知县，后升青州府同知东昌知府。次弟芷，字楚皋，占籍嘉兴（今属浙江），洪武六年（1373 年）浙江举人出身，任刑部郎中。季弟菖，字楚逊，习武艺，洪武六年征贼有功，升任辽东卫指挥使。叶兰有妹，嫁蔡氏，远在绍兴路的鉴水、越山❷，“三年别夫婿，一年丧姑嫜”，生活凄苦。叶兰长子名文稷，元至正年间出生，高隐不仕，卒于明景泰年间（1450—1456），享年九十九岁。叶兰《六歌》其五曰：“有子值家贫，冠昏及良辰。”不知是否指长子文稷。叶兰还有女儿，《六歌》其六曰：“有女今已笄，六亲征嫁时。”

叶懋、叶兰的姻亲姓氏今不可考，只知叶兰“有妇淑且柔，怡贫春复秋。幽闺事女职，中馈奉夫俦”（《六歌》其四）。可是这样贤淑勤劳、甘于贫贱的妻子却早逝，使得叶兰伤心不已。叶兰还有表弟黄声振（《病中寄黄声振表弟》）。

关于叶兰的生平，主要依据为《鄱阳五家集》卷九之小传，但其中存在讹误，该传记载：

> （叶兰）仕太常寺礼仪院奉礼，从父于浙，以诗名，犹善歌赋，清润古雅，不作今人语。太祖受命，周伯琦应召，楚庭赠之以诗：“觅得神鳌休便休，不须重上钓鱼舟。回头便向溪山望，明月芦花别

---

❶（清）史简编《鄱阳五家集》卷九，文渊阁四库全书本，第 1476 册，第 387 页。

❷（清）史简编《鄱阳五家集》卷十，叶兰《六歌》其三：“有妹在远方，适从蔡家郎。浣苎鉴水阴，采桑越山阳。”

是秋。”及伯琦召见后，深有省于楚庭之言，以其名荐。再召，乘舟至河石桥口，溺水死。别号醉渔，所著有《寓庵集》。

从《鄱阳五家集》叶兰小传看，叶兰当死于明朝建立后不久。但是，小传中的诗虽然是叶兰所作，但他赴明太祖召见，中途溺死的故事出于传闻，并不可信。因为叶兰的作品可以证明，他的卒年当在洪武二十三年（1390年）闰四月之后。第一，叶兰《煮石轩联句》序说，洪武二十三年（1390年）闰四月一日，“饶郡懒云镏先生偕同里黄中斋、杨景行、上清黄振仪诣煮石轩访炼师镏孟通，适余在座，喜为嘉会”。他们一起赋诗、作书画、联句。第二，叶兰作有《戊辰元旦后三日写怀》，叶兰生活的时期有两个戊辰年，一为泰定帝致和元年（1328年），一为明太祖洪武二十一年（1388年）。由其父亲、兄弟、儿子的生活时期推断，此戊辰年不可能是泰定帝致和元年。叶兰长子文稷，卒于明景泰年间（1450—1456），享年九十九岁，则出生于元至正十二年（1352年）前后，此时叶兰正当青年时期，戊辰当为明太祖洪武二十一年（1388年）。

周伯琦，字伯温，生于大德二年（1298年），卒于洪武二年（1369年）[1]，他推荐叶兰当在明初。综上所述，周伯温被明太祖召见时，叶兰曾赠诗，表示委婉劝诫。因周伯温推荐，明太祖召见叶兰，因叶兰不愿出仕明朝，可能中途假托落水溺死而免。之后叶兰过着隐居生活，直到在洪武二十三年之后才去世。

从叶兰《话昔简钱朝阳方有若杞楚材》可考知他的仕历。“三省辟为吏，两监荐为郎”，说明叶兰是由征辟推荐入仕。“奏书呈閟草，掌礼系鸣珰”，指的是他担任过的太常寺礼仪院奉礼。太常寺礼仪院掌管朝廷祭祀之事，奉礼郎为从八品，虽然品秩不高，但是可以接触到皇室人员，叶兰获得了很多优宠的待遇，包括接见与赏赐，“东宫及南馆，朝暮觐清光。赐衣缀紫凤，禁脔割黄羊”。这段经历给叶兰留下了美好的印象：“下御恩与宠，上祝尧与汤。乐彼盛明时，兴言聊具扬。”[2] 但是元朝末年，盛世不再，各地战事不断，尤

[1] 参见宋濂《宋文宪公全集》卷三十一《元故资政大夫江南诸道行御史台侍御史周府君墓铭》（四部备要本）、《元史》卷一八七《周伯琦传》。

[2] （清）史简编《鄱阳五家集》卷十，第401页。

其是叶兰活动的南方浙江、江西一带。进入明朝之后，叶兰不愿出仕。因此，他晚年不做官之后，生活甚为凄苦。《客行》诗说："予年渐衰朽，萎谢难敷荣。倦行欲憩息，饥寒迫余生。"但是叶兰甘于这种贫贱而自在的田园生活，"幽居听风雨，淅沥敲蓬茨。闲情适澹泊，荏苒委芳时。静阅几上帙，饥采园中葵。同心各异处，默默怀所思"❶。他经常与友人饮酒赋诗，如《同钱朝阳王友成燕祀楚材文阁分韵》《煮石轩联句》等。叶兰选择做元朝的遗民，最终拒绝了朱元璋的征聘，宁愿过贫困而闲适的生活，也不愿做明朝的官。

二、叶懋交游考

叶懋任官在嘉兴路（今属浙江），活动也多在南方的江浙行省与湖广行省，包括今天的浙江、江西、湖南等地。叶懋《旧游》诗提到"武陵旧游今几年"，可见他到过武陵地区，武陵在元代属湖广行省常德路（治今湖南常德市）。叶懋还到过越地与吴地。其《题越王庙》说越王庙在"会稽山北"，会稽山位于江浙行省绍兴路（治所在今浙江省绍兴市）东南部。叶懋作有《题吴县天平山范庄》诗，吴县属江浙行省平江路（今江苏苏州市），天平山在吴县市灵岩山北。叶懋《燕杨氏书楼答张士行》诗序提到，元顺帝至正十三年（1353年）癸巳八月二日曾到燕地，寓居杨氏书楼，则叶懋还到过距离故乡较远的北方燕地。在疆域辽阔的元朝，文人跨越南北仕宦远游并不稀见。叶懋可能有过在大都（今北京）等地任职的经历，他曾到过北方。

叶懋交游的人中最显者为泰不华与杨维桢。

泰不华（1304—1352），即达兼善。他字兼善，谥忠介，伯牙吾台氏。萧启庆先生考证为蒙古族。❷初名达普化，文宗赐以今名。泰不华学于集贤待制周仁荣。元英宗至治元年（1321年）右榜进士第一，授集贤修撰，泰定元年（1324年）转秘书监著作郎，拜江南行台监察御史。文宗建奎章阁学士院，擢为典签，拜中台监察御史。历仕河南廉访司事、江浙行省左右司郎中、秘

---

❶ 叶兰《幽居》，清史简编《鄱阳五家集》卷十，第401页。

❷ 萧启庆. 内北国而外中国——蒙元史研究［M］. 北京：中华书局，2007：608.

书监、礼部侍郎、绍兴路总管等职。元顺帝至正八年（1348 年），台州方国珍作乱。至正十一年（1351 年），泰不华迁浙东道宣慰使都元帅，后任台州路达鲁花赤，讨伐方国珍时被害。❶

泰不华以忠义著称，讨伐方国珍时，他自分以死报国，最终为国殉难。泰不华为官刚直、体恤百姓。他是汉化极深的蒙古人，不仅熟悉儒学，名列《宋元学案》卷八十二，而且对汉族士大夫所善之诗文、书画、学术均有造诣。❷ 杨镰先生认为，泰不华诗歌受到江西诗派的影响，还师法李孝光。❸ 泰不华是元代后期十分活跃的文人，与不同民族的很多诗人都有交往唱和，比如虞集、萧存道（女真人述律节）等，叶懋、叶兰父子也位列其间。叶懋曾追随泰不华军中。❹ 在元朝风雨飘摇之际，泰不华更是江南文人眼中的中流砥柱，深受这些文人的景仰与期许。从叶兰不仕明朝来看，其忠义精神与泰不华是一致的，尽管叶兰的勋业不及泰不华，但他们为志同道合之友。叶兰《出塞吟寿达丞相》当是送别泰不华出征而作，诗最后“归当铭碣石，功业复谁攀？”❺ 是盼望泰不华能凯旋而归。

叶懋、叶兰父子都与泰不华有交往，《鄱阳五家集》卷十一有叶懋《送达兼善赴礼部尚书》，当作于至正七年（1347 年）春，泰不华被招赴朝庭担任礼部尚书。❻ 叶兰也有《出塞吟寿达丞相》（《鄱阳五家集》卷九）。叶懋父子当在泰不华于元顺帝至正初期任职江浙行省左右司郎中、绍兴路总管时相识。

杨维桢（1296—1370）为元末诗坛领袖，他字廉夫，自号铁崖，又号铁笛道人，会稽（今属浙江）人。泰定四年（1327 年）进士，历任天台尹、江浙行省四务提举、建德路总管推官等职。元末兵乱，杨维桢避寓富春江一带，张士诚曾召他前往，入明不仕。有《东维子文集》《铁崖先生古乐府》等行世。杨维桢论诗主张写个人性情，其诗被称为“铁崖体”，多以乐府诗写怀古、咏史之作，融汇了汉魏乐府及李白、李贺等人的长处，以奇特的幻想、

---

❶ 生平详见《元史》卷一四三《泰不华传》。

❷ 参见萧启庆《元代蒙古人的汉学》，收入氏著《内北国而外中国——蒙元史研究》。

❸ 杨镰. 元诗史［M］. 北京：人民文学出版社，2003：179.

❹ 参见叶兰《闻家尊侍丞相还军中奉呈张学士》。

❺ 《鄱阳五家集》卷九，第 391 页。

❻ 泰不华任职礼部尚书，《元史》本传未言具体年份，今据郑元祐《题瑞竹堂记》，《侨吴集》卷七。

大胆的夸张著称，气势雄伟，风格瑰奇。❶ 元末诗人很多学习杨维桢、叶懋，在诗歌创作上受其影响。叶懋所存诗作多为乐府与古体❷，且咏史怀古之作多，如《十台怀古》《读史四首》《怀古二首》等。可见叶懋应属于杨维桢“铁门”名下的诗人。

除了泰不华与杨维桢，叶懋的友人可考者尚有薛元卿、张天师、矢得贤、张士行、单谊甫、董大参等。

薛元卿，当为薛玄卿，因避清圣祖玄烨的讳而改元卿。薛玄卿即薛玄曦（1289—1345），玄卿为字，号上清外史，贵溪（今属江西）人。十二岁出家为道士，师事大宗师张留孙、吴全节。延祐四年（1317年）提点大都万寿宫，升提点上都万寿宫。泰定元年（1324年）曾游龙虎山（在今江西贵溪市），泰定四年辞归龙虎山。元统二年（1334年）曾到句曲山（在今江苏句容、金坛两县交界处），元统三年过钱塘（今浙江杭州）。至正三年（1343年）任佑圣观主持简领杭州诸宫观❸。薛玄曦泰定四年辞归龙虎山，至正三年在杭州道观任职，正与叶懋的活动时间与范围吻合。

张士行为怀才不遇的文士。矢得贤，一作矢德贤，为能诗之人，叶兰有《青玉案·寿矢德贤》，可见他与叶兰也有交往。单谊甫为叶懋早年游览南方时相识之友，他晚年曾遇到叶兰，为其画《四明山水图》。董大参其人生平不详，叶懋说他：“虎头将军眼如电，行兵偶向山中留。玉函古剑挂明月，竹屋瑶琴横素秋。”❹ 可知董大参是一个会吟诗弹琴、有文化修养的武将。

三、叶兰交游考

叶兰游历南北，由其诗歌《姑苏感旧十首（原注：录四首）》《送人之

---

❶ 关于杨维桢“铁崖体”，参见张雨《铁崖先生古乐府序》，及邓绍基. 略谈杨维桢诗歌的特点［J］. 湖北大学学报，1989（4）；杨镰先生《元诗史》第七章。

❷ 叶懋存诗凡67首，其中律诗5首，古乐府14首，七古16首，五古32首。

❸ 薛玄曦生平详见黄溍《金华黄先生文集》卷二十九《弘文裕德崇仁真人薛公碑》、陈旅《陈众仲文集》卷七《琼林台记》。

❹ 《答董大参》，《鄱阳五家集》卷十一，第427页。

商镇江》《浦城山馆阻雨》、南闽即兴》《客钱塘简祝良英》《弋阳道中逢成子博主簿》《舟泊左蠡》《二孤吟》可知其游历之南方之地有姑苏、镇江、钱塘、浦城、弋阳、彭泽、南闽等地，在今江苏、浙江、江西、福建这些地区。

叶兰年轻时曾到过北方，他“驱马登太行”，“去赵入幽燕”，“迢迢千里道，壮志横四方”❶。但是他在北方的活动由于资料缺乏，可考者甚少。目前，可知者为大都、金台、居庸关等，由他担任过太常寺礼仪院奉礼郎，可知他曾居于大都（今北京市）。据叶兰《金台即兴十首（原注：今录三首）》其一，金台在芦沟桥附近，离皇宫较近。❷ 他作有《居庸关怀古》，居庸关，位于今北京市昌平区境内。

叶兰由于存诗较多，可以考见的交游之士比叶懋要多。除了泰不华之外，其中最著者为周伯琦、高启、陈基。

周伯琦（1298—1369），字伯温，号玉雪坡真逸，饶州鄱阳（今属江西）人。伯琦父应极宦于京师，伯琦入国学，以荫授将仕郎、南海县主簿，三转为翰林修撰。伯琦以工书法受到元顺帝眷遇，后佥广东廉访司事。八年，召入为翰林待制，预修后妃、功臣列传，累升直学士。历任兵部侍郎、监察御史、崇文太监、江东肃政廉访使、浙西肃政廉访使等职。十七年，江浙行省丞相达识帖睦尔承制假伯琦参知政事，招谕平江张士诚。士诚既降，为其留平江者十余年，任资政大夫、江浙行省左丞。士诚被灭后归鄱阳，曾应明太祖之召，卒于洪武二年（1369 年）。❸

周伯琦不像泰不华那样尽忠职守，而是善于自保❹。虽然品德不佳，但周伯琦博学工文，著有《六书正伪》《说文字原》及诗文稿若干卷。叶兰与周伯琦交往当缘于同乡的关系，他们的政治态度并不相同，周伯琦赴明太祖之召时，叶兰赠诗曰：“觅得神鳌休便休，不须重上钓鱼舟。回头便向溪山望，明月芦花

---

❶ 叶兰《话昔简钱朝阳方有若杞楚材》，《鄱阳五家集》卷十，第 401 页。

❷ 《金台即兴十首（原注：今录三首）》其一：“路入芦沟东复东，翠华高处是皇宫。”《鄱阳五家集》卷九。

❸ 周伯琦生平见宋濂《宋文宪公全集》卷三十一《元故资政大夫江南诸道行御史台侍御史周府君墓铭》《元史》卷一八七《周伯琦传》。

❹ 周伯琦任职监察御史时，陕西行台监察御史刘希曾等十人共劾奏御史大夫也先帖木儿南讨失律丧师。伯琦弹劾刘希曾等越分干誉，希曾等皆坐左迁，补郡判官。至正十四年（1354），周伯琦为官江东肃政廉访使。长枪锁南班陷宁国（今属安徽），伯琦与僚佐仓皇出见之，很快又遁走至杭州。他此举为江南行台监察御史余观所纠。

别是秋。”❶ 叶兰要忠于元朝，并不赞成伯温投靠明朝，所以在诗中委婉劝诫。

高启（1336—1373），字季迪，平江路长洲县（今江苏省苏州市）人。在元末时避难隐居吴淞青丘，自号青丘子。明洪武元年（1368 年），高启应召入朝，被授与翰林院编修，负责纂修《元史》。朝廷欲授以户部右侍郎，高启未受。他退休后长住苏州，洪武六年（1373 年）由于为苏州知府魏观撰写《郡治上梁文》而被腰斩于南京。高启有诗才，其诗清新超拔，雄健豪迈，尤擅长于七言歌行。今存《高太史大全集》十八卷。

陈基（1314—1370），字敬初，台州临海（今属浙江）人。早年受业于黄溍，被荐为经延检讨。至正中尝为人草谏章，几乎获罪，因而避归，奉母入吴，教授诸生。南方用兵，起行枢密院督事，后参张士诚太尉府军事。曾谏阻士诚称王。官至学士院学士。张氏军旅书檄多出其手。吴平，明太祖召入预修《元史》，赐金而还。著有《夷白斋稿》三十五卷，外集一卷，有四库全书本行于世。

据叶兰《题黄廷玉同知晚翠轩》诗，他曾参加黄廷玉在吴地的晚翠轩雅集，参与者为知名文士，陈基善属文，钱介书法独精，杨维桢能饮酒、高启长于诗歌。此次雅集荟萃了元末明初成就极高的几位诗人，叶兰能参与此盛会，说明他在当时的文坛享有一定的地位。

叶兰交往的其余诸人，生平资料不多。从身份来看，主要分为官员、布衣、僧道等三类。其中官员有刘彦昺、钱本初、钱朝阳、徐叔度、章复斋、张答善大参❷、陈元履、游原牧、镏廷翰太守、黄廷玉同知等二十人。叶兰交往的布衣多为名不见经传的草泽文人，包括钱介、张琬、翟敬夫、祝良英、、吴汉臣、杨文举、方有若、祀楚材、金文振、黄振仪、黄善初等四十多人。

叶兰交往的僧道有张雨、方方壶炼师、甘道士、清碧长老等人，其中张雨名声最显。张雨（1283—1350），号句曲外史，道名嗣真，道号贞居子。曾从虞集受学，博学多闻，善谈名理。诗文、诗文、书法、绘画，清新流丽，

---

❶ 《鄱阳五家集》卷九《赠周伯温》。

❷ 张答善大参，与叶兰《寄张达善韩克明》之张达善，可能为同一人。但此人不是《元史》卷一八九《儒学传》中的张䇓，张䇓字达善，生活于元初，与元末之叶兰时代相距甚远，二人不可能结识。

有晋、唐遗意。年二十弃家为道士，遍游天台、括苍诸名山。元仁宗皇庆二年（1313年），随王寿衍入京，居崇真万寿宫。由于素有诗名，京中士大夫和文人学士，如杨载、袁桷、虞集、范梈、黄溍、赵雍等，皆争相与之交游，因而虽隐迹黄冠道士之中，却列文士学人之名。至元二年（1336年）辞主观事，日与友人故酒赋诗以自娱。叶兰曾同张雨游览钱塘南北二高峰，或肩舆，或并辔，同赏夏日山林美景。甘道士，名不详，有守素斋，他“潜迹乐园林，弦琴时与奏”，“壶觞自重斟”，叶兰尊称其为“淳风”“神交”“知音”（《甘道士守素斋》）。方方壶炼师，名从义，号金门羽客，上清（今属福建）人，他“蚤游燕京，寄迹外史，文学绘事，延誉翰林，清致古心，流英湖海”❶，是一位长于文学与绘画的道士，曾称赏危德华之诗文。❷

叶兰交往的僧人可考者为清碧长老，叶兰曾与之赋诗。叶兰还撰有《永福禅寺重修塔记》，这是其惟一存世的文章，文中提到洪武十五年（1382年），永福禅寺住持心镫禅师主持修建。

综上所述，叶懋、叶兰父子交往的人，不论是官员、草泽文人，还是僧道，都是博学能文之辈，他们之间的活动，也多为饮酒游玩、诗歌唱和、艺术欣赏等。在元明易代，江南动荡时期，这些文人仍然坚持自己诗酒文娱的生活，既不亏于传统的气节，又不为政治所左右。泰不华忠于元朝，为国殉难，杨维桢也不愿再仕明朝，他们的忠义之举对叶兰崇尚节义有一定的影响。叶懋在诗歌创作上学习杨维桢的“铁崖体”。叶懋、叶兰父子与这些文人的交往对其家族传统的延续发展起到了促进作用❸。

---

❶ 刘炳《百哀诗·方方壶》小传，《鄱阳五家集》卷十五，第484页。《刘彦昺集》未收。

❷ 钱熙彦. 元诗选·补遗［M］. 北京：中华书局，2002：963.

❸ 鄱阳叶氏敦节义与重文学的传统与地域文化也有关系，详见叶懋. 地域文化与鄱阳叶氏［J］. 上饶师院学报，2013（1）.

《清史稿·文苑传》订误

◉苏晓方　许昌第二高级中学

作为正史之一的《清史稿》，由于参与修史人数众多，很难做到前后一致，初稿完成以后，又没有人总领检查核校，致使其错误较多。金梁称："校刻清史，勒限一年，随时购稿，排日付印，如编新闻者。主笔督催，手民立待，无复有片刻之暇，岂容详核……史稿则随印随发，前后竟不遑兼顾。"❶这种情况使得《清史稿》体例前后不一，字号、时间、书名等方面存在较多错误，且有内容前后颠倒、文意不通等现象，《清史稿·文苑传》亦不例外。已有研究包括中国台湾"国史馆"编《清史稿校注》❷、汪宗衍《〈清史稿·儒林·文苑传〉校记》❸、陆湘怀《〈清史稿·文苑传〉补正》❹、李鼎文《〈清史稿·张澍传〉笺证》❺、杨春俏《〈清史稿·李念慈传〉订误补充》❻、霍省瑞《〈清史稿〉管同卒年勘误》❼、左书谔《〈清史稿·赵翼传〉年岁订误》❽ 等文。此外，夏卫东《〈清史稿〉进士订误》❾ 和方芳《〈清史稿〉进

❶ 金梁. 清史稿回忆录［J］. 逸经，1936（10）：6.
❷ 台湾"国史馆". 清史稿校注（十四）［M］. 台北：台湾"商务印书馆"，1999.
❸ 汪宗衍.《清史稿·儒林·文苑传》校记［J］. 中华文史论丛，1981（3）.
❹ 陆湘怀.《清史稿·文苑传》补正［J］. 浙江师大学报（社会科学版），1996（4）.
❺ 李鼎文.《清史稿·张澍传》笺证［J］. 西北师大学报（社会科学版），1964（1）.
❻ 杨春俏.《清史稿·李念慈传》订误补充［J］. 唐山师范学院学报，2004，26（3）.
❼ 霍省瑞.《清史稿》管同卒年勘误［J］. 历史档案，2011（2）.
❽ 左书谔.《清史稿·赵翼传》年岁订误［J］. 史学月刊，1988（3）.
❾ 夏卫东.《清史稿》进士订误［J］. 古籍整理研究学刊，1998（4、5 期合刊）.

士及第时间订误五则》[1] 两文共订正《清史稿·文苑传》中十人考取进士的时间。然而舛误之处太多，难免有遗漏的地方。笔者在前人研究的基础上，发现尚有较多错误有待订正，本文将其错误按类叙述，拟对《清史稿·文苑传》部分内容进行指正，以供参考。

一、人名、字号错误之处

《清史稿·文苑传》中存在将传主的字、号等信息记载错误的现象，或是本身记载有误，或是误将名、字、号颠倒，或是因字音近、形近而误。兹举几例如下。

（1）《李腾蛟传》："李腾蛟，字咸斋，亦宁都人。"

按：李腾蛟系明末诸生，遗民诗人。魏礼撰《李腾蛟传》载："李腾蛟，字力负，别号咸斋。"[2] 魏礼与李腾蛟均为"易堂九子"成员，所记当确。另《文献征存录》云："李腾蛟，字力负，别号咸斋。"[3]《文苑传·李腾蛟》误将李腾蛟的号"咸斋"作字。

（2）《张笃庆传》："字历久。"

按：误，张笃庆字"历友"并非"历久"。张笃庆《厚斋自著年谱》卷首云"淄川张笃庆历友手编"[4]，张笃庆自著年谱，所记当确。又，《带经堂诗话》《清诗别裁集》卷十四、《文献征存录》卷十，及《四库全书总目》《清国史》等均言张笃庆字历友，而无言"历久"者。

（3）《傅泽洪传》："字育甫，汉军旗人。"

按：字误，傅泽洪字育菴，一字稺君。《四库全书总目》载："泽洪，字

---

[1] 方芳.《清史稿》进士及第时间订误五则［J］. 黑龙江史志，2009（20）.

[2] 魏礼. 魏季子文集·李腾蛟传［M］//清代诗文集汇编（114）. 上海：上海古籍出版社，2010：541.

[3] 钱林辑，王藻编. 文献征存录·李腾蛟传［J］. 清代传记丛刊（11）. 台北：明文书局，1985：39.

[4] 张笃庆. 厚斋自著年谱（卷首）［M］//北京图书馆藏珍本年谱丛刊（86）. 北京：北京图书馆出版社，1999：1.

稺君，镶红旗汉军。”[1]《八旗文经》载：“傅泽洪，字育菴，一字稺君。”[2] 遍检资料，惟《清史稿》称其字为育甫，或系传抄错误。另文中仅载“汉军旗人”，旗籍不明确，亦不符合“旗籍者曰：满洲、蒙古、汉军某旗人”[3] 的体例，此处应为汉军镶红旗人。

(4)《张丹传》：“字网孙”。

按：误，网孙非其字，乃原名。阮元《两浙輶轩录》载：“张丹初名网孙，字祖望。”[4]《四库全书总目》亦载：“（张）丹，字祖望，原名网孙。”[5] 另《文献征存录》载：“张网孙，字祖望，一名丹。”[6] 凡此均可证“网孙”为张丹原名，而非其字。

(5)《刘文麟传》：“字仙樵。”

按：误，仙樵为其号，非字。陈玉章撰《刘文麟传略》云“字仁甫，号仙樵”[7]，陈玉章为刘文麟妹夫，曾追随刘文麟学习诗文，所记当确。

(6)《吕星垣传》：“字叔诺。”

按：误。笔者检索吕星垣著《白云草堂文钞》《白云草堂诗钞》，发现卷首所载均为“武进吕星垣叔讷著”[8]，而未言其字为叔诺者，“叔诺”与“叔讷”似音近而误。

(7)《王颂蔚传》：“字芾卿。”

按：误。王颂蔚子王季烈撰《先考资政公事略》载：“府君讳颂蔚，号芾卿。”[9] 此为王颂蔚之子所记，应记当确。另叶昌炽撰《清授资政大夫三品衔军机章京户部湖广司郎中王君墓志铭》载：“君讳颂蔚，号芾卿，别号蒿隐。”[10] 早年

---

[1] 永瑢，等. 四库全书总目·史部·地理类二［M］. 北京：中华书局，1965：615.

[2] 盛昱，杨钟羲. 八旗文经·傅泽洪传［M］//马甫生，等，标校. 沈阳：辽沈书社，1988：462.

[3] 朱师辙. 清史述闻·画一条例［M］. 北京：三联书店，1957：66.

[4] 阮元. 两浙輶轩录·张丹［M］//续修四库全书（1683册）. 上海：上海古籍出版社，2002：209.

[5] 永瑢，等. 四库全书总目·集部·别集类存目八［M］. 北京：中华书局，1965. 1638.

[6] 钱林辑，王藻. 文献征存录·张网孙传［M］//清代传记丛刊（11）. 台北：明文书局，1985：134.

[7] （清）刘文麟：《仙樵诗抄》，清同治九年刻本。

[8] 吕星垣. 白云草堂文钞［M］//清代诗文集汇编（第114册）. 上海：上海古籍出版社，2010：436.

[9] 王季烈. 螾庐未定稿·先考资政公事略［M］//近代中国史料丛刊（第40辑）. 台湾：文海出版社，1969：83.

[10] 闵尔昌. 清代碑传全集·碑传集补·清授资政大夫三品衔军机章京户部湖广司郎中王君墓志铭［M］. 上海：上海古籍出版社，1987：1332.

王颂蔚与叶昌织同举于乡，修郡志又同待三年，后又两次赴海虞同校勘书目，所言当确。

二、时间不明或有误者

邓广铭先生指出年代学是研究历史的四把钥匙之一，时间作为一条纵向线，贯穿于历史人物、历史事件的全过程。因此，时间对于历史来说至关重要。清史馆初期拟定了《书法画一条例》，其中“年月日例”载：“入仕之始，必纪年，或浑书某朝中。迁擢之年宜详……卒年可考者著之。”❶ 而《清史稿》却大量删减如传主中举、官职升迁、卒年等年月信息，造成部分内容记载不明或舛误。

（1）《李腾蛟传》：“诸生。”

按：时间不明，应为明末诸生。李腾蛟入清后放弃“诸生”身份，隐居翠微峰。魏礼撰《李腾蛟传》载：“李腾蛟，字力负，别号咸斋，县学生，甲申国变，预窜去诸生名籍，隐金精之翠微峰。”❷ 魏礼与李腾蛟均为宁都人，二人均为易堂九子，所记当确。

（2）《申涵光传》：“顺治十七年，诏郡县举孝行，有司以涵光应，力辞之。再举隐逸之士，坚辞不就。”

按：“举隐逸之士”的时间为清康熙七年（1668）。魏裔介撰《申涵光传》载：“（康熙）戊申，恩诏举荐山林隐逸之士，余谓凫盟称其选，欲公言之于当事，凫盟托弟随叔婉辞。”❸ 戊申即康熙七年（1668）。另申涵光弟申涵煜、申涵盼编《申凫盟先生年谱》“（康熙）七年戊申公五十岁条”载：“恩诏有访求隐逸一款，相国魏公裔介深属意公，公婉词谢。”❹

（3）《宋琬传》：“十一年，有诏起用，授四川按察使。”

---

❶ 朱师辙. 清史述闻·画一条例［M］. 北京：生活·读书·新知三联书店，1957：68.

❷ 魏礼. 魏季子文集·李腾蛟传［M］//清代诗文集汇编（114册）. 上海：上海古籍出版社，2010：541.

❸ 李桓. 国朝耆献类征初编·申涵光传［M］//清代传记丛刊（179）. 台北：明文书局，1985：53.

❹ 申涵煜，申涵盼补辑. 申凫盟先生年谱》“七年戊申公五十岁条”［M］. 北京：中华书局，1991：13.

按：时间错误，宋琬被起用时间为应为康熙十年（1671），康熙十一年（1672）授四川按察使。国史馆传稿载：“（康熙）十年，有诏起用……十一年，授四川按察使。”❶

（4）《虞黄昊传》：“康熙中举人，终教谕。”

按：中举人时间不明确。按阮元《两浙輶轩录·虞黄昊传》作“康熙丙午举人”❷，康熙丙午即康熙五年（1666年）。《文献征存录》亦载：“康熙五年举人。”❸

（5）《姜宸英传》：“三十六年，成进士……明年，副（李）蟠典试顺天，蟠被劾遣戍，宸英亦连坐。”

按：时间有误，此处“明年”指康熙三十七年（1698年），而李蟠典试顺天的时间为康熙三十八年（1699年）。全祖望《翰林院编修湛园姜先生墓表》载：“己卯试事，同官不饬簠簋，牵连下吏，满朝臣寮皆知先生之无罪。”❹己卯即康熙三十八年（1699年）。又方苞《又记姜西溟遗言》载：“己卯，主顺天乡试，以目昏不能视，为同官所欺，挂吏议，遂发愤死刑部狱中。”❺方苞为姜宸英好友，所记应不会错。又朱琦拟史传《姜宸英》载：“（康熙）三十六年礼闱中式，及廷对进呈名……又二年，副修撰李蟠典顺天试，比揭榜……”❻凡此均可证明李蟠、姜宸英典试顺天为康熙三十八年（1699年），并非三十七年（1698年），此处“明年”二字记载有误。

（6）《诸锦传》：“乾隆初，试鸿博，授编修。”

按：时间不明确。《高宗纯皇帝实录》“乾隆元年十月乙丑”条载：“引见考取博学鸿词刘纶等十五员……诸锦、于振、杭世骏，俱著授为翰林院编

---

❶ 李桓. 国朝耆献类征初编·宋琬［M］//清代传记丛刊（152）. 台北：明文书局，1985：542.

❷ 阮元. 两浙輶轩录·虞黄昊传［M］//续修四库全书（1683）. 上海：上海古籍出版社，2002：208页。

❸ 钱林辑，王藻编. 文献征存录·虞黄昊传［M］//清代传记丛刊（第11册）. 台北：明文书局，1985：145.

❹ 全祖望. 鲒埼亭集·翰林院编修湛园姜先生墓表［M］//清代诗文集汇编（302）. 上海：上海古籍出版社，2010：478.

❺ 方苞. 方苞集·又记姜西溟遗言［M］. 刘季高，校点. 上海：上海古籍出版社，1983：706.

❻ 朱琦. 小万卷斋文稿·姜宸英［M］//清代诗文集汇编（494册）. 上海：上海古籍出版社，2010：358.

修。”❶《清国史》亦载诸锦为乾隆元年（1736年）举鸿博。

（7）《胡宗绪传》：“康熙末，以举人荐充明史馆纂修。”

按：时间不明确。马其昶《桐城耆旧传·胡袭参传》载胡宗绪为“康熙五十年举人”❷。马其昶曾受业于方东树，方东树为姚鼐弟子，而姚鼐曾受业于刘大櫆，即刘大櫆为马其昶师祖，而胡宗绪与方苞、刘大櫆为同乡好友，马其昶作为桐城派重要人物，深熟于桐城文章，所记当确。

（8）《刘文麟传》：“以进士用广东知县。”

按：时间不明确，亦不符合体例。刘文麟妹夫陈玉章撰《刘文麟传略》载：“道光丁酉举京兆，明年成进士，改知县之官广东。”❸丁酉年即道光十七年（1837年），因此，刘文麟为道光十八年（1838年）进士，官广东知县。又《明清历科进士题名碑录》载刘文麟：“大清道光十八年进士题名碑录（戊戌科），赐同进士出身第三甲第四十七名。”❹

（9）《杨伦传》：“乾隆中进士。”

按：时间不明确。赵怀玉撰《广西荔浦县知县杨君墓志铭》载：“乾隆四十五年，以增监生中顺天举人，明年成进士。”❺可知杨伦为乾隆四十六年（1781年）进士，赵怀玉和杨伦、洪亮吉等被称为“毗陵七子”，所记当确。又《明清历科进士题名碑录》载杨伦：“大清乾隆四十六年进士题名碑录（辛丑科），第二甲第三十八名。”❻

（10）《祁韵士传》：“嘉庆初，以郎中监督宝泉局。”

按：时间不明确。祁韵士自撰《鹤皋年谱》“（嘉庆）六年辛酉五十一

❶ 台湾“国史馆”．高宗纯皇帝实录·“乾隆元年十月乙丑”条［M］//清实录（9册）．北京：中华书局，1986：599.

❷ 马其昶．桐城耆旧传·胡袭参传［M］．毛伯舟，点注合肥：黄山书社，1990：321.

❸ 刘文麟：《仙樵诗抄》卷首《传略》，清同治九年刻本。

❹ 李周望，等．明清历科进士题名碑录·“大清道光十八年进士题名碑录（戊戌科）”（4册）［M］．台北：华文书局，1969：2466.

❺ 赵怀玉．亦有生斋集·广西荔浦县知县杨君墓志铭［M］//续修四库全书（1470册）．上海：上海古籍出版社，2002：243.

❻ 李周望，等．明清历科进士题名碑录·“大清乾隆四十六年进士题名碑录（辛丑科）”（3册）［M］．台北：华文书局，1969：2147.

岁”条载：“七月，保钱局监督引见。奉旨：‘宝泉局监督差着祁韵士去，钦此。’”❶又程恩泽撰《户部福建司郎中鹤皋祁公神道碑铭》载：“（嘉庆）六年，充宝泉局监督，在局两载。”❷

（11）《张穆传》：“道光中，优贡生。”

按：时间不明确。程鸿诏撰《张先生小传》载：“道光辛卯优贡生”❸。辛卯即道光十一年（1831年）。

（12）《赵怀玉传》：“乾隆中召试举人，授中书。”

按：时间不明确。赵怀玉《收菴居士自叙年谱略》“（乾隆）四十五年庚子三十四岁”条载：“（三月）二十七日召试钟山书院……越日，恩赐举人，授内阁中书。”❹此外，陆继辂《山东青州同知赵君墓志铭》载：“乾隆四十五年，纯庙南巡，君献赋，行在蒙召试，赐官。”❺此墓志铭为赵怀玉儿子托陆继辂撰，且二人为多年好友，所记比较可靠。

（13）《彭绩传》：“乾隆末，穷而客死。”

按：死亡时间与地点不明确。彭绍升《秋士先生墓志铭》载：“其卒以乾隆五十年正月戊子，年四十四。”❻彭绍升为彭绩族子，二人又是密友，所记应当正确。彭绩早年丧父，家里穷困潦倒，母亲、妻子去逝，靠卖房屋才得以安葬，生活居无定所，卒于外甥家，“其卒也，客外生张豹文家，豹文为治敛。”❼

（14）《洪坤煊传》：“乾隆末，以拔贡生举乡试。”

按：时间不明确。洪颐煊撰《昆季别传·洪坤煊》载：“兄因得以己酉选拔

❶ 祁韵士．鹤皋年谱·“（嘉庆）六年辛酉五十一岁”条［M］//北京图书馆藏珍本年谱丛刊（118）．北京：北京图书馆出版社，1999：298.

❷ 程恩泽．程侍郎遗集·户部福建司郎中鹤皋祁公神道碑铭［M］．北京：中华书局，1985：166.

❸ 程鸿诏．有恒心斋集·张先生小传［M］//清代诗文集汇编（678）．上海：上海古籍出版社，2010：243.

❹ 赵怀玉．收菴居士自叙年谱略·“（乾隆）四十五年庚子三十四岁”条［M］//北京图书馆藏珍本年谱丛刊（第117册）．北京：北京图书馆出版社，1999：232.

❺ 陆继辂．崇百药斋续集·山东青州同知赵君墓志铭［M］//清代诗文集汇编（506册）．上海：上海古籍出版社，2010：283.

❻ 彭绍升．二林居集·秋士先生墓志铭［M］//清代诗文集汇编（397册）．上海：上海古籍出版社，2010：465.

❼ 彭绍升．二林居集·秋士先生述［M］//清代诗文集汇编（第397册）．上海：上海古籍出版社，2010：565.

贡成均……壬子，应顺天乡试，中式第六十四名举人，榜发十余日，暴殁。”❶ 由此可知，洪坤煊己酉年充拔贡生，即乾隆五十四年（1789 年），乾隆壬子年举顺天乡试，即乾隆五十七年（1792 年）。又朱一新撰《洪坤煊》载：“乾隆五十七年顺天举人，榜发十余日而殁。”❷

（15）《洪震煊传》：“后颐煊十二年充选拔贡生。”

按：记载有误。《清史稿·洪震煊传》附于《清史稿·洪颐煊传》之后，遍读《清史稿·洪震煊传》可知，此处是讲洪震煊充选拔贡生一事，并非洪颐煊充选拔贡生，且在《清史稿·洪颐煊传》已经载有“嘉庆六年，充选拔贡生”。故“颐煊”二字应改为“震煊”，方合内容。

又洪震煊充选拔贡生时间并非在嘉庆十二年（1807 年），而是十八年（1813 年）。洪颐煊撰《昆季别传·洪震煊》载：“辛酉余拔贡，而弟下第中丞……癸酉周廉堂学使至浙，久知弟绩学，因得拔贡。”❸ 可知洪颐煊辛酉年拔贡，即嘉庆六年（1801 年）；洪震煊癸酉年拔贡，即嘉庆十八年（1813 年）。洪颐煊为洪震煊哥哥，所记应当准确。又朱一新撰《洪震煊》载：“嘉庆十八年拔贡，廷试，贫不能归。”❹

（16）《苏惇元传》：“惇元，咸丰元年孝廉方正。”

按：时间有误，并非咸丰元年（1851 年）当为道光三十年（1850 年）。苏惇元同县好友方宗诚撰《苏厚子先生传》明云：“道光三十年，诏举孝廉方正。”❺ 苏惇元与方宗诚同师事方东树，所记当确。另方宗诚弟子马其昶《桐城耆旧传》载：“道光三十年，以诸生举孝廉方正，固辞不就试。”❻

---

❶ 洪颐煊. 筠轩文钞·昆季别传［M］//清代诗文集汇编（479 册）. 上海：上海古籍出版社，2010：486.

❷ 朱一新. 佩弦斋杂存·洪坤煊［M］//清代诗文集汇编（760）. 上海：上海古籍出版社，2010：610.

❸ 洪颐煊. 筠轩文钞·昆季别传［M］//清代诗文集汇编（479）. 上海：上海古籍出版社，2010：486.

❹ 朱一新. 佩弦斋杂存·洪震煊［M］//清代诗文集汇编（第 760 册）. 上海：上海古籍出版社，2010：610.

❺ 方宗诚. 柏堂集次编·苏厚子先生传［M］//清代诗文集汇编（672）. 上海：上海古籍出版社，2010：第 177.

❻ 马其昶. 桐城耆旧传·苏惇元传［M］. 毛伯舟，点注. 合肥：黄山书社，1990：419.

三、书名错误者

《清史稿·文苑传》侧重于记述文学成就，而能够反映传主在文学方面造诣最主要的就是文学作品的记载。《清史稿·文苑传》中每个人的传记或长或短，大部分有记载传主文学作品名称，其中记载错误或不明确的现象亦不胜枚举。在前人研究的基础上，笔者发现书名记载错误的又有以下几处。

（1）《胡承诺传》："《读书录》。"

按：误，当作"《读书说》"。胡承诺侄孙胡玉章撰《胡石庄年谱》载："（康熙）十八年已未，公七十有三岁，《绎志》成，《读书说》成。"❶ 李念慈为胡承诺《绎志》作序称："念慈所见于先生者，尚有《读书说》若干卷。"❷ 李念慈曾经为见胡承诺，辞官竟陵，与胡承诺作邻居，尝阅其书，因此，李念慈所记当确。唐鉴《天门胡先生》亦载："先生尚有《读书说》若干卷。"❸

（2）《贺贻孙传》载："《水田居激书》。"

按："《水田居激书》"当作"《水田居士文集》《激书》"。《四库全书总目》子部载"《激书》无卷数"❹，集部载"《水田居士文集》五卷"❺；又《清史稿·艺文三·杂家类》载"《激书》二卷，贺贻孙撰"❻。《清史稿·艺文四》载："《水田居士文集》五卷，贺贻孙撰。"❼

（3）《汪琬传》："尝自辑诗文为《类稿》《续稿》各数十卷。"

按：不明确。《汪尧峰先生年谱》载汪琬著述有"《钝翁前后类稿》六十

---

❶ 胡玉章. 胡石庄年谱·"（康熙）十八年已未"条［M］//北京图书馆藏珍本年谱丛刊（68册）. 北京：北京图书馆出版社，1999：674.

❷ 胡承诺. 绎志附札记·绎志原序［M］. 北京：中华书局，1985：1.

❸ 唐鉴. 国朝学案小识·天门胡先生［M］. 上海：中华书局，1936：80.

❹ 永瑢，等. 四库全书总目·子部·杂家类存目二［M］. 北京：中华书局，1965：1082.

❺ 永瑢，等. 四库全书总目·集部·别集类存目八［M］. 北京：中华书局，1965：1636.

❻ 赵尔巽，等. 清史稿·艺文三·杂家类［M］. 北京：中华书局，1977：4357.

❼ 赵尔巽，等. 清史稿·艺文四·别集类［M］. 北京：中华书局，1977：4377.

二卷，《钝翁续稿》五十六卷”❶。《清史稿·艺文志》载：“《钝翁类稿》一百十八卷”❷，书名记载不明确，应为《钝翁前后类稿》六十二卷，《钝翁续稿》五十六卷，共计一百十八卷。

（4）《宋大樽传》载：“《茗香论诗》。”

按：误，当作“《茗香诗论》”。宋大樽好友戚学标撰《国子助教茗香宋君墓志铭》谓“《诗论》一卷，《校定尔雅新义》二十卷，《诗论》刻《知不足斋丛书》中”❸。此处《诗论》即是《茗香诗论》。《清史稿·艺文志四》亦载：“《茗香诗论》一卷，宋大樽撰。”❹ 此书现存世，有《知不足斋丛书》本、《清诗话》本等版本。

（5）《吴兰庭传》：“为《纂误补》四卷。”

按：书名不完整，“《纂误补》”应为“《五代史记纂误补》”。《清国史》载有“《五代史记纂误补》四卷”❺，张之洞《书目答问》记载与之相同。而严元照《悔庵学文》卷五《吴胥石先生墓志铭》、周中孚《郑堂读书记》卷十五、《清史稿·艺文志二》等均载《五代史纂误补》四卷，系漏掉一“记”字。

（6）《朱铭盘传》：“著《晋会要》一百卷，《朝鲜长编》四十卷。”

按：误。朱铭盘外甥郑肇经编《曼君先生纪年录》载其遗著有“《四裔朝献长编》五十六卷，所纂两晋及南北八朝会要，已成者为《两晋会要》八十卷、《宋会要》五十卷、《齐会要》四十卷、《梁会要》四十卷、《陈会要》三十卷，其他四朝未竟厥功”❻。金鉽《重编桂之华轩遗集序》称：“有《四裔朝献长编》，两晋、宋、齐、梁、陈会要各如干卷。”❼ 又《续修四库全书》

---

❶ 赵经达. 汪尧峰先生年谱［M］//北京图书馆藏珍本年谱丛刊（76册）. 北京：北京图书馆出版社，1999：529-530.

❷ 赵尔巽，等. 清史稿·艺文四·别集类［M］. 北京：中华书局，1977：4379.

❸ 戚学标. 鹤泉文钞续选·国子助教茗香宋君墓志铭［M］//清代诗文集汇编（404册）. 上海：上海古籍出版社，2010：661.

❹ 赵尔巽，等. 清史稿·艺文四·诗文评类［M］. 北京：中华书局，1977：4416.

❺ 台湾“国史馆”. 清国史·文苑传·吴兰庭传［M］. 北京：中华书局，1993：955.

❻ 郑肇经. 曼君先生纪年录［M］//朱铭盘. 桂之华轩遗集（卷首附）·（清代诗文集汇编）（第775册）［M］. 上海：上海古籍出版社，2010：341.

❼ 金鉽. 重编桂之华轩遗集序［M］//朱铭盘. 桂之华轩遗集（卷首附）·（清代诗文集汇编）（第775册）［M］. 上海：上海古籍出版社，2010：335.

第767册至774册载有宋、齐、梁、陈四朝会要。

(7)《陶方琦传》："《汉孳室文钞》、骈文、诗词。"

按：不明确。谭献撰《陶编修传》载："《汉孳室文钞》《潩庐骈文选》《湘麋阁遗诗》《兰当馆词》，余稿尚藏于家。"❶ 谭献授陶方琦儿子陶词光所托作传，曾数次哽咽不能尽辞，所记当确。

四、史实错误者

《文苑传》大多是对其他传记史料进行删减，结果难免错漏百出。除了上文指出的字号、时间、作品记载存在错误之外，部分传记也有一些存在基本史实错误。

(1)《申涵光传》："明太仆寺丞佳胤子……万历六年乱起，议城守，出家赀四百金、钱二十万犒士。"

按：此句话在文中有歧义，系编纂者在抄写其他材料时未加甄别抄来，前后语意不通。第一，《清史稿·申涵光传》中并未交代申涵光父辈以上的信息，可知此句话所指应为申涵光或者其父亲申佳胤，但是申佳胤生于万历三十年（1602年），万历六年（1578年）时申涵光及其父亲均未出生，遑论二人"议城守，出家赀四百金、钱二十万犒士"之事。第二，申涵光家在万历年间已经衰落，不可能出家赀四百金、钱二十万犒劳守城士兵。《申端愍公年谱》载申涵光"七世祖讳羽，庠生，高才不羁，家遂中落。八世阜岩公讳化，即先大父，以家贫不竟学"❷。至万历三十六年（1608年）先大父卒时，"家贫，中外无所倚，祖母纺绩以佐饔飧，有时不继"❸。

(2)《龚鼎孳传》："降八级调用，补上林苑丞，旋罢。"

按：误，降八级调用后，又有降级，然后补上林苑署丞，补国子监助教。严正矩撰《太宗伯龚端毅公传》载："公在法司，每事好持两议……镌秩八

❶ 谭献. 复堂文续·陶编修传［M］//清代诗文集汇编（第721册）. 上海：上海古籍出版社，2010：273.

❷ 申佳胤. 申端滑公文集·年谱·"万历三十年壬寅"条［M］. 北京：中华书局，1985：30.

❸ 申佳胤. 申端滑公文集·年谱·"万历三十六年戊申"条［M］. 北京：中华书局，1985：31.

级。又以巡方不法，再镌四级，补上林苑监署丞。颁诏粤东途次量移太仆寺主簿，再移上林苑丞。京察部议镌级补外，奉旨留内补国子监助教。”❶ 康熙九年（1670 年）严正矩与龚鼎孳均官至尚书，严正矩所记当确。又《贰臣传·龚鼎孳传》载：“诏改降八级调用，寻以在法司时谳盗事，后先异议，又曾荐举纳贿伏法之巡按顾仁，再降二级。十三年四月，补上林苑蕃育署署丞。闰五月，大学士成克巩论鼎孳党护左通政使吴达，隐其弟吴逵通贼事，请勘讯。下部察问，鼎孳以不知逵为达弟申辩，罚俸一年。十七年，诏甄别京员，以鼎孳素行不孚众论，复降三级调用，罢署丞。”❷ 由上述材料可知，龚鼎孳降八级调用，后又有降级，然后补上林苑署丞。

(3)《曹溶传》：“试竣，擢太仆寺少卿。”

按：曹溶并非试竣后即迁太仆寺少卿。《贰臣传·曹溶传》载：“（顺治）二年冬，试竣，回御史任。三年二月，充会试监试官……三月，迁太仆寺少卿。”❸

(4)《吴泰来传》：“乾隆二十五年进士，用内阁中书，乞病归。”

按：吴泰来并非“乞病归”，而是无宦情，不赴任。吴泰来因病免归是在年少由副贡生选校官这个时期，而乾隆二十五年（1760 年）不赴中书一职是因为“君自少无宦情，壮益甚，遂不赴补”❹，《文献征存录·吴泰来》亦载其因“无宦情”而不任职。

(5)《翁方纲传》：“先后典江西、湖北、顺天乡试。”

按：漏载，应为先后典江西、湖北、江南、顺天乡试。翁方纲自撰《翁氏家事略记》“（乾隆）四十四年己亥”条载：“六月二十日，奉命充江南乡试副考官。”❺ 由此可知，翁方纲曾典试江南。张维屏《翁覃溪先生年谱稿》亦载：“（乾隆）二十四年己卯，先生年二十七，是年秋，奉命典试江西。二

---

❶ 闵尔昌. 碑传集补·太宗伯龚端毅公传［M］//清代碑传全集. 上海：上海古籍出版社，1987：1522.

❷ 台湾“国史馆”. 贰臣传·龚鼎孳传［M］//清代传记丛刊（第 57 册）. 台北：明文书局，1985：810-811.

❸ 台湾“国史馆”. 贰臣传·曹溶传［M］//清代传记丛刊（第 57 册）. 台北：明文书局，1985353-354.

❹ 李元度. 国朝先正事略·吴泰来［M］//清代传记丛刊（193 册）. 台北：明文书局，1985：529.

❺ 翁方纲. 翁氏家事略记·“（乾隆）四十四年己亥”条［M］//儒藏·史部儒林年谱（第 41 册）. 英和，校订. 成都：四川大学出版社，2007：355.

十七年壬午，先生年三十，是年奉命典试湖北……四十四年己亥，先生年四十七，是年秋，奉命典试江南……（四十八年）八月，奉命充顺天乡试副考官。”❶另《清国史》载：“（乾隆）二十四年充江西乡试副考官，二十七年充湖北乡试副考官……四十四年充江南乡试副考官……四十八年充顺天乡试副考官。”❷

虽然《清史稿·文苑传》存在上述人名、字号、时间、书名以及史实错误等情况，但这并不能掩盖其价值，它不仅是清代诸多传记文献的重要组成部分，而且在清代文学史上占有重要位置，对于研究清代文人的交际来往、诗文特点和学术变迁等具有重要的意义。

---

❶ 汪兆镛．碑传集三编·翁覃溪先生年谱稿［M］//清代碑传全集．上海：上海古籍出版社，1987：1802.

❷ 清国史馆．清国史·儒林传·翁方纲传［M］．北京：中华书局，1993：608.

褒与贬：吉项形象的演变与正视

——基于《旧唐书》武周朝酷吏的考察

◉ 吉东梁　西北大学历史学院；吉秀秀　青海民族大学历史学院

引　言

自司马迁于《史记》中列酷吏传以来，酷吏政治就成为历朝历代关注的一个焦点。浩如烟海的二十四史中，有十史专门设《酷吏传》，而“《宋史》以后除《金史》外，不为酷吏列传，具有十分明显的为封建统治者避讳的性质”❶，可见《酷吏传》的消亡，与美化封建统治有很大关系。就唐而言，学界对酷吏政治的研究主要集中在武周时期，当然也有像张洁、赵海滨在《贞观治世有无酷吏》中谈到的“即使在贞观时期，也不乏酷吏暴虐的身影”❷，认为史家对唐太宗贞观之治的美化，使得史书对这一时期的酷吏记载极为隐晦，笔者表示赞同。

如何评价武周朝的酷吏政治，是学术界集中讨论的话题。这些研究或从政治史角度、法制史角度，都将武则天时期的酷吏视为一个整体来看待。而对个别酷吏的研究，也多是集中在来俊臣、周兴等几个比较重要的酷吏身上，

---

❶ 程遂营. “二十四史”《循吏》《酷吏》列传与中国古代检察官的选任［J］. 北方论丛，2001（1）：124.

❷ 张洁，赵海滨. 贞观世有无酷吏［J］. 历史教学，2009（4）：76.

指出酷吏暴虐终不得好下场，具有浓厚的教育意味。❶ 此外，也有一些论文和专著在谈到武周时期的酷吏政治时，会涉及一些比较典型的酷吏，而论述的内容也多集中在使用酷刑、罗织陷害等方面。❷

本文要探讨的吉顼是洛州河南县人，进士出身，刘思礼案发生前，官至明堂尉。此案之后，深得武则天赏识，仕宦升迁明显加快。吉顼先后任右肃政台中丞、控鹤监内供奉，圣历二年（699 年）担任天官侍郎，首度拜相，次年因与武懿宗争功，死在贬所。吉顼从神功元年（697 年）入仕中枢，到久视元年（700 年）贬死，短短的四年内，助武则天诛来俊臣，退赵州突厥寇，讽谏张易之、张昌宗立李显为皇太子，扶立李唐贡献卓著，对武周朝的晚期政局有着深刻的影响。而对于这样一位重要人物，学界研究却比较少。

目前，学界对吉顼的研究，多是在涉及武则天改立中宗为太子时会提到。譬如吕思勉的《隋唐史》、崔瑞德的《剑桥中国隋唐史》等，都肯定了吉顼的扶唐功绩，但未作进一步分析。最先注意到吉顼在《旧唐书》被置于《酷吏传》，而《新唐书》却将其与裴炎、魏元忠等人共置一传的是钱大昕，他在比较新旧两唐书入传目录异同时说“吉顼，旧史在《酷吏传》”❸，但并未作进一步分析。继钱大昕之后的罗振玉进一步提出了吉顼在两唐书中置传位置不同的原因是“欧公以其有抑武兴唐之功，特拔出之”❹。近人王双怀也意识到了这一点，他说“吉顼严格地说不能算作酷吏”❺。诸位先生虽意识到吉顼入传的差异及吉顼能不能算作酷吏的问题，但都未进行进一步的分析。

基于此，本文意图从《旧唐书·酷吏传上》所载武周时期十一位酷吏入

---

❶ 学界对武周酷吏的研究，从个体来看，多以来俊臣、索元礼、周兴等几个人为主，这些研究主要传达的是酷吏行为，终不得好下场。比如任之明. 政治怪胎来俊臣［J］. 文史天地，2007（2）；孙新军. 罗织罪名 酷吏滥刑——武则天时期的酷吏来俊臣［J］. 山东人大工作，2007（9）.

❷ 赵振华，王治维. 从唐宰相《傅游艺墓志》看其人生末途［M］//赵振华. 洛阳古代铭刻文献研究［M］//西安：三秦出版社，2009. 胡戟. 武则天本传［M］. 西安：三秦出版社，1986；赵文润，王双怀. 武则天评传［M］. 西安：三秦出版社，2005.

❸ 钱大昕. 廿二史考异·唐书一《目录》［M］. 上海：上海古籍出版社，2004：657.

❹ 罗振玉. 雪堂类稿丙 金石跋尾［M］. 沈阳：辽宁教育出版社，2003：250.

❺ 王双怀. 古史新探［M］//西部人文讲座丛书. 西安：陕西人民出版社，2013：90.

手，找出十一人同入酷吏传所遵循的共同标准。再结合吉顼在《旧唐书》中的文本形象，探讨吉顼被《旧唐书》置于《酷吏传》是否合适。在此基础上，进一步指出吉顼被《旧唐书》置于《酷吏传》的史料来源当是唐代韦述、柳芳等所撰的国史。而二人所修唐史因掺杂了统治者的个人意愿，故对吉顼形象进行了抹黑。笔者通过史料分析的方法，希望能够尽量还原一个为历史书写所塑造过的真实的吉顼形象，为进一步深化认识史料编撰中的人物形象提供一些有益的借鉴。

一、《旧唐书》择武周酷吏的标准及吉顼入传是否合适

《旧唐书》如何择选酷吏？学界在做酷吏政治研究的时候多有涉及，譬如时重实《武则天与酷吏》分析了酷吏残忍的三种手段即：（1）罗织罪名，陷人于罪；（2）酷刑逼供；（3）残酷虐待。❶ 汤蓉岚《武则天的酷吏政治评析》认为武周时期的酷吏政治具有延续时间长、涉及面广、负面影响深等特点。❷ 孟宪实在《闲谈酷吏政治》中指出酷吏“心狠手辣，出身不良，无不以告密起家”❸。周天在《武则天时的酷吏》中也谈到了则天时期酷吏的残暴。❹ 此外，一些有关武周酷吏政治的文章中，也或多或少地谈到了酷吏的一些特征。❺ 学界涉及有关酷吏及其相关问题的各种讨论中，虽不是单纯讨论《旧唐书·酷吏传》的遴选标准，但是在此过程中或多或少的涉及酷吏择选的标准，但毕竟不是对旧书酷吏传遴选标准的专门探讨。

---

❶ 时重实. 武则天与酷吏［J］. 北京政法学院学报，1981（1）：68-71.

❷ 汤蓉岚. 武则天的酷吏政治评析［J］. 台州师专学报，1999，21（4）：24-25.

❸ 孟宪实. 闲谈酷吏政治［J］. 文史知识，2014（12）1.

❹ 周天. 武则天时的酷吏——中国古代权力制约史事谈之二十二［N］. 检察日报，2003-5-23.

❺ 还有毛健，覃斌武. 初唐酷吏评析［J］. 法治与社会，2007（3）；谭敏. 论武周时期的酷吏与司法［D］. 重庆：西南政法大学，2011；秦川. 武则天朝政治及其对官吏的影响［J］. 社会科学，1990（4）；郝松枝. 论武周时期的酷吏［J］. 兰州大学学报，2003（4）；马晓丽. 关于武则天重用酷吏的几点看法［J］. 烟台大学学报（哲学社会科学版），1991（3）；傅绍磊. 酷吏政治时期的武周士风［J］. 中华文化论坛，2012（5）；胡戟. 武则天与酷吏政治［J］. 炎黄春秋，1994（4）。

除以上有关武周时期酷吏政治对酷吏遴选标准有所涉及外，又有李丽艳指出唐代酷吏具有与司法结合的特点。[1] 而华中凯的《正史“酷吏传”立传标准研究》对新旧两唐书的立传标准提出了自己的看法，他认为《旧唐书》立传的标准有酷烈、贪婪、滥杀、奸淫、尽忠五项，并认为这是两唐书都遵循的标准。[2] 但张凯对两唐书的立传标准是基于从《史记》以来诸多酷吏传的分析，前后历时较长，且关注的焦点是不同时期《酷吏传》选择标准的共性，因此，在分析的时候缺乏对《旧唐书·酷吏传》特殊性的关注，且分析也不够深入，故笔者欲以《旧唐书·酷吏传上》中所记载的武周朝酷吏为基础，结合目前学术界的研究成果，对《旧唐书》择选武周酷吏的标准重新做一个界定，并对吉项入《旧唐书》是否合适做一考察。

（一）《旧唐书》择选武周酷吏的标准

《旧唐书·酷吏传上》中，一共记载武周朝酷吏十一人。在《旧唐书·酷吏传·序》中，隐约透露出择选酷吏的标准，序中载到“逮以女主临朝，大臣未附；委政狱吏，剪除宗枝”，“然后起告密之刑，制罗织之狱……天诛发于唇吻，国柄秉于掌握”[3]。从序言这段话中，我们可以总结出著者刘煦等人择选酷吏的标准：一是起于罗织与告密；二是残忍好杀；三是对宗室、公卿之家进行迫害。以下根据《旧唐书》所载武周酷吏逐一分析各条标准。

1. 罗织或告密

如果我们对《旧唐书》酷吏传上所载的酷吏进行统计，在所有记载的十一人中，其中具有“罗织或告密”特征的酷吏有来俊臣、索元礼、侯思止、王弘义、郭霸等六人（如表1所示）。

---

[1] 李丽艳. 浅析唐代酷吏的特点——以《新唐书》《旧唐书》为研究中心［J］. 才智，2014（11）：258.

[2] 张凯. 正史“酷吏传”立传标准研究［D］. 武汉：华中师范大学，2013：18-19.

[3] 刘煦，等. 旧唐书·酷吏传序［M］. 北京：中华书局，1975：4836.

表 1 《旧唐书》所记武周酷吏罗织与告密表

姓名	史料	特征
来俊臣	俊臣复告密，召见，奏言前所告密是豫、博州事，枉被续决杖，遂不得申❶	告东平王刘续谋反，告密，罗织
索元礼	元礼探其旨，告事”“推一人，广令引数百人❷	告密、罗织
侯思止	因请状乃告舒王元名及裴贞反❸	告舒王及裴贞反，可视为告密
王弘义	告变，授游击将军”“与来俊臣罗告衣冠❹	告密❺、罗织
吉顼	有箕州刺史刘思礼……顼告之”“亲故连累窜者千余人❻	告发刘思礼谋反，告密、罗织❼
郭霸	招集无赖数百人，令其告事，共为罗织，千里响应❽	告密、罗织

十一人中，来俊臣、索元礼、侯思止、来子珣、郭霸、吉顼、王弘义七人的上位是通过告密的方式，除侯思止《旧唐书》未记其罗织之外，其他六人均有罗织行为。在另外四人中，上位方式比较多元，比如周兴靠累迁，升至秋官侍郎；傅游艺通过上书称福瑞表忠心；万国俊靠依附来俊臣；来子珣通过上书陈事；丘神勣很可能是通过门荫入仕。❾ 这五人就罗织而言，丘神勣曾罗织“破千余家”；周兴“屡受制狱，被其陷害者千余人”❿；万国俊在广州矫诏杀岭南流人，并“锻炼曲成反状”⓫，傅游艺、郭霸传未记其罗织行为。可见，武周时期十一位酷吏，尽管从上位起家的方式来看具有多元性，但其中有一半以上的人是通过告密上位，而具有罗织行为的十一人中多达九

---

❶ 刘煦，等. 旧唐书·酷吏传上·来俊臣传［M］. 北京：中华书局，1975：4837.

❷ 刘煦，等. 旧唐书·酷吏传上·索元礼传［M］. 北京：中华书局，1975：4843.

❸ 刘煦，等. 旧唐书·酷吏传上·侯思止传［M］. 北京：中华书局，1975：4844.

❹ 刘煦，等. 旧唐书·酷吏传上·王弘义传［M］. 北京：中华书局，1975：4847.

❺ “侯思止出自皂隶，言音不正，以告变授侍御史，时属断屠”，出自唐刘肃撰：《大唐新语》卷 13，北京：中华书局，1984 年点校本，第 190 页。

❻ 刘煦，等. 旧唐书·酷吏传上·吉顼传［M］. 北京：中华书局，1975：4849.

❼ 此处是否能视为告密，笔者在后文中将会讨论，姑且以《旧唐书》暂且视为告密。

❽ 刘煦. 旧唐书·酷吏传上·郭霸传［M］. 北京：中华书局，1975：4848.

❾ 丘神勣，父丘行恭，官至左武侯大将军，封谭国公。史籍中并未记载丘神勣是如何入仕做官的，笔者推测丘神勣很可能是通过其父荫子孙的途径入仕为官的。

❿ 刘煦，等. 旧唐书·酷吏传上·周兴传［M］. 北京：中华书局，1975：4843.

⓫ 刘煦，等. 旧唐书·酷吏传上·酷吏传上·万国俊传［M］. 北京：中华书局，1975：4846.

人，可见罗织、告密是《旧唐书》择选武周酷吏的一个重要标准。

吉顼在受武则天特殊提拔之前，官居明堂尉。他通过告发刘思礼等人谋反，并成功罗织三十六名士之家后，升至右肃政台中丞、天官侍郎等高位。吉顼告密且罗织名士之家，因此是符合《旧唐书》择选武周酷吏的第一条标准的。[1]

2. 残忍滥杀

残忍滥杀是《旧唐书》衡量酷吏的又一重要标准。《旧唐书》所记武周酷吏残忍滥杀表如表2所示。

表2 《旧唐书》所记武周酷吏残忍滥杀表

姓名	史料	特征
来俊臣	凶险不事生产，反覆残害[2]	残忍好杀
周兴	自垂拱已来……被其陷害者数千人[3]	陷害好杀
丘神勣	神勣至州……神勣挥刃尽杀之，破千余家[4]	残忍好杀
索元礼	元礼性残忍……凡为杀戮者数千人	残忍好杀
侯思止	思止既按制狱，苛酷日甚[5]	残酷
万国俊	（万）国俊乃引出，拥之水曲，以次加戮，三百余人，一时并命[6]	残忍嗜杀
吉顼	“阴毒敢言事”、刘思礼案“亲故连累窜逐者千余人”[7]	告密、牵连多达千人[8]
来子珣	时雅州刺史刘行实……为子珣诬告谋反诛，又于盱眙毁其父左监门大将军伯英棺柩[9]	杀名士，毁父棺，可谓残忍

此处所记八人中皆有性格残忍、滥杀的特征。在剩下的傅游艺、郭霸、王弘义三人中，《旧唐书》隐约透露出傅游艺之所以被列入酷吏传，是因其在

[1] 吉顼告密以及其是否参与到打击三十六名士之家的行动中去，笔者在后文有分析。
[2] 刘昫，等. 旧唐书. 酷吏传上·丘神勣传［M］. 北京：中华书局，1975：4837-4838.
[3] 刘昫，等. 旧唐书. 酷吏传上·周兴传［M］. 北京：中华书局，1975：4842.
[4] 刘昫，等. 旧唐书. 酷吏传上·丘神勣传［M］. 北京：中华书局，1975：4843.
[5] 刘昫，等. 旧唐书. 酷吏传上·侯思止传［M］. 北京：中华书局，1975：4847.
[6] 刘昫，等. 旧唐书. 酷吏传上·万国俊传［M］. 北京：中华书局，1975：4849.
[7] 刘昫，等. 旧唐书. 酷吏传上·吉顼传［M］. 北京：中华书局，1975：4847.
[8] 此处是否可指其残忍，尚有待稍后讨论。
[9] 刘昫，等. 旧唐书. 酷吏传上·来子珣传［M］. 北京：中华书局，1975：4842.

生前曾建议“游艺请则天发六道使，虽身死之后，竟从其谋，于是万国俊辈恣斩戮矣”❶。《旧唐书》的编撰者显然是把傅游艺生前提议发六道使，以致后来岭南流人大量被杀的罪过推到傅游艺身上。《旧唐书》对郭霸的记载似乎比较委婉，“（武）则天尝问群臣：‘比在外有何好事？舍人张元一素滑稽’，对曰：‘百姓喜洛桥成，幸郭霸死，此即好事’”❷，可见洛阳人对郭霸的死是相当的高兴，这可以从侧面反映出郭霸本人比较残忍！王弘义是否残忍好杀，《旧唐书》未记具体史实，但在其他史籍中有记。“衡水人王弘义…见闾里耆老作邑斋，遂告以谋反，杀二百人”❸，足见王弘义亦为残忍好杀之人。

《旧唐书》撰者认为吉顼在告发刘思礼案中牵连了数千人之多，故以此来视为残忍、滥杀，但是否真是如此，笔者后文将进一步说明。通过以上的梳理，我们可以发现十一人中，十人有残忍好杀的行径，可见这是《旧唐书》择选武周酷吏时考虑的重要标准。

3. 对宗室、公卿等名士之家的迫害

《旧唐书》在择选酷吏入传时，笔者注意到这些入传的人物不仅具有残忍滥杀的特征，而且构陷、诬告的人多为名士、宗卿之家，如表3所示。

表3 《旧唐书》所记迫害宗室、公卿名士之家的武周酷吏名单及事件表

姓名	史料	特征
来俊臣	“如意元年，地官尚书狄仁杰……并为其罗告”“俊臣将罗告武氏诸王及太平公主、张易之等”❹	诬告宗卿、贵戚
丘神勣	“高宗崩，则天使于巴州害章怀太子”❺	杀害宗室成员
索元礼	“元礼性残忍，推一人，广令引数十百人，衣冠震惧……凡为杀戮者数千人”❻	构陷衣冠之家
侯思止	“因请状乃告舒王元名及裴贞反”❼	告发宗室，陷害名士之家

❶ 刘昫，等. 旧唐书·酷吏传上·傅游艺传［M］. 北京：中华书局，1975：4842.
❷ 刘昫，等. 旧唐书·酷吏传上·郭霸传［M］. 北京：中华书局，1975：4848.
❸ 《资治通鉴》卷205唐纪20则天后天授元年（690）七月壬午条，第6579页。
❹ 刘昫，等. 旧唐书·酷吏传上·来俊臣传［M］. 北京：中华书局，1975：4840.
❺ 刘昫，等. 旧唐书·酷吏传上·丘神勣传［M］. 北京：中华书局，1975：4843.
❻ 刘昫，等. 旧唐书·酷吏传上·索元礼传［M］. 北京：中华书局，1975：4843.
❼ 刘昫，等. 旧唐书·酷吏传上·侯思止传［M］. 北京：中华书局，1975：4843.

续表

姓名	史料	特征
万国俊	“屠覆宗枝朝贵，以作威势”❶	残害宗室诸王
来子珣	“时雅州刺史刘行实及弟渠州刺史行瑜、尚衣奉御行威并兄子鹰扬郎将军虔通等，为子珣诬告谋反诛”❷	诬告衣冠之家
王弘义	“与来俊臣罗告衣冠之家”❸	罗告衣冠
傅游艺	“希则天旨，诬族皇枝”❹	诬告宗室
郭霸	“尝推芳州刺史李思征，搒捶考禁，不胜而死”❺	陷害衣冠之士
吉顼	刘思礼案被构陷者“皆海内贤士名家，天下冤之”❻	认为吉顼陷害海内名家

第三条标准，惟有周兴因《旧唐书》对其记载简略，并未记载其杀害公卿宗室。但其传记载“上疏除李家宗正属籍”，此事发生于天授元年（690年）武周代唐革命后不久，显然是为了顺应武周改朝换代的需要。请除李氏宗籍，消除李唐影响，亦可视为对李唐宗室的打击。除此外，《大唐新语》载“周兴、来俊臣等罗告天下衣冠，遇族者不可胜纪”❼。由此可见，周兴也曾参与了打击衣冠之家的行动。由此看来，周兴希旨则天，要求削除皇室宗籍，且参与打击衣冠之家，是符合第三条标准的。就吉顼而言，《旧唐书》撰者认为，吉顼告发刘思礼案，致海内名士之家被牵连，这是牵连罗织的结果。所以，第三条标准十一人都是符合的。

事实上，在《旧唐书》中所记载的十一位武周时期的酷吏，大部分人都遵循其三条。如果翻检唐代的基本典籍会发现，武周朝的酷吏并不止这十一位。中宗朝的一份诏书提供了关于武周酷吏的一些情况。《旧唐书·中宗本纪》载：

> 酷吏刘光业、王德寿、王处贞、屈贞筠、刘景阳等五人。虽已身死，官爵并宜追夺。景阳见在，贬禄州乐单尉。丘神绩、来子珣、

---

❶ 刘煦，等. 旧唐书·酷吏传上·万国俊传［M］. 北京：中华书局，1975：4845.
❷ 刘煦，等. 旧唐书·酷吏传上·来子珣传［M］. 北京：中华书局，1975：4847.
❸ 刘煦，等. 旧唐书·酷吏传上·王弘义传［M］. 北京：中华书局，1975：4847.
❹ 刘煦，等. 旧唐书·酷吏传上·傅游艺传［M］. 北京：中华书局，1975：4842.
❺ 刘煦，等. 旧唐书·酷吏传上·郭霸传［M］. 北京：中华书局，1975：4841.
❻ 刘煦，等. 旧唐书·酷吏传上·吉顼传［M］. 北京：中华书局，1975：4849.
❼《大唐新语》卷 12，第 182 页。

> 万国俊、周兴、来俊臣、鱼承晔、王景昭、索元礼、傅游艺、王弘义、张知默、裴籍、焦仁亶、侯思立、郭霸、李敬仁、皇甫文备、陈嘉言等虽已身死，并宜除名。唐奉一配流，李秦授、曹仁哲并改与岭南远恶处。[1]

诏书即官方文件，从诏书来分析，中宗朝官方认定的武周朝酷吏多达二十六人，且吉顼尚不在这一名单中，那么实际未被列入的酷吏传有十六人。从诏书本身入手进行分析，刘光业、王德寿、王处贞、屈贞筠、刘景阳这五人，被中宗朝界定为酷吏，与其滥杀岭南流人有关。《唐会要》载“又命摄监察御史刘光业、王德寿、鲍思恭、王处贞、屈贞筠等分往剑南、黔中、安南、岭南等六道案鞫流人。于是光业诛九百人、德寿诛七百人，其余少者不减数百人”[2]，可见这些人是十分残忍的，符合前文所述第二条标准。在剩余未入选的武周时期的酷吏中，“陈嘉言、鱼承晔、皇甫文备、傅游艺四人，情状稍轻，子孙不许近任”[3]，四人酷吏行径较轻，除傅游艺外，其他三人都未入选。张知默未被载入《酷吏传》，而是被附于其兄张知謇传后。其兄张知謇被《旧唐书》置于良吏传中，且兄弟五人都是明经擢第，除张知默外，俱有贤名。从《旧唐书·良吏传》中所载“知默尝与来俊臣、周兴等同掌诏狱。陷于酷吏，子孙禁锢”[4]来看，编撰者似乎对张知默因与来、周二人同掌诏狱而被划为酷吏且子孙被禁锢表示同情。即使编撰者对张知默不表示同情，仅就张知默与来、周二人同掌诏狱，也不能将其列为酷吏，更不用说《旧唐书》文本体现出来的张知默形象并不符合上述三条标准的任何一条。由此可见，中宗诏书将张知默列为酷吏，主要理由是他曾与来、周同掌诏狱，从而被认定为酷吏。史籍中对于李敬仁的记载一是向武后表忠心，二是李敬仁将死时“舌至于脐”，揭示其恶有恶报的道理，亦不能体现上述中的任一条。在余下的王景昭、裴籍、焦仁亶、唐奉一、李秦授、曹仁哲等六人因史料缺载，事迹难以考察。

---

[1] 刘昫，等. 旧唐书·中宗本纪·神龙元年（706）三月甲申条［M］. 北京：中华书局，1975：138.
[2] 唐会要·酷吏［M］. 北京：中华书局，1955：741.
[3] 刘昫，等. 旧唐书·酷吏传上·来俊臣传［M］. 北京：中华书局，1975：4841.
[4] 刘昫，等. 旧唐书·良吏传下·张知謇传［M］. 北京：中华书局，1975：4810.

在此对《旧唐书》入选武周酷吏的三条标准作一分析，发现《旧唐书·酷吏传上》所载武周酷吏十一人中，有六人是通过告密上位，且十一人中的九人是有罗织行径的，而且绝大多数人在受到武则天提拔后升迁速度明显加快。残忍滥杀作为第二条标准，除傅游艺尚有疑问外，其余十人都符合。而第三条罗告衣冠、诬告宗室十一人都是符合的。可见，《旧唐书》择选武周酷吏入传时，绝大多数人要都同时符合这三条标准。

而通过对中宗诏书中未入选《旧唐书·酷吏传上》的十六人进行分析，我们发现在可考的九人中，其中五人属于滥杀，三人酷吏行径情状较轻，一人与来、周同掌诏狱，但并不能看出其就是酷吏。这些未入选的酷吏，依现存史料，大多只符合其中的一条，故《旧唐书》的编撰者很可能在择人入武周酷吏传时需要同时考虑这三个标准，至少是其中的两个，并以此作为取舍的标准。

（二）吉顼被列入酷吏传是否合适

通过对《旧唐书》武周时期十一位酷吏入选标准进行分析。笔者发现，撰者对武周朝酷吏的叙述，于来俊臣和吉顼着墨最多。分析《旧唐书》中对吉顼的记载，发现之所以将吉顼列为酷吏，与其在刘思礼谋反案中的表现有关，细剖此案，会发现：（1）吉顼首告刘思礼等人谋反，属于告密，参与谋害三十六家名士，有罗织的行为；（2）诛杀三十六名士之家，牵连甚广，可视为残忍，而且陷害之人多是当朝的名士与衣冠，完全符合《旧唐书》择选酷吏的标准。然而事实果真如此吗？

吉顼告发刘思礼谋反，引致三十六名士之家受到牵连的事件，新、旧两唐书、《资治通鉴》《朝野佥载》诸书多有记载，详简不一，事略不同。《旧唐书》载：

> 万岁通天二年……（吉）顼告之，则天付武懿宗与顼对讯。懿宗与顼诱思礼，令广引朝士，必全其命。思礼乃引凤阁侍郎李元素……右司员外郎宇文全志等三十六家……皆海内贤士名家，天下冤之，亲故连累窜逐者千余人。[1]

---

[1] 刘昫，等. 旧唐书·酷吏传上·吉顼传［M］. 北京：中华书局，1975：4848-4849.

《旧唐书》此处并未说明吉顼向谁告发，但来俊臣传中记载“时綦连耀、刘思礼等有异谋，明堂尉吉顼知之，不自安，以白俊臣发之……俊臣将擅其功，复罗告顼，得召见，仅而免”❶，《资治通鉴》亦载“以告合宫尉来俊臣，使上变告之”❷。由此可见，吉顼当时所告者为来俊臣，此无异议。那么吉顼出于什么样的目的呢？上引《旧唐书》吉顼是因为“不自安”的缘故，笔者认为可信，此事发生在万岁通天二年（697 年），时值酷吏横行，吉顼知其事，若秘而不发，必给自己招来杀身之祸，合乎人情常理。

关于吉顼是否参与到诛连三十六名士家的阴谋之中，《旧唐书》言之凿凿，说武懿宗与吉顼合谋，诱刘思礼揭发检举，荼毒三十六名士之家。然而，这也只是《旧唐书》的看法，其他典籍又是如何记载呢？《新唐书》于此事载“后命武懿宗杂讯，因讽囚引近臣高阀生平所牾者，凡三十六姓，捕系诏狱，搒楚百惨，以成其狱”❸。《新唐书》只说命武懿宗杂讯，并未提到吉顼参与谋划此事，似在说明牵引三十六名士之家入狱，与吉顼无多大关系。《资治通鉴》对此事的记载比较详细，书载如下：

> 明堂尉河南吉顼闻其谋，以告合宫尉来俊臣。使上变告之，太后使河内王武懿宗推之，懿宗令思礼广引朝士……泾州刺史勔弟监察御史助等凡三十六家，皆海内名士，穷楚毒以成其狱。❹

《资治通鉴》也只提到武懿宗，并没有提到吉顼。事实上，唐人张鷟的《朝野佥载》载“周明堂尉吉顼……（吉）顼明日录状付来俊臣，敕差河内王懿宗推，诛王助等四十一人，皆破家”❺。《朝野佥载》明确记载陷害三十六名士之家，事连千人是武懿宗和来俊臣所为❻。据学者考证“张鷟生于太宗

---

❶ 刘煦，等. 旧唐书·酷吏传上·来俊臣传［M］. 北京：中华书局，1975：4840.

❷《资治通鉴》卷 206 唐纪 22 则天顺圣皇后中之下神功元年（697）正月已亥条，第 6629 页。

❸ 新唐书·酷吏传上·吉顼传［M］. 北京：中华书局，1956：4257.

❹《资治通鉴》卷 206 唐纪 22 则天顺圣皇后中之下神功元年（697）正月已亥条，第 6629 页。

❺ 张鷟. 朝野佥载（卷 2）［M］. 北京：中华书局，1979：33.

❻ 有关此处《朝野佥载》所记为诛王助等四十一人，而《旧唐书》《新唐书》《资治通鉴》等记载为陷害三十六名士之家。前者所说的是因刘思礼案而被诛杀的具体人数，而后者则是被牵连的三十六名士之家，被牵连并不一定代表其被杀，故笔者认为二者并不存在冲突。

贞观二十三年（649年）至高宗永徽（651年）之间”[1]。刘思礼案发生于万岁通天二年（697年），《朝野佥载》成书于开元初年，此时距刘思礼案发生不过二十余年，可信度较高。对比现存有关此事记载的四种资料，我们发现吉顼出于自保的原因，将谋反情况告知来俊臣，合乎情理。而具体负责审理及牵连诸家名士的则是武懿宗和来俊臣与吉顼关系很小。

通过对上述史实的分析，我们可以明晰吉顼并未参与到杂讯牵引名士之家的过程中去。《旧唐书》在对此事进行记载时，未加考订，因此形成了吉顼与武懿宗一起谋划诛杀三十六名家、连坐千人的史实。但我们也应明确，吉顼作为首告，虽出于自保，但也属于无德之举，与三十六名士之家被牵连有着间接的关系。

二、旧书将吉顼载为酷吏的史料来源及《酷吏传》的刊削

通过对刘思礼案件的分析，我们发现吉顼在该案件中发挥的作用极其有限。如此看来，将吉顼列入酷吏，并不是《旧唐书》编撰者的本意。那么《旧唐书》把吉顼列为酷吏，必定有一个史料方面的来源，究竟源出哪里呢？笔者认为很可能是源于韦述、柳芳等人续修的唐代国史。以下几个理由，可以说明《旧唐书》所记武周酷吏的史料来源。

首先，对唐代皇帝与贵戚的避讳。郭霸原名郭弘霸，在唐代史书中因避李弘之讳，故省一字，以示敬畏。在《旧唐书》的编撰时代，已不需要避此名讳，而撰者仍然沿袭唐时的称呼，这说明《旧唐书》对郭霸的记载直接承袭唐时所修的国史或实录而来。同传在对侯思止的记载也可以反映这一点，《旧唐书·酷吏传上》载“侯思止，贫穷不能理生业”[2]，而《新唐书·酷吏传》则载侯思止“懒不治业”[3]，此处为避高宗李治之讳。《旧唐书》将

[1] 盛亮.《朝野佥载》研究［D］. 上海：上海师范大学，2009：16.

[2] 刘煦，等. 旧唐书·酷吏传上·侯思止传［M］. 北京：中华书局，1975：4844.

[3] 新唐书·酷吏传·侯思止传［M］. 北京：中华书局，1956：5909.

“治”改为“理”，而《新唐书》则不需要避讳。这是否也能反应《旧唐书》对武周朝酷吏的记载来源于当时的国史或实录呢？

其次，武懿宗作为武周时期的重要酷吏，并未被列入酷吏传之中。《朝野佥载》载“（武）懿宗性酷毒……即以刀当心直下，破之阴，割取心掷地……懿宗忍毒如此”[1]，可见其人十分残忍。《资治通鉴》更言“懿宗自天授以来……喜诬陷人，时人以为周、来之亚”[2]。由此可见，武懿宗是符合《旧唐书》择选酷吏的三个标准的。但武懿宗因是则天之侄，故唐人在修实录或撰国史的过程中，出于回护，并未将其列入酷吏。《旧唐书》因多沿袭实录与国史，故未被列入武周时期的酷吏。

再次，《旧唐书·酷吏传下》未记吉温穷治柳勣告杜有邻交构东宫，以致太子被迫与杜良娣离婚的事。此前在记杨慎矜告韦坚、皇甫惟明案，亦未提太子与韦妃离婚之事。而这些与太子离婚相关的记载却在《新唐书》和《资治通鉴》中出现。这是否可以说明，唐时史家在修撰《玄宗实录》或唐国史时，出于为尊者讳的缘故，不记肃宗为太子时被迫与杜良娣、太子妃离婚之事，而《旧唐书》采用实录或国史，故而形成不记太子离婚之事。这从侧面说明了《旧唐书》的史料来源。

最后，《旧唐书》编撰的成书快，多采自国史或实录。关于这一点，赵翼曾说“今细审《旧书》文义，知此数朝纪传，多钞实录、国史原文也……观旧书回护之多，可知其全用实录、国史而不暇订正也”[3]。可见，《旧唐书》的编撰很多是抄录国史、实录而来。

那么《旧唐书·酷吏传上》所记武周酷吏的史料究竟是出于国史还是实录呢？笔者以为出自唐代官方所修国史的可能性比较大。关于此问题，赵翼在《廿二史札记》中说《旧唐书》“前半全用实录、国史旧本”[4]，这与今人对《旧唐书》史料来源的研究相契合。[5] 谢保成的研究不仅肯定了赵翼的说

[1] 《朝野佥载》卷2，第36页。

[2] 《资治通鉴》卷206唐纪22则天后神功元年（697）正月已亥条，第6629页。

[3] 赵翼. 廿二史札记·旧唐书前半全用实录国史旧本》条［M］. 北京：中华书局，1963：275.

[4] 赵翼. 廿二史札记·旧唐书前半全用实录国史旧本》条［M］. 北京：中华书局，1963：312.

[5] 相关研究可以参考谢保成.《旧唐书》的史料来源［M］//荣新江. 唐研究（第一卷）. 北京：北京大学出版社，1995；另外两篇都收录于向燕南，李峰. 新旧唐书与新旧五代史研究［M］. 北京：中国大百科全书出版社，2009。

法，还将赵翼所说的《旧唐书》“前半”定在代宗之前❶，笔者表示赞同。

安史之乱前后唐国史的修撰，最能反应《酷吏传》修撰的情况。安史之乱后，国家典籍大量佚亡，《旧唐书》载“《国史》一一六卷，《开元实录》四十七卷……京城陷贼后，皆被焚烧。且国史、实录、圣朝大典，修撰多时，今并无本，伏望下御史台，推勘史馆所由，令府县招访”❷。安史之乱后，图书典籍散失严重，朝廷下令搜访，结果只得到韦述藏于南山时所带的一部国史，而这也成为安史之乱后仅存的一部国史❸，日后柳芳、于休烈、令狐峘的添修都是基于此本。北宋初年的《崇文总目》有记载“《唐书》一百三十卷……述因兢旧本，更加笔削，刊去酷吏传，为纪、志、列传一百一十二卷。至德、乾元以后，史官于休烈又增肃宗纪二卷，而史官令狐峘等复于纪、志、传后随篇增缉，而不知卷帙……”❹ 此段材料交代了安史之乱后，肃、代两朝的国史修撰情况。值得注意的是，韦述在以吴兢为底本的国史修撰过程中，曾将《酷吏传》剔除出国史。而安史之乱后，先前被剔除的《酷吏传》很可能在战火中亡佚。即使未曾亡佚，也需重新缀辑补入。因此，重新编撰《酷吏传》也就成为国史编撰的一项任务。

重新将《酷吏传》编入国史，很可能完成于肃宗时期。韦述的官方修史生涯，结束于肃宗即位之后。史载韦述因曾任安史伪官，后被肃宗贬死。❺ 但与韦述同任史馆修撰的柳芳，曾在肃宗朝担任过史官，且在肃宗末年被贬黜。《唐国史补》载柳芳在“（韦）述卒后，所著书有未毕者，多芳与续之成轴也”❻。柳芳为肃宗朝史官，续修过韦述的多部著作，而韦述未能完成的唐《国史》很可能也是其续修的对象。值得注意的是，柳芳所续韦述国史为当时人所诟病，《史略》载“会（韦）述死，（柳）芳续成之。兴高祖讫乾元，凡

---

❶ 具体参看谢保成：《旧唐书》〉的史料来源［M］//荣新江．唐研究（第一卷）．北京：1995：373.

❷ 刘煦，等．旧唐书·于休烈传［M］．北京：中华书局，1975：4008.

❸ 有关韦述所撰国史为安史之乱后唯一一部国史的问题，可参看阎质杰《〈旧唐书〉史料来源论证》，原载于《辽宁大学学报》1992 年第 6 期。现载于向燕南、李峰．新旧唐书与新旧五代史研究［M］．北京：中国大百科全书出版社，2009。

❹ 马端临．文献通考·经籍·崇文总目［M］．北京：中华书局，1986 年影印万有文库十通本：1627.

❺ 刘煦，等．旧唐书·韦述传［M］．北京：中华书局，1975：3184.

❻《唐国史补》卷上，第 20 页。

百三十篇。叙天宝事不伦，史官病之”❶。可见，柳芳所续为天宝之后的事。从时人对柳芳续史诟病的情况来看，笔者认为这并非柳芳著史能力有限，应与肃宗的指使有很大的关系。因为天宝年间是太子集团与李林甫集团政争最激烈的时候，对此丁俊先生指出“肃宗在东宫的遭遇是李林甫死后万劫不复的致命因素”❷，肃宗很可能出于对李林甫等政敌的厌恶，指使柳芳在写史时尽可能丑化李林甫集团的人。而重新编撰《酷吏传》则是丑化的最好办法之一。柳芳因歪曲史实为时人诟病，后被贬，很可能是肃宗为平息时愤，开脱自己罪责的做法。

综上，从《旧唐书》对其他武周酷吏的细节分析来看，吉顼也应与其一致，同出自当时的国史或实录。再结合学界对《旧唐书》史料来源的分析，基本可以认定《旧唐书》代宗之前的记载源于唐代的国史。而从韦述对《酷吏传》刊削，以及柳芳续修《国史》招致诟病来看，对天宝之后史事的编撰，肃宗作为统治者参与指使的成分很大。

三、吉顼形象的演变过程及转变原因

无论如何，《旧唐书》将吉顼置于酷吏传中，呈现给我们的是一个相对负面的吉顼形象。笔者通过爬梳史料，发现吉顼的形象从武周朝至玄、肃朝发生了一个变化，并试图对这一转变原因加以研究。

（一）安史之乱前吉顼形象的正面性

吉顼在这一时期总体来说表现出的是正面的形象。在上文中我们曾经探讨了刘思礼谋反案牵连甚多，实际与吉顼的关系很小。在随后的记载中，《旧唐书·吉顼传》用不小的篇幅记载了吉顼退突厥和匡扶李唐的事迹。

第一件事是在突厥寇赵、定州时，吉顼至州募人，无一人应募。然而当诏以皇太子为元帅再次招募时，应募的人却数不胜数。此事是否为吉顼所为，

❶ 高似孙. 史略（卷2唐书条下）［M］//王云五. 丛书集成初编. 上海：商务印书馆，1939：46.

❷ 丁俊. 李林甫研究［M］. 南京：凤凰出版社，2014：11.

无史料证明。但是当吉顼“及入朝奏之，则天甚悦”❶，笔者认为则天之所以如此高兴，与吉顼在退赵州突厥寇有很大的关系。从武懿宗与吉顼在则天面前互争赵州功可以看出这二人是退突厥寇的主导者，但武懿宗在赵州的表现却让人感到意外，《旧唐书·武懿宗传》载“契丹贼帅孙万荣寇河北，命(武)懿宗为大总管讨之……懿宗惧，便欲弃军而遁”❷。可见武懿宗于赵州之战中的懦弱表现，另有则天时人张元一的《嘲武懿宗》诗为证，其诗载“长弓短度箭，蜀马临阶骗。去贼七百里，隈墙独自战。忽然逢着贼，骑猪向南趣”❸，这首诗反应的正是武懿宗逃跑时的狼狈状态。可见武懿宗在赵州是一个“逢战即逃”的将领。可见，吉顼在退突厥时肯定做出了很大的贡献。第二件事是吉顼为助中宗复位，游说张易之兄弟劝武后立李显为皇太子，这也是《旧唐书·吉顼传》花大篇幅所写的一件事。吉顼于赵州之战中立功，且有匡扶李唐的功绩。虽有与张易之兄弟友善，被引入控鹤监，以致时议不悦的情况出现，但在则天时期，形象仍然是正面的。

前述引用的中宗时期颁布的诏书，列举了一批官方所承认的酷吏，共有二十六人。在这些列举的武周酷吏中，其中的十人被《旧唐书·酷吏传上》所录入。此十人再加上吉顼正好是《旧唐书·酷吏传上》所记武周时期的所有酷吏。在官方所认可的酷吏名单中，惟有吉顼一人不在此列。这可以反映，吉顼在中宗朝时并未被认定为酷吏。

中宗朝的吉顼未被官方认定为酷吏，睿宗朝时，吉顼匡扶李唐的功绩得到官方的正式认可。睿宗即位后不久，即下诏：“（吉顼）首陈返政之议，克副祈天之基。永怀遗烈，宁忘厥效。可赠左御史台大夫。”❶ 在这篇诏书中，肯定了吉顼为保李唐子孙基业而“首陈返政”的功绩，并给予了吉顼有经纬之才、匡佐之纬的极高评价，可见睿宗朝对于吉顼作了一个全面的肯定。

同样，吉顼扶护李唐的功绩也被记载在其子吉浑的墓志里，吉浑卒于睿宗任内。《吉浑墓志》载其父“先相国（吉顼）扶护，二宗协规大象”，“今上（睿宗）登历改象，兴废念功，式昭丙吉之勋，益封萧何之嗣，故先侍郎

---

❶ 刘昫，等. 旧唐书·酷吏传上·吉顼传［M］. 北京：中华书局，1975：4849.
❷ 刘昫，等. 旧唐书·武懿宗传［M］. 北京：中华书局，1975：4737.
❸ 李昉，等. 太平广记·嘲诮二［M］. 北京：中华书局，1961：1978.
❶ 刘昫，等. 旧唐书·酷吏传上·吉顼传［M］. 北京：中华书局，1975：4850.

有副相之赠（赠御史大夫）”❶。《吉浑墓志》先后多次提到吉顼护唐有功的事迹。这固然有吉顼后人溢美先人的嫌疑。但我们也可理解为，吉顼因护李唐有功，在睿宗下诏褒扬之后，受时人称颂。这是值得吉顼后人骄傲的一件事，故而在吉顼子吉浑的墓志中大书特书。可见在睿宗朝官方给予了吉顼十分肯定的评价。

睿宗逊位，玄宗掌政后，我们发现至少在天宝十三年（754 年），吉顼形象还是维持了睿宗以来的正面形象。开元十三年（725 年）御史程行谌曾奏说：“周朝酷吏来子珣、万国俊、王弘义、侯思止、郭霸、焦仁亶、张知默、李敬仁、唐奉一、来俊臣、周兴、丘神勣、索元礼、曹仁哲、王景昭、裴籍、李秦授、刘光业、王德寿、屈贞筠、鲍思恭、刘景阳、王处贞二十三人，残害宗枝，毒陷良善，情状尤重，子孙不许与官。陈嘉言、鱼承晔、皇甫文备、傅游艺四人，情状稍轻，子孙不许近任。”❷ 在开元时期有关武周酷吏的奏书中，所提到的酷吏也不包括吉顼。

天宝十三年（754 年），吉温被贬之后，玄宗曾说：“吉温，酷吏子侄也。朕被人诖惑，用之至此。屡劝朕起刑狱以作威福，朕不受其言。今去矣，卿等皆可安枕也!”❸ 此处酷吏当指吉顼无疑。这是现存史料中呈现的吉顼被正式定义为酷吏的最早记载。天宝十三年（754 年），当玄宗后悔用吉温时，明确指其是酷吏子侄。可是在天宝元年（742 年），当薛嶷举荐吉温时，“玄宗目之而谓嶷曰：‘是一不良汉，朕不要也’”❹。笔者以为玄宗初期如果不欲用吉温，大可用吉温是酷吏子侄这样的言语来推辞，这样更能体现玄宗用人的贤明，而非以貌取人。玄宗在天宝初不用“吉温是酷吏子侄”来反对进用吉温，反应的是吉温伯父吉顼此时还没被认定为酷吏。而天宝十三年（754 年），吉顼被玄宗认定为酷吏，很可能是在吉温被贬之后，朝堂内出现了一股抨击吉顼家族的风潮，而玄宗将吉顼认定为酷吏，也是平息时怒的做法。

由此，大致可以判断出，吉顼在天宝初至吉温被贬之前，虽有告密无德之事为世人所知，但总体形象仍然是正面的。而吉顼形象由正面到负面的转

---

❶ 周绍良，赵超. 唐代墓志汇编 · 吉浑墓志［M］. 上海：上海古籍出版社，1992：1149.
❷ 刘煦，等. 旧唐书 · 酷吏传上 · 来俊臣传［M］. 北京：中华书局，1975：4841.
❸ 刘煦，等. 旧唐书 · 酷吏传下 · 吉温传［M］. 北京：中华书局，1975：4857.
❹ 刘煦，等. 旧唐书 · 酷吏传下 · 吉温传［M］. 北京：中华书局，1961：4845.

变，发生在天宝十三年（754 年）吉温被贬以后。那么吉温被贬，又与吉项形象转变为负面又有怎样的关系呢？笔者将在下文继续讨论。

（二）吉项形象由正面到负面的转变

天宝十三年（754 年）至肃宗时期是吉项形象发生转变的重要时期，这一时期吉项形象的负面化与其侄吉温有很大的关系。参看吉温的履历，我们发现他在政坛活跃的时间大约从天宝初至天宝十三年。笔者据《旧唐书·酷吏传下》及《资治通鉴》对吉温的记载，对其履历作了梳理，见表 4。

表 4　天宝以后吉温仕宦履历表

时间	官职及主要事件	资料来源
天宝以前	游于中贵人	《旧唐书·酷吏传下》
天宝初	新丰丞	《旧唐书·酷吏传下》
天宝四载	司法参军，萧炅使吉温鞫问李适之等人	《资治通鉴》卷 215 唐纪 31 天宝四载五月壬申条下，第 6983 页。
天宝五载	京兆府士曹，助李林甫治柳勣案	《旧唐书·酷吏传下》
天宝六载	李林甫为掌握大权，使人诬告杨慎矜反，吉温负责鞫狱，帮助李林甫打击政敌	《资治通鉴》卷 215 唐纪 31
天宝六载至天宝十载	与安禄山、高力士结为兄弟，同时又为李林甫心腹	《旧唐书·酷吏传下》
天宝十载	安禄山奏请吉温为河东节度节度副使，并知节度营田及管内采访监察留后事	《旧唐书·酷吏传下》
天宝十载至十三载	雁门太守，仍知安边郡铸钱事、御史中丞，仍充京畿、关内采访处置使。	《旧唐书·酷吏传下》
天宝十三载	安禄山入朝，奏加温武部侍郎、兼御史中丞，充闲厩、苑内、营田、五坊等副使	《旧唐书·酷吏传上》《资治通鉴》卷 217 唐纪 33

从吉温的生平履历来看，吉温的政治生涯主要活跃于玄宗天宝年间。从表 4 来看，吉温的政治生涯可分为三个阶段：天宝初至天宝五年（746 年），吉温与宦官来往密切，政治上尚未崭露头角；天宝五年（746 年）至天宝十年（751 年）作为第二阶段，这一时期吉温跟随李林甫，充当其打手，成为李林甫打击

太子集团的政治工具；天宝十年（751 年）至天宝十三年（754 年）被贬死之前，吉温投靠安禄山，在政治仕途上达到顶峰。李林甫打击太子（肃宗）集团，安禄山占领两京，企图颠覆唐朝国祚。在肃宗看来，李林甫是政敌，安禄山属国贼。吉温在李林甫打击太子的两个案件中充当打手，又为安禄山提供情报，充当京城耳目，这不能不让肃宗对其产生憎恶。皇甫惟明案和柳勣案打击太子集团及吉温与安禄山过往甚密说明肃宗对于吉温的憎恶。

有关皇甫惟明案，《资治通鉴》载："太子之立，非林甫意。（李）林甫恐异日为己祸，常有动摇东宫之志；而（韦）坚，又太子之妃兄也……林甫使慎矜与御史中丞王鉷、京兆府法曹吉温共鞫之……"❶ 此案矛头直指太子，韦坚为太子妃兄。李林甫为打压太子，潜令杨慎矜阴伺太子败事。在此案审理过程中，吉温充当关键，坐实韦坚等人谋反。因为这件案子牵连到太子，所以玄宗处理十分谨慎。尽管怀疑韦坚和皇甫惟明二人，但为了保护太子，还是把韦坚以"干进不已，贬缙云太守"❷，而皇甫惟明则贬为播川太守，此案虽未达到将太子拉下储君之位的目的，但造成"太子惧，表请与妃离婚"❸。此案使太子一派实力受损，《资治通鉴》载"（韦）坚长流临封……凡坚亲党坐流贬者数十人"❹。在此案中，李林甫为幕后推手，吉温等人为打手，许多人都是被无故牵连的，这样的打击对太子党来说是致命的。由此可见，肃宗必定对李林甫、吉温等人不满。

韦坚、皇甫惟明案发生后不久，十一月份又发生了柳勣告发其丈人杜有邻的事件，而杜有邻的另一个女儿正是当朝太子的良娣，此案矛头直指太子。《资治通鉴》对此事记载道："赞善大夫杜有邻，女为太子良娣，良娣之姊为左骁卫兵柳勣妻……（柳）勣与妻族不协，欲陷之，为飞语，告有邻妄称图谶，交构东宫，指斥乘舆。林甫令京兆士曹吉温与御史鞫之，乃勣首谋也。（吉）温令勣连引曾等人台……，太子亦出良娣为庶人。"❺ 此事被告发后，李林甫令京兆士曹吉温与御史共同审理。实际上，吉温为主要审理者。《新唐

❶ 《资治通鉴》卷 215 唐纪 31 玄宗天宝五载（746）正月戊戌条下，第 6989 页。
❷ 《资治通鉴》卷 215 唐纪 31 玄宗天宝五载（746）正月戊戌条下，第 6990 页。
❸ 《资治通鉴》卷 215 唐纪 31 玄宗天宝五载（746）七月丙辰条下，第 6992 页。
❹ 《资治通鉴》卷 215 唐纪 31 玄宗天宝五载（746）七月丙子条下，第 6992-6993 页。
❺ 《资治通鉴》卷 215 唐纪 31 玄宗天宝五载（746）十月戊戌条下，第 6993 页。

书》载：“（李）林甫欲摇东宫……（吉）温按狱，（柳）勣以诬诛，因引勣所善王曾、王修已、卢宁、徐征，悉逮缚论死……”[1]《新唐书》对柳勣案件的记载直接以吉温为主导。

此案中，吉温将太子老丈人杜有邻杖杀而死，且将太子良娣的姐妹（柳勣之妻）流放远方，而不久之后“太子亦出良娣为庶人”[2]，势必加深太子对吉温等人的忌恨。吉温在李林甫与太子集团的斗争中，充当马前卒的作用。天宝五年（746年）连续发生的两次事件，使太子集团的实力大受打击。唐人李德裕在谈到肃宗这一时期面临的政治危机时说到“肃宗在东宫，为李林甫所构，势几危者数矣！”[3]在这样的情况下，太子必然会对李林甫及吉温等人产生强烈的不满。

吉温与安禄山过从甚密，这也是时人对吉温不屑的一个原因。吉温虽依附李林甫，但见安禄山受宠，于是在宦官高力士的周旋下，攀附上安禄山。天宝十年（751年）安禄山加河东节度使时，安禄山又奏吉温为河东节度副使、雁门太守。可见，安禄山承恩之后，吉温在其帮助下仕途日顺。而吉温则以“朝廷动静，辄报禄山，信宿而达”[4]作为回报。安禄山为吉温的仕途提供保障，而吉温则以泄密朝廷情报来讨好安禄山。唐人视安禄山为国贼，肃宗对此更甚。

肃宗登基时发布的《即位大赦文》明确载“大辟罪以下，常赦所不免者，咸赦除之。其逆贼李林甫、王鉷、杨国忠近合亲累者，不在免限”[5]，肃宗视李林甫及其亲近者为“逆贼”，亦可见肃宗于李林甫等人的不满。安禄山叛乱后，肃宗的愤懑态度更为明显，史书载肃宗继位后，将带“安”的地名进行改易，《旧唐书》载“宫省门带‘安’字者改之”[6]，“永业，本安义，至德中更名”[7]。诸如这种改地名以泄愤的事，在肃宗时期不胜枚举，由此可见肃

[1] 新唐书·酷吏传下·吉温传［M］．北京：中华书局，1961：5915.

[2] 《资治通鉴》卷215唐纪31玄宗天宝五载（746）十二月甲戌条下，第6994页。

[3] 李德裕．次柳氏旧闻［M］//唐宋史料笔记丛刊．北京：中华书局，2012：52.

[4] 刘煦等．旧唐书·酷吏传下·吉温传［M］．北京：中华书局，1975：4856.

[5] 参见册府元龟·帝王部·赦宥第六［M］．北京：中华书局，1960：959；唐大诏令集·帝王·即位赦上［M］．北京：中华书局，2008：8.

[6] 刘煦，等．旧唐书·肃宗本纪［M］．北京：中华书局，1975：248.

[7] 新唐书·地理志七［M］．北京：中华书局，1961：1036.

宗对李林甫与安禄山的不满。吉温先事李林甫，后从安禄山，充当打手与耳目。二人皆为肃宗所痛恨之人，吉温行径，必然遭到肃宗忌恨。那么吉温被贬、名声受损会给其伯父吉顼带来在怎样的影响呢？

前述已经分析吉温被贬是出于玄宗安抚众臣、平息朝臣之愤。从玄宗“卿等皆可安枕也”来看，说明当时朝野对酷吏吉温搞恐怖气氛已经不满。随着吉温被贬，这种舆论攻势由私下转为公开。而这种攻击也很可能扩大到吉温的家人，而吉温的家人确实有一些把柄为时人所不耻。譬如吉顼之父吉哲“天后时太常博士吉顼父哲易州刺史，以赃坐死……”[1] 吉顼“弟（琚）作伪官”[2]，受时人非议。吉顼告发刘思礼案中，虽是出于不自安的原因，作为首告，也是无德之举。况且在唐朝，受魏晋南北朝以来门阀士族观念的影响，对于家族之荣誉看得非常重要。由一人之过，牵累父祖、殃及子孙、败坏家族名声的事，也是存在的。譬徐敬业因首谋叛乱，其父徐世绩被削夺官爵，毁废坟茔。由此可见，一个家族的名声很可能会因一人之失而毁损。吉温恶名远播，连累吉顼为酷吏是很可能存在的。

综上，从吉顼形象演变及其原因的分析来看，我们发现天宝十三年（754年）吉温被贬之前，吉顼虽然有劣迹，但从已发现的史料细节推敲，其形象仍属正面的。吉温被贬之后，因先后跟随李林甫、安禄山，肃宗对其十分不满。前述第二节中，笔者又论证了肃宗时期《酷吏传》的编撰情况。从肃宗对吉温的不满，以及前述吉顼首告刘思礼案无德、又在则天时期与张昌宗、张易之等来往过密引起时议不悦的情况来看，笔者以为吉顼在肃宗时期被刊定为酷吏是完全有可能的，而这一认定也为前半多抄录国史的《旧唐书》所沿用，而这也是吉顼形象由正面转向负面的来源。

(三)《新唐书》对吉顼形象的重新肯定

欧阳修、宋祁等编撰的《新唐书》，并没有将吉顼列入《酷吏传》中，而是与裴炎、刘祎之、魏玄同等忤逆武则天、维护李唐正统的人物共置一传，有明显为吉顼正名的倾向。笔者认为《新唐书》之所以将吉顼移出酷吏传，是因为在儒家君臣父子正统观念的影响下，吉顼为恢复李唐宗室所做的贡献

---

[1] 《太平广记》卷240《谄佞二》，第1853页。

[2] 刘煦，等. 旧唐书·酷吏传上·吉顼传［M］. 北京：中华书局，1975：4849.

得到宋代士大夫赞同的结果。

事实上，宋人对女主政治的不屑态度❶，使吉顼扶立李唐的功勋业绩在北宋更加突出。较欧阳修、宋祁之前的葛立方、胡寅二位学者，对此问题有一个很好的认识。葛立方在《韵语阳秋》中说“吉顼能以危言撼二嬖，陈易吊为贺之计，故二嬖敢从容以请，而后意遂定”❷。胡寅的《致堂读史管见》也说“归庐陵王，狄仁杰虽首言之，太后未许也。及吉顼为二张谋，后意乃定”❸。可见，在《新唐书》编撰之前，学者们已能正确看待吉顼的贡献。《新唐书》的编撰者在谈到吉顼的扶唐功绩时说“中宗之立，顼实倡之”❹，可见欧阳修、宋祁等人已经意识到吉顼对重新确立李唐统治的重要性。而《新唐书》记载吉顼被贬之前，曾用泥佛之喻劝武则天谨慎处理武家与李家的关系，此事《旧唐书》并未记载。泥佛之喻之事本为笔记小说的《大唐新语》所载，内容可信度不是很高，但《新唐书》的编撰者仍然征用，反映的是《新唐书》编者想要突出吉顼扶护李唐功绩的目的。❺欧阳修等人的做法，显然与宋代君君臣臣父父子子的儒家正统观念有关。限于篇幅的缘故，以及前人对欧阳修崇李抑武的研究，笔者在此不作赘述。❻

---

❶ 如赵匡胤曾对历代君主治乱得失进行研究，提到武则天时说她“刑法枉滥”，评价比较低。见《续资治通鉴长编》卷7，北京：中华书局，1992年，第172页；欧阳修、宋祁更是直接认为武则天统治时期是“武氏之乱”，说武则天统治时期“唐之宗室戕杀殆尽，其贤士大夫不免者十八九”，给予了武则天最坏的评价。见《新唐书》卷3《高宗本纪》，第79页；此外，在儒家思想的影响下，范祖禹也极为反感女主执政。宋人在正统的儒家思想影响下，出于对武则天女主执政的痛恨，上自君王，下到百姓，对武则天的评价呈现一边倒的消极评价趋势。吉顼帮助李显复位，反遭贬斥，欧阳修等人对吉顼充满同情，因此在新书中将其拔出《酷吏传》，与裴炎等正直的大臣共置一传。

❷ 葛立方. 韵语阳秋（卷8）[M]. 北京：中华书局，1981：91.

❸ 胡寅. 致堂读史管见（卷19）（四库全书影印本）[M]. 台北：台湾“商务印书馆”：71.

❹ 新唐书·吉顼传 [M]. 北京：中华书局，1975：4259.

❺ 有关泥佛之喻，见《新唐书》卷117《吉顼传》，第4259页。从现存史料来看，此故事更早见于《大唐新语》卷1《匡赞第一》，第6页。《新唐书》将唐人笔记写入正史之中，更容易反映出吉顼拥立李唐却被贬，体现的是欧阳修、宋祁等人对吉顼的同情，突出的正是吉顼扶护李唐的正义形象。

❻ 可参看欧阳修. 欧阳修全集（卷16）正统论（序）[M]. 北京：中华书局，2001；王继麟《欧阳修史学评价及浅议 [J]. 河南师大学报，1983（4）；收录于宋史研究室编《宋史研究集》，河南大学学报编辑部，1984年；王双怀. 历代对武则天的评价 [J]. 人文杂志，1996（3）；阎明恕. 正统论与欧阳修的史学思想 [J]. 贵州社会科学，1996（1）；邓锐.《春秋》笔法对欧阳修史学求真的影响 [M] //历史文献学研究（第30辑），上海：华东师范大学出版社，2011；曾建林对欧阳修编撰史书的春秋褒贬笔法给予了充分论述，参见曾建林. 欧阳修经学思想研究 [M]. 杭州：浙江大学出版社，2014。

余　论

史书编撰的首要原则即是择选史料，什么样的史料塑造什么样的入传者形象。史书编撰者选择、删削、排比、运用史料的过程，在很大程度上取决于编撰者的主观意志。而要剥去编撰者主观意志对入传者形象的塑造也是最难解决的问题之一。如何尽可能地去除编撰者强加于入传人物的主观塑造部分呢？笔者认为，需要利用不同史书对同一人物的记载，抽丝剥茧，力求最大可能地还原历史人物、历史事件的本来面目。

以本文着重探讨的吉顼而言，新、旧唐书不同的置传方式，呈现出来的吉顼形象完全不同。单看《旧唐书》，其是酷吏的形象很容易于读者心中定格；但如果摒弃《旧唐书》，单看《新唐书》，给人呈现的又是一个因维护李唐正统而被贬黜的正面人物。但是，新旧唐书有关吉顼的传记两相对照，我们又会陷入困惑，不知孰对孰错？因此，探讨吉顼从中宗直到肃、代时期的形象演变及辨明两唐书编撰的史料来源及编撰目的，就成为最大可能还原吉顼本来形象的方法。

实际上，就两唐书于人物增删补入等方面的差异不在少数，钱大昕的《廿二史考异》早已指出。[1] 这些差异反应的是两唐书编撰的时代差异，而编撰者的主观意志往往会导致一些故意漏载、曲载、少载甚至伪造的出现，于是“去伪存真”，还原历史本来面貌，就成为当代研究历史的工作之一。仅就唐史而言，这样的工作做的很少，余地还是很大的。

---

[1] 《廿二史考异》卷41《唐书一・目录》，第653—666页。该书将两《唐书》目录方面有关新增、删减等差异摘出，读者可以参看。

从舍利故事神异化看中古佛教发展

◉李玺林　陕西师范大学历史文化学院

佛教于两汉之际传入中土，自三国西晋社会影响力渐增，进入南北朝后，得到突飞猛进的发展。佛教出现这种发展历程，除与当时历史环境等客观因素相关外，也与其传教手段有重大关系。本文以中古历史文献中舍利故事为着眼点，通过对其内容及神异化特征的梳理和分析，来展示佛教在这一时期的变化历程，进而丰富当前学界关于中古舍利崇拜及民众佛教方面的的研究。

一、舍利及舍利类型简介

（一）舍利简介

舍利是梵文音译，本意为体、身、身骨、遗身[1]，在古印度梵语中泛指所有人的尸骨、遗骨[2]。但自佛陀释迦牟尼遗体焚化出了“椎打不碎”[3]、色泽艳丽的舍利之后，舍利便开始出现奇异特性。尤其在佛教传入中土之后，不少精于修行的僧俗信众死后竟也焚化出舍利且更为奇特，如其形状有呈圆形、椭圆形、莲花形，甚至还有佛或菩萨等千奇百怪状；其颜色有红、黑、白、

[1] 慈怡. 佛光大词典［M］. 北京：书目文献出版社，1989：3495.

[2] 夏金华. 舍利子·肉身不腐·灭尽定［J］. 史林，2016（5）：55-67.

[3] 释道世. 法苑珠林校注［J］. 周叔迦，苏晋仁，校注. 北京：中华书局，2003：1260.

绿等独色，或五彩斑斓色，还有的则如水晶、钻石般呈透明半透明色。❶所以，此后中土舍利便专指佛教信众尸体焚化出的此类奇特结晶体。

由于这类特殊结晶体只能从生前精持戒律、修行出众的佛教信众尸体中产生，这便使舍利本身极富神秘色彩，再加上佛教为自神其教而故意宣传舍利“乃是无量六波罗蜜功德所薰……是戒定慧之所熏，修甚难，可得最上福田”❷，甚至“……若有众生以珍宝伎乐供养舍利，乃至礼拜右绕一匝，合掌称叹一茎华散……其志愿于三乘中各不退转……悉令不堕三恶道中……乃至涅槃不受诸苦……成阿耨多罗三藐三菩提”❸，这种使崇拜供奉者获得莫大福德利益的功能更进一步神化了舍利的作用。而对于急欲从苦难现实中超脱并获得永世幸福的民众来说，供奉崇拜舍利成为他们的最优选项。佛教势力借此便迅速发展壮大，舍利也拥有了佛教重要圣物的地位。

（二）舍利类型

但随着佛教传播地域扩大及信徒增多，可供宣教供养的佛舍利便愈加缺乏。为此，佛教便有意识地将舍利范围扩大：“当供养舍利。然有二种，一者身骨舍利，二者法颂舍利……”❹其法颂舍利，又称法舍利，指佛教三藏之经藏、律藏。身骨舍利便是传统舍利结晶。而且因埋葬方式不同，有全身舍利和碎身舍利之别。前者因土葬或“座缸”等特殊埋葬方式产生，表现为肉身不腐，在中土俗称“肉身菩萨”；后者则由火葬方式获得，依来源部位和颜色的不同，《法苑珠林》将其分为三种：“一骨舍利，色尚白也；二发舍利，色尚黑；三肉舍利，色尚赤。”❺

同时，因舍利主人身份的不同，身骨舍利还可分佛舍利和弟子舍利。佛舍利即释迦牟尼的身骨舍利，其他产自于僧俗信众尸体的舍利皆称弟子舍利。二者唯一区别是：“若是佛舍利，椎打不碎。若是弟子舍利，椎击便破矣。”❻因佛教认为供奉佛舍利才有殊胜功德，所以现实中，信众还会用砗磲、玛瑙等佛家七宝来

---

❶ 杨富学. 西域敦煌宗教论稿续编［M］. 兰州：甘肃教育出版社，2015：7.

❷ 大藏经刊行会. 大正藏（第16册）［M］. 台北：新文丰出版股份有限公司，1988：354.

❸ 大藏经刊行会. 大正藏（第3册）［M］. 台北：新文丰出版股份有限公司，1988：211.

❹ 大藏经刊行会. 大正藏（第16册）［M］. 台北：新文丰出版股份有限公司，1988：800.

❺ 释道世. 法苑珠林校注［J］. 周叔迦，苏晋仁，校注. 北京：中华书局，2003：1260.

❻ 同❺.

制成所谓的“影骨舍利”，用以陪伴护持和陪伴佛祖的真身舍利进而获取“功德”。另外，据《佛光大词典》载，在中土所崇拜的舍利中，还有一种既非佛真身舍利又非弟子舍利的感得舍利。❶ 它通常由高僧做法或至诚祈请等方式感应得来，故名为感得舍利，而且因更具神异殊常的表现也受到广泛供奉。

综上所述，现今对于舍利类型的认识分类，大体如图 1 所示。

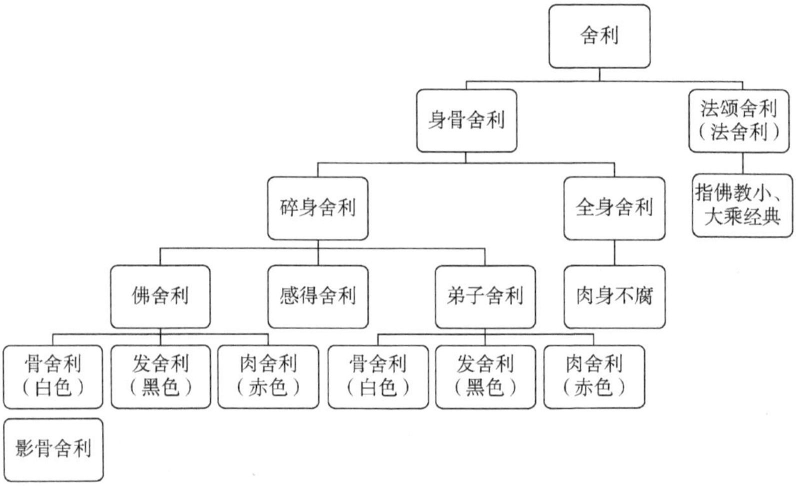

图 1　舍利类型

二、中古文献中的舍利类型及神异化过程

魏晋南北朝时期，随着中外文化交流频繁以及大量佛典相继译出，中土社会对佛教及舍利经历了由浅到深的认识过程。而且从现存文献看，舍利对佛教文化理念在中古社会的传播和普及，起了积极作用。

（一）魏晋南北朝的形成与发展

随着魏晋南北朝时期的佛教迅速发展，作为佛教信物的舍利也开始以实物形式出现于中古的现实社会。然而从此时文献中来看，虽然三种类型舍利都有记载，但以弟子舍利和感得舍利出现较繁，而稍显离奇的感得舍利出现

❶ 慈怡．佛光大词典［M］．北京：书目文献出版社，1989：3495.

较少。

另外，时间越早的文献中的舍利越接近其梵语本义；随着时间的推移，其中舍利便愈加神秘、离奇。以较为常见的弟子舍利为例，南朝萧梁天监十六年（517 年）成书的《比丘尼传》所载“舍利”便仅指“身骨、遗骨”之义而并无奇异：“慧耀……少出家，常誓烧身，供养三宝……至（刘宋顺帝）升明元年，于寺烧身，火来至面，诵经不缀，语诸尼云：‘收我遗骨，正得二升。’及至火灭，果如其言……以此甖盛其舍利，不满二合云。”❶

显然，此处“舍利”便仅指女尼释慧耀的遗骨，除其本人生前预知产生“二升”外，“舍利”本身并无其他异常。同样，本书卷三《法音寺净珪尼传》中的“舍利”也如此：“净珪……幼而聪颖，一闻多悟，性不狎俗，早愿出家……住法音寺……以（萧齐明帝）建武元年二月十八日，与昙简同夜烧身……收其舍利，树封坟刹焉。”❷

从上述二则事例可见，早期“舍利”仅指普通无奇的遗骨，但在稍晚成书的《高僧传》中，舍利便开始向神秘化转变。如在其书卷二《鸠摩罗什传》中，姚秦高僧鸠摩罗什临终时告别众僧说“……凡所出经纶三百余卷……愿凡所宣译，传流后世……若所传无缪者，当使焚身之后，舌不燋烂”❸，当其卒后“以火焚尸，薪尽形碎”却“唯舌不灰。”❹

同属弟子舍利，之所以《高僧传》会比《比丘尼传》记载的更为神奇，既与二位作者对舍利乃至佛教理念的认知差异相关，其实也反映了此时社会对佛教文化两种认识态度，即《比丘尼传》体现了一种忠于印度佛教原教旨文化的认知，《高僧传》则体现了试图融合不同文化的努力。而这种融合自然更利于佛教争取更多中土民众的信仰。因此，《高僧传》中还记载了更多远比鸠摩罗什舍利更为奇异的感得舍利。如其卷一“译经上”《康僧会传》中，僧人康僧会初到东吴传法，吴主孙权问佛之灵验，康僧会便言之于佛舍利种种神异。且为取信于孙权，约以七日为期，于净室中置铜瓶加几，礼请烧香为其求之。然而直到“三七日暮，犹无所见……”后“既入五更，忽闻瓶中

❶ 释宝唱. 比丘尼传校注［M］. 王孺童，校注. 北京：中华书局，2006：115.

❷ 同❶147.

❸ 释慧皎. 高僧传［M］. 汤用彤，校注. 北京：中华书局，1992：54.

❹ 同❸54.

锵然有声，会自往视，果获舍利。明旦呈权，举朝集观，五色光炎，照耀瓶上。权自手执瓶，泄于铜盘，舍利所冲，盘即破碎……”❶使孙权大为震惊。然而康僧会却进言说“舍利威神，岂直光相而已，乃劫烧之火不能焚，金刚杵不能碎”，于是“乃置舍利于铁砧碓上，使力者击之，舍利无损……”❷孙权遂为折服，自此江东佛教始兴。

此后文献中的舍利便多具“发五色光”和“冲碎铜盘”“击之不碎”等特性，其中尤以“发光”属性更为诸舍利所共有。如《高僧传》卷五《释道安》传中，释道安令弟子重铸一尊“形制古异”铜像发髻时，从中发现的一枚舍利便“光炎焕炳，耀满一堂”❸。还有卷二“译经下”《昙摩蜜多传》中的罽宾僧人昙摩蜜多，于刘宋元嘉元年（424年）从四川至荆州长沙寺，“造立禅阁，翘感垦恻，祈请舍利。旬有余日，遂感一枚，冲器出声，放光满室”❹。

而且舍利所发之光还能无视遮挡，穿透层层包裹物。在《高僧传》的《竺慧达传》中，释慧达于东晋宁康年间礼拜建康长干寺时，“夜见刹下时有光出，乃告人共掘”，然后得“一铁函，函中又有银函，银函里金函，金函里有三舍利。又有一爪甲及一发，发伸长数尺，卷则成螺，光色耀然”❺。

舍利由普通变得神异，源于佛教的功德和功德转让思想理论，它认为人通过从事各种修福积德行为后能产生一种可以引得福报的神秘物质，然后凭此神秘物质可使做功德的人或得转功德的人消除罪孽，得到美好未来❻。这便为常受时局混乱及战火频繁之苦的魏晋南北朝民众，指出了一条脱离苦海的出路，即通过佛教认可方法积修功德从而消除罪业后或托生天上、或涅槃成佛。

而在佛教提供的诸多获取功德途径中，以供奉崇拜佛舍利的方法最为简单易行且获益最大。但由于可供崇拜供奉的真佛舍利数量有限，又为了满足信徒强烈需求及发展更多信众的需要，佛教便制造一些更为易得感得舍利。

---

❶ 释慧皎. 高僧传［M］. 汤用彤，校注. 北京：中华书局，1992：14.
❷ 同❶14.
❸ 同❶180.
❹ 同❶121.
❺ 同❶477.
❻ 方广錩. 中华文化通志·佛教志［M］. 上海：上海人民出版社，1998：91.

为了能使之与崇拜佛舍利的功德相匹配，便赋予它们许多夸张的神异特性以博取民众的信任。而民众也因其夸张地神异特性，对这种舍利愈加推崇。但在佛经中，供奉二种舍利所得功德毕竟不同。为了稀释这一缺陷，佛教人士便注重突显舍利神异特性并故意模糊舍利类型界限。如此，既可满足了信众对舍利的需求，又扩大了佛教的社会影响，进而促使佛教势力蓬勃发展。

由此可见，舍利神异化是佛教为了解决佛舍利稀缺与信众强烈需求间的矛盾而制造出的一种成功的传教手段。当舍利被神异化之后，的确成功地吸引了世人的关注，令人以为凡舍利必具神异性，乃至连正统史书的着笔也深受影响，如《魏书·释老志》中所记的佛舍利“大小如粒，击之不坏，焚亦不燋，或有光明神验”的特点，以及魏明帝“投之于水，乃有五色光起”❶。

（二）隋至盛唐的繁荣与兴盛

佛教在隋唐时期的发展进入了全新阶段，这一时期中国几大佛教宗派的相继出现，使佛教思想理念开始全面融入中国社会文化，诸多佛教文化知识已经为当时民众所熟知。在这样现实环境下，凭空产生的感得舍利显然已不足折服信众。为了适应佛教已然中国化的改变并继续笼络信众，此时的舍利类型及舍利故事也出现了极大地改变。在隋至盛唐时期，有以下几个共同特征。

首先，舍利类型界限进一步模糊。从神异特性看，这时文献中感得舍利与佛舍利几乎没有区别；即使弟子舍利，也多具备令人吃惊的特性。而且舍利故事的创作不再只限于僧人，俗世文人所作故事同样出彩。这从隋代侯君素《旌异记》中的故事可见一斑，是书记载：“齐武帝时，东山人掘土见一物，状如两唇，其中舌鲜红赤色。以事奏闻。帝问道俗。沙门法尚曰：‘此持法华者亡相不坏也。颂满千遍，其验征矣。’乃集持法华者，围绕诵经，才发声，其唇舌一时鼓动，见者毛竖。以事奏闻，诏石函缄之。”❷

该故事舌头“亡相不坏”的题材，显是继承了《高僧传》中鸠摩罗什尸的舌舍利事件，但却又有“围绕诵经……一时鼓动”的情节创新。相比前文，更为骇人听闻。

---

❶ 魏收. 魏书［M］. 北京：中华书局，1974：3028.

❷ 李昉，等. 太平广记［M］. 北京：中华书局，1965：742.

而时人却似颇为认可此类神异事迹，初唐问世的《法苑珠林》和《续高僧传》不仅都将之收录，竟还增添多条类似故事。《法苑珠林》卷八十五“感应缘”中的“释志湛”条的三则故事及“释空藏”条的“释遗俗”和“史呵誓”二则故事，都是记载某人因长久读诵《法华经》之故，才得以死后数年“唯舌不朽”且“异常红赤”乃至有其他更神奇的表现。而这些故事中出现的舌舍利之所以都与《法华经》相关，应与当时社会几大佛教宗派相关。例如，由中国僧人所创立、得隋朝统治者支持以致风靡于世的天台宗，其立宗依据主要经典便是《法华经》；其他影响较大的宗派，如三论宗、三阶教以及华严宗等其他几大宗派都对《法华经》颇为推崇，使其成为几大宗派共有的判教经典。得益于此，在此时社会中，《法华经》便拥有了超然于其他佛教诸经的地位。与之相匹配，所以才会出现只有诵《法华经》才得“舌不朽”的神异现象。而此类故事正是对当时这一社会现象的反映。

其次，此时出现的舍利故事不仅内容更为丰富，而且数量极多乃至还出现了专著，如隋代王邵所著的《舍利感应记》。隋文帝仁寿年间曾颁赐舍利于各州供奉祈福，其书所记便是舍利被颁送到各州后出现的各种灵验事迹。此书中的舍利除了有自生奇异光色、祥云异象等神异现象外，还有珍宝凭空出现、驱散云雨、引来奇禽异兽、治愈信众顽疾、乃至消除水旱天灾的祥瑞降临。

这些故事的内容甚为荒唐，但却影响深远，其中故事情节被后世内外典籍广泛引用，基本奠定舍利神异故事的发展模式。如在唐释道宣《续高僧传》所记的正传485附见161位僧侣中，竟有100多位僧侣传记记有舍利神异事迹，且只有1人的身骨舍利是无神异性的普通遗骨。而在这一百多人中，共有64人的舍利神异事件发生于隋朝。其内容多同《舍利感应记》，只情节略为丰富而已。发生于其他时代的故事数量虽不多内容却依然出众，如《续高僧传》卷二十九的“释僧涯”传中出现了“骨肉皆化，唯心尚存”[1]的心舍利；还有卷十五“释僧辩传”、卷十九“释法喜传”、卷二十二“释道成传”、卷二十三“释慧进璡传”及其他等共十一篇僧传中还出现了僧众尸体经久不腐，类似全身舍利的记载。此外在其书卷二十五“释明瞻传”中还出现了一

[1] 释道宣．续高僧传［M］．郭绍林，点校．北京：中华书局，2014：1143.

种奇特的骨舍利，其形“骸骨圆全，都无缝值，当其顶上，紫色晔然”❶类似后世笔记小说中的“鏁骨”。

到盛唐前后时的舍利故事又有进一步发展，以致于连动物也竟能出舍利，如唐牛肃在《纪闻》中记载：“唐开元十八年，京菩提寺有长生猪，体柔肥硕，在寺十余年。其岁猪死，僧焚之。火既烬，灰中得舍利百馀粒。”❷

这则故事的内容虽然荒诞，但从宗教观点来看，该猪因曾“在寺十余年”遂亲近佛寺，以致“得道”并最终化生舍利。而这篇既蕴含了“众生平等”理念，又暗合佛教“一阐提皆得成佛”旨趣的故事竟是出自俗世文人笔下。正由于此时中国文化已将佛教文化精髓内化吸收，所以中国文人才能挥发自如地创作出既符合佛理又能博取关注的故事，进而维持佛教在中国社会持续繁荣。

但随着俗世文人加入创作主体队伍，舍利故事也被糅合进了大量世俗观念，逐渐成为一种神化世俗统治的工具。除了《舍利感应记》中隋文帝颁赐各地的舍利俱竞相大显异象，《梁书》中梁武帝所遇的舍利则更显“谄媚”：梁武帝天监十六年，在东晋释慧达发现舍利处再造塔时，又发现内有铁壶的石函，壶内盛银坩，再内金缕罂中“盛三舍利，如粟粒大，圆正广洁。函内又有瑠璃椀，内得四舍利及发爪，爪有四枚……至其月二十七日，高祖（梁武帝萧衍）又到寺礼拜……以金钵盛水泛舍利，其最小者隐不出，高祖礼数十拜，舍利乃于钵内放光，旋回久之。乃当中而止”❸。此舍利之神异显然远超其他，即不单会发光，竟还似有“神智”：在未得梁武帝参拜前“隐身不出”，受到皇帝礼敬后居然“旋回久之”并“当中而止”。

从舍利神异事迹专著大规模的问世，到懂得“邀宠献媚”的舍利故事出现可见，隋唐时期的舍利神异化是一场为神化皇权而服务的造神运动。它的出现一方面使得皇权借助佛教加强了自身的权威及合法性，另一方面也使得佛教通过皇权加强和稳固自身社会地位和影响力。皇权与佛教二者间的相互利用且相得益彰。由此也可窥见，此时佛教的社会影响力竟以致于斯。

❶ 释道宣. 续高僧传［M］. 郭绍林，点校. 北京：中华书局，2014：935.
❷ 李昉，等. 太平广记［M］. 北京：中华书局，1965：670.
❸ 姚思廉. 梁书［M］. 北京：中华书局，1973：791.

（三）中唐之后的成型与衰落

尽管普遍认为是会昌灭佛事件导致了佛教迅速衰落，但其实佛教在中唐之后自身便已呈现出衰落迹象。因为中唐之后的佛教不但失去了前期那种高僧辈出、人才济济的局面，其理论创新能力也日渐西下。这种状况在此时期出现舍利故事中也有明显反映。

先以舍利故事数量而论，不但总量大衰减，而且几乎所有故事尽为俗世文人所作，僧人似就此淡出舍利神异故事的主创队伍。直到《宋高僧传》问世之前，已很少有僧人著作出现。而且即使有故事记载，也都是散见于文人作品之中，相比之前数量十分稀少。由此可见，佛教相比前期衰落何其之大。

再就内容而言，此时故事中只有弟子舍利一个类型，主题内容多因承前期而缺乏创新。只是胜在具体情节丰富，使得故事内容更显丰满真实。如薛若用在《集异记》载“唐元和十三年……濮阳南七里……村内有窣堵波（塔）……中有殭僧。瞪目而坐。佛衣在身，以物触之，登时尘散……以刀刺其心，如帐上壤”❶ 的故事及段成式《酉阳杂俎》中“苏州贞元中，有义师……将死，饮灰汁数斛，乃念佛坐，不复饮食……坐七日而死。时盛暑，色不变，支不催”❷ 的故事，明显都是继承了《续高僧传》中“释道成”等传出现的全身舍利主题。但是前者经过“以刀刺其心，如帐上壤”的情节改造，后者适当增加了“将死，饮灰汁数斛，乃念佛坐，不复饮食”等内容和情节都故事本身更加丰满真实感。

另外，李复言《续玄怪录》中的一则故事如下：“昔延州有妇女，白皙颇有姿貌……年少之子，狎昵荐枕，一无所却。数年而殁……瘗于道左。大历中，忽有胡僧自西域来，见墓……敬礼焚香，围绕赞叹……人见谓曰：‘此一淫纵女子，人尽夫也……和尚何敬耶？’僧曰：‘斯乃大圣……此即鏁骨菩萨。’……众人即开墓，视遍身之骨，钩结皆如鏁状。”❸ 此故事中的“鏁骨”显然也是利用了《续高僧传·释明瞻传》中的“鏁骨”舍利事迹主题而进行了情节再创新，使得故事更引人入胜。而类似事例，在晚唐五代时期的其他

---

❶ 李昉，等. 太平广记［M］. 北京：中华书局，1965：677.

❷ 同❶638.

❸ 同❶682.

文献中更是不胜枚举。

纵观这一时期所有舍利故事，其变化大都如此。而此状况的出现，除却此时佛教本身衰落等因素之外，很大程度也受当时社会流行的传奇小说体裁的影响。换言之，佛教的舍利故事经文人改造成传奇小说后得以继续焕发光彩。但从故事的“量”和“质”变化来看，都难掩佛教的全面衰落迹象。然而这也表明，佛教精髓已深刻地融进中国文化，改变存在形式之后继续影响中国思想文化的发展历程。

三、结语

舍利作为佛教重要信物，随佛教传入中国之后在扩大佛教社会影响、争取信众等方面起了很大的作用。虽然佛教认为，在诸种舍利类型中以佛舍利的地位最为尊崇，但是在中土的现实崇奉中，却是以感得舍利和弟子舍利最为常见。这种状况的出现，一是与佛舍利极为难得，而感得舍利和弟子舍利较为常见有关；二是由于僧俗信众不断制造舍利神异故事使得所有类型舍利都神异化，使得不同类型的舍利界限逐渐模糊，从而使其既可以继续吸引信众又能摆脱数量的制约。中古时期舍利的神异化过程，与此时佛教发展历程相伴随，大致也经历了三个阶段，即魏晋南北朝的发展形成时期，隋至盛唐的兴盛繁荣时期，中唐之后的成型衰落时期。

后　记

《新关学》之创，所由非一，条陈如次：遍观学界名刊，有《新宋学》《新学衡》《后学衡》《蜀学》《原道》及儒学各刊，蔚然成林，各具体系，然君子和而不同，我之理念，未必尽同于人，予之千虑，必有一得，多一平台，果多乎哉？不多也！且关学素为关中学问要义，宋明无论，即民国亦有《清麓丛编》《宏仁丛编》，今关中学术不可谓不盛，奈何关学独无平台，岂今不如昔哉？非不如也，乃不为耳。君子当仁不让，予不才，愿为同道君子贡献绵薄，成此平台也。此其一也。为自我计，为同道计，新平台之设，固势在必行也。此其二也。予于古诗文夙所钟情，以其特有之美学价值，非白话文可等量替换，且文言为经史著述之语言，予慕太史公、陶元亮、韩退之、柳子厚之文，时亦有作，但无从发表，恒以为憾。更有甚焉者，文言解经著史，本是传统，惜亦久绝于天壤矣，万一有作，亦无从发表。退而思之，中国之大，岂曰无人，盖不得其门耳。《新关学》之设，特为有志者开生面也。此其三也。予专业为文献学，此孔子所为，向、歆事业，至为正大。予等本当以整理典籍为职志，然遗憾至今，诸生皆未能一偿宿愿，不仅望文学院古典文献毕业生兴叹，较之当初尚能与之并峙之东鲁，亦乏善可陈。东鲁今有《国学季刊》《国学茶座》为文献学重镇，此则何有哉？予实痛之久矣。予深知学子之艰苦，力所能及，惟设此平台以助万一耳。此其四也。近年累见年轻学者创办集刊，又有设公众号以倡明己见者，此皆学术繁荣之兆也。予之与彼，实同机杼，今《新关学》之创，亦以导夫先路，示吾同志事之可为耳。恒见同辈攀附骥尾，至于刺字漫灭，予则依无所依，傍无所傍，亦不愿仰人鼻息也。因人成事，孰若自力更生？此其五也。凡此种种，或止于念想，予则不然，人能弘道，非道弘人，虽太行在前，亦不能回予之志，是有《新关学》之创也。

昔贺复斋有言：“予不好名，亦不避好名之嫌，为所当为耳。”予年且而立，亦为所当为云尔。

孟文强记于己亥年腊月十一，续于翌日，时年而立